에세이산책

에세이문학작가회 제25집

에세이산책

초판 1쇄 발행 2025년 8월 30일

지은이 추대식 외 65인
펴낸이 이상규
편집위원 김미옥 김윤정 박 현 박효진
펴낸곳 에세이문학출판부

출판등록 2006년 9월 4일 제2006-000121호
주소 03134 서울시 종로구 돈화문로 10길 9, 405호(봉익동, 온녕빌딩)
전화 02-747-3508・3509 팩스 02-3675-4528
이메일 essaypark@hanmail.net

ⓒ 2025 에세이문학작가회
값 16,000원
ISBN 979-11-90629-49-2 03810

*저자와의 합의하에 인지는 생략합니다.
*잘못된 책은 바꿔드립니다.

에세이문학작가회 제25집

에세이산책

추대식 외 65인

에세이문학 출판부

■ 책을 펴내며

닮아갈 수 있는 존재들

　문학계에서 《에세이문학》으로의 등단은 쉽지 않은 길이라고 말합니다. 흔히 수필계의 'S대'라는 말로 회자되기도 합니다. 이는 초회 추천과 완료 추천, 두 번의 관문을 통과해야 하는 등단 제도 때문일 것입니다. 이렇듯 역사와 전통에 빛나는 에세이문학작가회는 계간 《에세이문학》을 통해 등단한 작가들의 모임으로 창립한 지 어느덧 36주년이 되었습니다.
　에세이문학작가회는 현재 128명의 작가가 활동하고 있습니다. 문학회 단체 회장 직책은 분명 뜻깊은 자리일 것입니다. 지난 2월, 겨울 외투만큼 무거운 책임감으로 소임을 맡았고 주어진 임무를 잘 수행하려는 자세로 최선을 다하고자 합니다.
　새 집행부를 구성한 이후 세 번 계절이 바뀌었습니다. 그동안 회원 상호 간 거리를 좁히기 위해 '단톡방'을 만들어 소통하고 있고, 5월에는 40여 명의 회원 분과 황순원문학촌, 정약용 생가, 실학박물관 등을 둘러본 뒤 다산 생태공원을 산책하는 '양평문학기행'을 다녀왔습니다.

이번에 발간한 동인지 제25집 《에세이산책》은 회원 66명의 이야기로 '묵은 먹 향처럼 깊은 정'을 담은 알토란같은 작품들입니다. 이 책에는 작가들의 삶의 무게와 깊이가 담겨 있습니다. 서로의 문장과 문장이 나란히 붙어 있어 좋고, 또 그걸 읽고 웃기도 하고 잠깐 울컥할 수도 있는 마음의 정수기(淨水器)로서, 가슴을 맑게 해주는 우리의 흔적으로 영원히 남을 것입니다.

우리는 서로 다르지만 수필에 대한 열정 하나로 같은 방향을 향해 걸으며 닮아갈 수 있는 존재들입니다. 문장을 통해 서로의 속내에 스며 있던 깊은 울림을 알아보기도 합니다. 취향, 배경, 삶의 지향점이 제각각일 수 있지만, 글이라는 매개체로 소통이 되고, 그래서 말끝에 머무는 숨결 하나에도 마음이 머무릅니다.

무심결에 스쳐가는 풍경을 바라보다 문득 되살아나는 마음이 있고, 한 번쯤 가던 길 멈춰 사람이든, 자연이든, 사물이든 오래 들여다보는 습관도 생겼습니다. 《에세이산책》은 에세이문학작가회를 이어주는 중심축으로서 한 편 한 편의 작품을 통해 서로 이해하게 되고, 함께 성장해 가는 기회가 될 것입니다. "혼자 걸으면 길이고 같이 걸으면 역사가 된다."고 했습니다. 글을 통해 한 시대를 살아낸 역사의 주인공이 되리라 믿습니다.

소중한 옥고(玉稿)를 보내주신 작가님들께 고마움을 전하며 출판기념회에 참석하시는 회원 분께 소정의 원고료를 드리고자 합니다. 앞으로 작가회를 더욱 발전시키기 위해 유튜브 개척, e-Book 진출, 수필과 산책을 접목시킨 트레킹 실시 등 방안을 모색하겠습니다.

《에세이산책》이 나오기까지 원고 모집, 편집, 교정에 애써주신 편집위원님들과 책을 출간해 준 에세이문학출판부에 깊이 감사드리며 회원님들의 건필을 기원합니다.

2025년 8월
에세이문학작가회 회장 **추대식**

■ 차례

책을 펴내며 4

1부 _ MSG 김치와 AI 문장

이상규 35년 만의 이사 18
남정인 MSG 김치와 AI 문장 23
김덕기 경매장 가는 길 27
박 현 계단을 걸으니 보이는 것 31
박미련 고슴도치 딜레마 35
이복희 귀(耳)에 대한 쓸데없는 사념들 40
서장원 그리다 44
장현심 기러기 위탁모 49
조성순 꼬마 화원 53
이숙희(雲步) '꼭두'를 만나다 57
홍경희 꽃봉투 62
서성남 나는 존재하지 않는가 66
조한숙 나물에 대한 추억 70

7

2부 _ 붓으로 다시 걷다

청　랑　날개와 뿌리　76
오설자　날마다 낙원으로 간다　80
김해성　남산 둘레길　84
김석류　노먼 록웰의 퍼즐 한 조각　88
김순이　대추나무　92
정해경　민들레　97
임덕기　바람길 따라 걷는다　101
김은희　반려자　105
하인혜　붓으로 다시 걷다　109
이미정　비 온 후　114
김미옥　사라진 은박지　118
강동우　삼대　122
최유나　상처받은 치유자,
　　　　그 길 위에서　128

3부 _ 아내의 손등

이태선 샤론스톤보다는 작가 134
송은자 손주에 쓰는 편지 139
김지윤 스쿨존 과태료 143
송성옥 시류(時流)는 흘러흘러 146
박효진 실크로드 레스토랑 150
도복희 아귀 밥통 155
강철수 아내의 손등 160
김민자 아주 보통의 하루 165
이지윤 아직, 끝나지 않았다 169
신동임 아파트와 꽃바구니 173
서용순 알뜨르비행장, 그 바람 속에서 177
김시은 약속 182
박명자 어느 기계치의 변신 186

4부 _ 여름과 가을 사이

김경애 어느 늙은이의 소망   192
김덕임 어르신 운전자   196
이명애 여름과 가을 사이   201
문 영 오래된 여행   205
김광남 온천과 삶의 지혜   209
김영수 유정한 꽃차   214
김예경 이젠 옛말로 넘겨 보내요   218
추대식 인생 후반전   222
원정란 자카란다   227
송옥영 전농동 605번지   233
유점남 제발 자르지 마세요   237
조병갑 조화옹의 실수   241
오인순 주름처럼 여울진 그 맛,
         돗괴기엿   246
이윤기 차림새   250

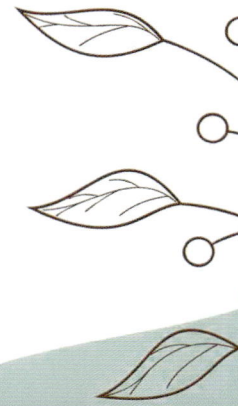

5부 _ 파란 장갑의 역습

방　민　춘자 멸치국수　254
최영자　춘천의 안개　258
이오순　쿼렌시아(Querencia)　262
왕　린　파란 장갑의 역습　267
김경희　포레스트의 시간　272
함광남　품격 없는 사회　275
김대원　학전 어게인 콘서트　281
장익상　한솥밥　285
주영희　해밀　289
한승희　햇살 좋은 날　293
서민웅　향나무　297
이미경　현명한 무관심　302
최양자　화판에 그린 제비꽃 꽃밭　306

에세이문학작가회 임원 및 회원 명단　311
에세이문학작가회 가입 안내　312

양평문학기행

에세이문학작가회는 5월 29일(목) (사)한국수필문학진흥회와 함께 '양평문학기행'을 다녀왔다. 40여 명의 회원이 참여한 문학기행은 '황순원문학촌-소나기마을 경내 탐방-점심(기와집 순두부)-정약용 유적지(생가, 묘소)-실학박물관-다산 생태공원' 등을 둘러보았다. 카페 마재56에서는 '소나기'가 한 차례 내려주어 덕분에 운치 있는 시간을 보냈다.

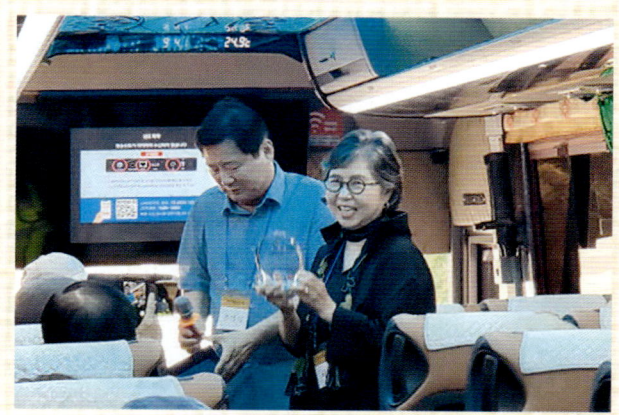

추대식 작가회 회장은 양평으로 가는 버스 안에서 서용순 명예회장에게 기념패를 증정하는 특별한 이벤트를 진행했다.

황순원문학촌(소나기마을)

<문학에서 첫사랑을 만나다>라는 주제로 황순원문학촌 김종희 촌장의 특강을 들었다.

황순원(1915~2000)

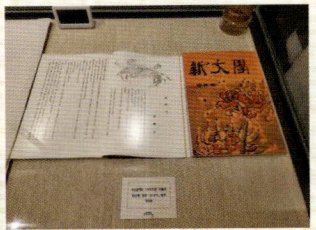

1953년 《신문학》 5월호에 황순원의 단편 〈소나기〉가 발표되었다.

회원들이 황순원문학관 문화해설사의 설명을 듣고 있다.

소나기마을 경내 탐방 후 기념촬영

다산 정약용(1762~1836) 유적지

정약용은 1800년 정조가 승하하자 고향으로 내려와 사랑채에 여유당(與猶堂) 현판을 걸었다. 여유는 '조심하고 경계하며 살라'는 뜻이다.

정약용 묘소

실학박물관

여유당 앞에서 기념촬영

다산 생태공원 산책로 걷기

카페 마재56에서 '소나기'를 만나다

1부 _ MSG 김치와 AI 문장

이상규 35년 만의 이사
남정인 MSG 김치와 AI 문장
김덕기 경매장 가는 길
박 현 계단을 걸으니 보이는 것
박미련 고슴도치의 딜레마
이복희 귀(耳)에 대한 쓸데없는 사념들
서장원 그리다
장현심 기러기 위탁모
조성순 꼬마 화원
이숙희(雲步) '꼭두'를 만나다
홍경희 꽃봉투
서성남 나는 존재하지 않는가
조한숙 나물에 대한 추억

35년 만의 이사

이상규
sklee4646@empas.com

　강남에서 살다가 한강이 내려다보이는 강변 고층아파트로 이사했다. 다니는 교회를 옮기기 싫어하는 아내의 뜻에 따르다 보니 그곳에서 30여 년을 살았다. 그러나 낡은 아파트는 여름은 무덥고 겨울은 파이프에 녹물이 나며 추위를 이기느라 담요까지 끼고 사는 등 불편해서 하루빨리 이사하고 싶었다. 마침 바로 강 건너 재건축 아파트에 매물이 나온 것이 있어 새 삶터로 구입했다. 어느 날 귀가하니 아내가 이불을 뒤집어쓰고 누워 있었다. 운이 없게도 1층으로 뽑혔다는 것이었다. 조합원이면 로열층을 받는 것으로 알고 있었는데 어이가 없었다. 실망스러웠지만 아내를 달래느라 내 감정쯤은 삼켜야 했다.
　35년 만의 이사. 틈틈이 버릴 책을 골라 끈으로 묶었더니 100뭉치는 족히 넘는 듯했다. 더러는 지인에게 나눠주고 밖에 내놓은 것은 수거인이 가져갔다. 오래된 서류, 색 바랜 넥타이, 찌그러진 신발을 정리하고, 아내는 아예 도우미를 불러 그릇, 옷가지, 전자기기들을 정리했다. 고심 끝에 신혼의 추억이 서린 자개농과 사진첩은 그냥 가져가기로 했다. 잡동사니를 치우는 데 꼬박 두 달이 걸렸다. 아이들이 다니던 초등학교, 수시로 드나들던 가정의학과 병원, 새벽마다 걷던 강변 산책길과 작별 인사를 했다. 남의 일로만 여겼던 이삿짐 차가 남은 짐을 싣고 출발 시동을 걸었다. 관리인들과 인사를 나누고 멀어지는 아파트를 돌아보니 만감이 교차했다.

올림픽공원 건너 대로변에 자리 잡은 4개 단지 52개 동으로 된 아파트는 35층짜리를 포함하여 총 12,000세대의 대단지다. 규모가 커서 버스정류소로 치면 한 블록을 다 차지하다시피 해서 시중의 화젯거리다. 3개월 이상의 입주 기간 끝자락인 2025년 2월말 입주했다. 차량은 바로 지하로 진입하여 주차하고, '소방차 전용로'라고 표시된 지상에는 노랑 어린이집 버스, 전자 서비스 차, 느릿한 청소차 외에 개인 차량은 보이지 않았다. 아이들 손잡고 거니는 주민들은 평화로워 보였다. 별다르다고 했더니 요즘 아파트는 다 그렇게 짓는다고 해서 머쓱해졌다. 단지마다 어린이놀이터, 도서관, 스포츠센터와 간이식당이 있어 편리했다. 아파트 내부는 냉장고는 벽 안으로, 에어컨은 천장에 빌트인된 데다 베란다를 없앤 탓인지 같은 평수의 전에 살던 집보다 훨씬 넓어 보였다. 침실은 작게 거실은 넓게 실용적으로 꾸미고 알파 룸 여분의 공간을 서실로 꾸며 내 공부방이 하나 따로 생긴 것이 흐뭇했다. 건축 필요상 층고를

70센티 높였다는 1층은 천장이 높아 시원스러웠다. 전에 살던 아파트와는 비교가 안 될 정도로 잘 꾸며져 있어 그새 발전한 우리나라의 건축 수준이 놀라웠다. 앞으로 건설될 새 아파트는 한층 개선될 것이라는 생각이 들었다.

건설회사가 야심차게 조성한 조경은 아담한 정원과 숲길, 작은 시냇물과 폭포, 드문드문 선 조각 전시품과 함께 불빛 아래 야경은 동남아의 호텔을 연상케 했다. 우리 집 창 앞에는 칠엽수와 자귀나무를 심고, 여유 공간을 두고 꽃밭을 꾸며 외부와의 접촉에 별 부담이 느껴지지 않았다. 산책하는 주인을 따라가던 개와 유리창 너머 눈이 마주칠 때면 마치 마당 있는 주택에 사는 듯 묘한 기분이 들었다. 나지막한 5층의 초등학교 건물이 집 앞에 들어서 있어 고층 벽에 막힌 다른 동에 비해 남향으로 확 트인 전망이 좋았다. 그제야 1층에 불만스러워하던 아내의 입가에도 미소가 번지고 '나이 들면 저층도 좋다.'는 주위의 덕담에 고개를 끄덕였다.

문제는 그 다음부터였다. 운영시스템이 온통 자동이라 불편이 이만저만이 아니었다. 지원센터에서 집 열쇠와 입주민 카드를 받았지만 입구가 여러 곳이라 근처에 와서도 집 찾는 것이 힘들었다. 비밀번호를 잘못 입력했는지 문이 안 열려 쩔쩔매기도 했다. 3개 동 주차장이 통째 하나로 되어 있어 내 차를 찾느라 헤매다가 결국 주차 위치를 사진 찍어 폰에 저장하여 해결하기도 했다

실내에서는 자동문, 전등, 화장실 플래시, 가스 이용에 건건이 버튼을 사용하게 되어 있어 익히는 데 오래 걸렸다. 액자, 시계, 달

력을 벽에 거는 데도 일일이 외부 사람을 불러야 했다. 보관 위치가 달라지고 생소해 입을 옷을 고르고, 책가방과 핸드폰을 찾느라 매일 30분 이상은 소비하는 것 같았다. 방문자 차량을 예약했는데도 개폐기가 열리지 않아 애를 먹다가 관리인의 도움으로 간신히 들어온 한 지인은 "여기 다시는 안 올래." 하고 푸념을 하기도 했다. 지원센터에 들러 이것저것 물어보고 하나씩 해결하면 "그래도 그 연세에 잘하시는 편이에요."라는 직원의 위로의 말이 마냥 반갑지만은 않았다. 도대체 언제나 적응이 될까? 우리 집은 단지 한가운데 있어 위치가 좋은 편이었지만 5호선 전철역까지 도보로 15분, 9호선까지는 10분 이상 걸렸다. 불과 3정거장 외곽으로 나왔는데도 배차 간격이 길어 출퇴근 시간이 근 30분 더 걸리는 것도 부담이었다. 아내는 장 보러 나가는 등으로 하루 오천 보는 걷는다고 힘들어했다.

가만히 생각해 보았다. 35년이란 세월의 간극이 이렇게 큰 것이었던가. 나름 새로운 것에 대한 도전에 게으르지 않게 자기 관리를 하고 변화에 적응하려 노력해 왔다. 그러나 어느새 나는 요즈음 젊은이들뿐 아니라 앞서가는 동료들에 비해서도 새로운 생활문화에 한참 뒤처져 있다는 것을 깨닫게 되었다. 데스크탑 컴퓨터를 쓰다 보니 새 노트북 사용법을 익히는 데 서툴렀고, 10년 이상 된 외제차를 몰다 보니 신형 국산차가 어떤 최신 자동시스템을 갖추었는지, 한 곳에서 오래 살다 보니 요즈음 아파트가 어떤 현대적 시설을 갖추었는지 몰랐다. 노래방에 가서도 기껏 신곡을 부른다는 것이 10여 년 된 곡이고 요즈음 유행하는 노래는 아예 아는 곡이 없다는 것을 알았다. 주식시장에서도 생소한 이름의 회사나 해외 주식은 외면한 채 아는 국내 주식에만 매달리는 바람에 결과가 좋지 못했다. 쿠팡 같은 Online 구매가 생활화되었지만 필요할 때 아들에게 부탁하고 직구한 적이 없는 것도 되돌아보게 되었다. 단지 내에는 부동산과 몇몇 마트 외에는 상가가 텅텅 비어 있는 것이 초기라서 그렇기도 하지만 요즈음 변화하는 세태를 반영하는 것 같았다.

  35년 만의 이사는 문화면에서 한참 뒤처진 나를 발견하는 계기가 된 셈이다. 길을 익힐 겸 아침마다 한 시간여 주변 산책을 한다. 20분 걸어 올림픽공원에 가서 둘러보고 운동기구에 매달린다. K-컬처 공연장으로 바뀐 각종 경기장은 젊은이들의 놀이광장이다. 하루 만 보는 쉽게 걷게 되니 노후 건강관리는 절로 되는 셈이다. 9호선에 이어 5호선도 지하철 연결공사가 마무리 단계에 접어들어 상점이 하나둘 들어오기 시작하니 상가도 조만간 활기를 찾지 않을까 싶다. 종이책과 e-book이 공존하고 기성세대와 젊은이들이 공존하듯 마을이 길 건너편 둔촌역 전통시장과 조화를 이루어 발전하면 좋겠다. 변하는 환경에 대응하여 뒤처지지 않도록 자신을 바로잡아야 그나마 손녀와의 대화가 끊기지 않겠거니 기대해 본다. 그런데 내가 언제까지 이곳에서 살 수 있을까 내 마음속에 조용한 의문의 물결이 인다.

MSG 김치와 AI 문장

남정인
une4468@hanmail.net

12월이 왔다. 예년처럼 김장이라는 알람이 마음속에서 울렸다. 하지만 이상하게도 몸은 움직이지 않았다. 김장은 이제 내게 '해야 할 일'이 아니라, '결심해야 할 일'이 되었다.

언젠가부터 김장은 큰 결단이 필요한 일이 되었다.

몇 년 전만 해도 겉절이나 조금 담가볼까 하는 가벼운 마음이, 결국 전통적인 김장으로 이어지곤 했다. 욕심이 붙고 습관이 따라 붙는 건 순식간이었다. 그렇게 만든 김치들은 김치냉장고에 몇 해가 지나도록 버리지도 먹지도 못한 채 쌓여 있었다.

올해는 단호하게 마음을 정했다. 하지 않겠다고.

하지 않겠다는 결심에도 이상하게 찝찝한 기분이 남는다. 무언가 중요한 절차를 생략한 듯한 껄끄러움. 그건 아마 관성 때문일 것이다. 김장은 나에게 오랫동안 겨울의 통과의례였고, 그 행위가 겨울을 맞이하는 감각 일부였으니까.

　내가 직접 담근 김치의 맛은 다른 누구도 따라올 수 없다. 물론 내가 담근 김치가 다른 사람들에게도 맛있다는 얘기는 아니다. 그건 맛이라기보다는 '기억'에 가까울 것이다. 잊을 수 없는 맛이다. 산 김치는 어쩌다 한두 번은 먹을 만하다. 그러나 그 이상은 어렵다. 먹다 보면 어느새, 그 오랜 맛이 생각나 입안이 텁텁해진다.

　김치를 사 먹으면서, 세상에 변하지 않는 건 없구나, 하는 생각을 한다. 김장을 하지 않는 일조차 몇 해 전만 해도 상상하기 어려웠다. 그러나 낯선 것들도 반복되면 습관이 된다. 김치를 사 먹는 게 당연해지고, 점점 더 많은 일들로 대체하게 되는 시대. 언젠가는 김치를 사는 일마저 번거롭게 여겨질지도 모른다. 그땐 드론이 알아서 식탁에 올려놓겠지. 그렇게 김치조차 기억에서 멀어질까.

　이쯤에서 생각은 AI로 튄다.

　이젠 글도 그림도 AI가 써주고 그려준다고 한다. 처음엔 그럴 수도, 그래서도 안 된다고 고개를 저었지만, 어느새 나도 앱을 깔고 시도해 봤다. 호기심이었는지 자포자기하는 심정이었는지 모르겠다. 그러자 천인공노할 일이 벌어졌다. 소재와 주제를 입력하니, 생산라인에서 종이컵 쏟아지듯, 몇 초 만에 문장이 쏟아졌다. 기가 막혔다. 글로 밥 벌어먹는 작가의 종말은 너무도 자연스러워 보였다. 절필해야 할지도 모른다는 두려움이 밀려왔다.

　그러나 생각해 보면, 작가라고 하기에도 애매한 내 처지가 오히려 전업 작가보다 나을 수도 있지 않을까. 언제나 극한 상황에서는 포기하거나 돌아가는 법을 먼저 배웠으니까.

며칠 동안 심신이 나른했다.

"쓰지 않으면 그만이지."

어차피 죽어라 써도 사 주지도 않는 책이라면, 이쯤에서 접는 게 낫지 않나 싶었다. 그렇게 자포자기한 심정으로 평소 구상해 두었던 글을 다시 그 빌어먹을 AI에 부탁해 봤다.

서너 편을 인쇄해 착잡한 마음으로 읽어 내려갔다. AI가 만든 문장은 정갈했다. 문법도 정확하고, 맥락도 매끄러웠다. 하지만 거기엔 덜 익은 무도, 너무 짠 속 재료도, 버무리다 튄 고춧가루도 없었다. 정제되어 있지만, 사람 냄새가 빠진 글. 누구나 먹을 수 있지만, 누구의 것도 아닌 글. 그건 MSG가 잔뜩 들어간 마트 김치였다. 첫맛은 괜찮은데, 먹고 나면 목이 말라 물을 찾게 되는 문장. 정제된 말들 속에 아무런 사연도, 굴곡도 없었다. 읽을수록 기계적이라는 느낌보다, 인간적이지 않다는 허기가 더 짙게 밀려왔다.

나는 그 순간, 글쓰기라는 행위가 단순한 문장 조립이 아니라는 걸 새삼 깨달았다.

내가 글을 쓰는 건 말하기 위함이 아니라, 스스로를 정리하기 위해서였다는 걸…. AI가 빠르고 효율적이지만 익숙한 정성과 손맛과 대체할 수 없는 것을 생각하며 오랜만에 컴을 켰다. 늘 그렇듯이 오타투성이에 생각은 쉽게 정리되지 않고 자꾸만 문장이 끊겼다. 그래도 마음은 편했다. 내가 담근 김치처럼, 내 손을 지나간 문장은 내 것이 된다. 비록 모양이 서툴고, 맛이 들쑥날쑥하더라도.

며칠 전, 오래된 김치를 정리했다. 유통기한을 지나 군내 나는 김치. 정리하면서 문득 이런 생각이 들었다. 오래된 글도, 쓰지 않은 문장도 그와 같을지 모른다. 어떤 건 버려야 하고 어떤 건 다시 발효시켜야 한다. 중요한 건, 그것이 '내 손'으로 만들어졌다는 사실이었다.

올해도 김장은 하지 않을 것이다.

그러나 문장은 느리게나마 내 손으로 다시 버무려 볼 생각이다.

경매장 가는 길

김덕기
saong50@daum.net

　벌써 두 해 전 일이다. 양주의 한적한 시골 마을인 봉암리 초입에 수저 세트부터 우주선까지 사고판다는 현수막이 걸렸다. 허름한 창고 건물 입구 좌우에 전화번호가 큼지막하게 적힌 '아톰경매장'이라는 배너가 눈길을 끌었다. 경매장이 열린다는 화요일과 금요일에는 고급 승용차부터 화물차까지 좁은 도로를 차지하여 통행에 불편을 주었다. 나도 호기심이 생겼으나 마음이 내키지 않아 그냥 지나치곤 했다.
　지난해 가을에는 봉암리 중심가라 할 수 있는 왕복 2차선 큰길가에 '땡처리'라는 이름의 경매장이 들어섰다. 이곳은 토요일과 일요일에 영업을 하는데 문을 여는 날이면 춤추는 광고 바람인형이 손을 흔들며 경매장임을 알렸다. 땡처리경매장은 주차장을 두 곳에 마련한 덕분에 아톰보다 찾는 사람이 많아 보였다.

지척에 두 곳이나 두고도 경매장 가는 길은 쉽지 않았다. 몇 번을 망설이다 용기를 내 아내와 구경 삼아 땡처리경매장을 찾았다. 얼마 전까지 공장이었던 곳으로, 이백 평은 넘을 듯한 조립식 건물에 삼십 명 가까운 방문객이 의자에 앉아 경매사의 진행에 집중하고 있었다. 그동안 텔레비전을 통해 봐왔던 경매장 분위기와 다르지 않았다.

정오께 경매를 시작하는 이곳은 주최측이라는 경매장 오너가 밑밥 상품을 판매한다. 주로 생활용품으로, 놀랄 정도로 싼 가격이다. 주최측 경매사의 능란함이 좌중을 휘어잡는다. '던진다'는 말로 엄청나게 싼 가격을 외쳐대자 곳곳에서 경쟁적으로 손을 번쩍번쩍 든다.

방문객들은 광고 벽지를 보고 찾아온 나이 든 이들이 많았다. 봉암리를 오가며 봤던 낯익은 이도 더러 눈에 띄었다. 앞쪽 왼편은 서너 명의 봉암리 할머니들이 지정석인 양 자리 잡고 있었다. 가운데와 오른쪽은 손 큰 고객의 자리인 듯싶었다. 나 같은 초보 손님은 중간쯤이나 그 뒤편에 앉았다. 어느 날은 입소문을 듣고 찾아왔다며 대여섯 명의 덕정리 할머니들이 택시를 타고와 앞쪽 중간을 차지하고는 연신 지갑을 열었다.

경매 물품 낙찰은 경매사 수완에 따라 다르다. 개장 초반 분위기를 돋우기 위한 주최 측의 덤핑 판매가 끝나면 폐장하는 오후 5시까지 서너 명이 번갈아 등장하여 자신들이 갖고 온 상품을 판매한다. 과자, 식료품, 완구, 스포츠용품을 비롯하여, 의류, 가전제품,

건설공구 등 다양하다. 가끔 앤티크 제품과 고가의 양주도 등장한다.

경매장에 앉아 있자니 어릴 적 엉터리 약으로 시골 사람들의 호주머니를 털던 떠돌이 약장수 생각이 떠올랐다. 떠돌이 약장수는 현란한 마술을 앞세우는가 하면 악기와 무희까지 동원해 쇼를 하거나 차력으로 사람들을 모았다. 그도 저도 아니면 원숭이라도 내세워 장꾼의 발길을 잡았다. 마술도 할 줄 모르고 노래도 안 되고 차력은 엄두조차 못 내고 원숭이 살 돈마저 없는 약장수는 오로지 입심만으로 사람을 불러 모을 수밖에 없었다.

끝없이 사설을 엮어내던 그들의 내공은 지금 생각해 봐도 대단한 것이었다. 구경거리가 별로 없는 시골 사람들은 그들의 재담에 배꼽을 잡으며 웃을 수 있었고 어느새 그들의 입담에 빠져들어 깊숙이 감춰뒀던 지폐를 꺼내곤 했다.

그들이 파는 약은 다양했다. 종기의 고름을 빼는 고약이나 무좀약, 위장약, 두통약, 모든 병이 싹 낫는다는 만병통치약까지 없는 게 없었다. 정말 병을 낫게 하는 약도 있었겠지만, 대개는 그저 그런 재료로 조악하게 만든 약들이었다. 만병통치약이라는 게 있을 리도 없으려니와 있다고 한다면 떠돌이약장수 차례까지 오지 않았을 터인데도 쏠쏠하게 팔렸다.

"자아~ 자아~ 애들은 가라. 날이면 날마다 오는 게 아냐. 기회는 딱 한 번. 거기 아저씨 깡통 깔고 앉아…. 이것이 무엇이냐. 안 사도 뭐라고 안 하니까 끝까지 들어나 봐. 이게 바로 말로만 듣던

만병통치약 ○○○이야…."라며 목청을 높여 약을 팔던 떠돌이약장수와 경쟁을 부추기는 경매사의 외치는 모습이 오버랩됐다.

아내는 첫 번째 날 중고 전기밥솥과 오븐을 각각 이만 원도 안 되는 가격으로 낙찰 받고서는 득템(得item)했다며 좋아했다. 두어 시간 머무르는 동안 몇 가지를 더 샀는데 사고 싶은 욕구는 그곳을 떠날 때까지 그치지 않았다. 아마도 주머니에 돈을 넉넉하게 갖고 갔더라면 더 많은 것을 샀을 것이다.

경매장 가는 길이 익숙해진 아내는 주말의 무료함을 이곳에서 달래곤 한다. 그러던 어느 날, 키 큰 사내가 1톤 박스카를 경매장 안으로 몰고 들어와 판매했는데 내놓은 물건마다 완판이었다. 그는 과자류와 장류를 시중가의 삼분의 일 정도 가격에 판매했다. 아내도 홍게간장과 액젓, 양념장이 싸다며 연신 손을 들어 사들였다.

인터넷을 검색해 보니 곳곳에 이런 경매장이 호황을 누리고 있었다. 이곳에서 경매되는 물건 대부분이 폐업한 자영업자들이 내놓은 것이라고 한다. 코로나 때보다 문 닫는 사업장이 많아지자 폐업한 가게에서 물건을 팔아 달라고 연락하는 경우가 많다고 한다. 경매장 호황이 벼랑 끝으로 내몰린 자영업자들의 현실을 역설적으로 보여주고 있어 마음이 편치 않았다.

몰라도 좋을 걸 알아서일까. 요즘은 경매장 가는 걸음이 처음처럼 가볍지만은 않다. 싼 가격에 샀다고 좋아하는 이면에 폐업한 자영업자의 애환과 눈물이 있다 생각하니 좋아할 일도 아니다. 그렇다고 끊기도 그렇다. 아내만 내려주고 슬쩍 주차장을 빠져나온다.

계단을 걸으니 보이는 것

박 현
qqiiiii@hanmail.net

  아파트가 오래되어 엘리베이터를 교체한다고 관리소에서 몇 달 전부터 공사에 대한 공지와 방송을 한다. 노인이나 장애가 있는 사람은 가까운 자녀나 친척집에 가 계시면 좋겠다고, 계단에 3, 6, 9층 단위로 쉴 수 있는 의자를 준비해 놓을 테니 힘들면 쉬었다가 올라가라고, 계단을 지나다닐 때 사고의 위험이나 불편함이 없도록 자전거나 기타 물품을 치워 달라는 방송도 수시로 나온다. 어떤 아파트는 옥상을 통해 옆 라인 엘리베이터를 이용하기도 한다지만, 우리 아파트는 박공지붕이라 추락 위험이 있어 절대로 옥상으로 이동해서는 안 된다고 한다.

  28층 아파트 16층에 살고 있는 나는 힘들 것이라고는 예상했지만, 이런 일이 처음이라 실감하지 못했다. 40일간 걸어 다니며 운동도 하고 이 기회에 살도 빼자는 가벼운 마음이었다. 공사는 목요

일부터 시작되었는데 10층에 커다란 종이상자가 계단으로 나와 있다. 상자에는 우유팩, 택배 받은 것, 과자 상자 등 다양하다. 왜 여기다 두었을까 생각하다가 일요일이 재활용품 수거하는 날이라 그날 버리려나 보다며 지나쳤다. 아니나 다를까, 일요일 저녁에는 말끔히 치워져 있다. 그런데 다음 날부터 새로운 상자가 있다. 아마 10층 주민은 자기 집에 두면 지저분하니까 밖에 내놓았나 보다. 전부터 그랬겠지만, 일부러 계단을 이용한 적 없어 몰랐는데 공용 공간을 자기 것처럼 배려 없이 사용하는 것이 마땅치 않아 보인다.

  퇴근길, 상자는 그 집 방화문을 막고 있다. 나처럼 보기 싫어하는 사람이 또 있나 생각하다가 남편도 이런 쪽에 너그러운 사람이 아니라 혹시나 하고 물어보니 자신이 그랬다는 것이다. 당황한 나는 그 사람이 봤으면 어쩔 뻔했냐며 이웃 간에 괜한 일로 시비 붙을 일 만들지 말라고 했다. 다음 날은 다시 제 위치에 있었는데 퇴근길에는 또 방화문을 막고 있어 남편에게 이번에도 그랬냐고 하니 아니라고 한다. 같은 마음을 가진 사람이 있나 보다.

  며칠 지나 12층에서 싱크대 공사를 했는지 싱크대 일부를 내놓았다. 이번에는 부피도 크고 모서리가 날카로워 상자와는 비교도 안 될 정도로 지나다니기가 불편하다. 참 양심도 없다고 생각했는데 다행히 며칠 뒤 치워져 있다. 어느 층에는 언제부터 계단에 내놓았는지 먼지가 뽀얗게 쌓인 4단 책꽂이도 있고 수석 같지 않은 돌도 떡하니 자리를 차지하고 있다. 계단을 걸어보니 어떤 사람이 살고 있는지 그 마음이 보인다.

며칠은 걸어 다닐 만했는데 주말에는 외출할 일이 많아 '아이고' 소리가 절로 난다. 28층 사는 아줌마는 10킬로가 넘는 진돗개가 집에서는 대소변을 안 보기 때문에 날마다 서너 번 밖으로 나와야 하는데 진돗개 관절염 생긴다며 힘들게 안고 다닌다. 그러다간 아줌마 무릎이 망가질 것 같다.

시골에서 사과대추와 늙은 호박을 가져온 날, 차에 둘 수 없어 집으로 옮기려니 숨이 턱턱 막힌다. 대추와 호박을 판다고 당근에 올렸는데 사람들이 제시간에 오지 않고 자기 맘대로 몇십 분쯤 빨리 오거나 늦게 와서 수차례 오르내리자니 얼마나 힘이 드는지. 학창 시절 차비를 까먹고 땡볕에 무거운 가방을 메고 그늘 한 점 없는 길을 걸어서 온 것처럼 온몸이 땀으로 절고 힘이 빠진다.

친구들과 울릉도에 가기로 한 날, 울진 가는 버스가 새벽 1시에 우리 집 부근에서 출발하기에 여섯 명이 모였다. 여수에서 올라온 친구는 부러진 발목에 한 깁스를 푼 지 얼마 되지 않아 짐을 내가 대신 들었는데도 징징거리며 설악산 등반하는 마음으로 기를 쓰고 올라왔다. 버스 시간까지 밖에서 기다릴 수가 없어 친구들 모두 짐 가방까지 들고 오르느라 서늘한 날인데도 땀이 났다. 울릉도보다 우리 집에 모인 것이 더 기억에 남겠다고 한다.

전에 엘리베이터를 이용할 때는 출퇴근 시간에 만나는 이웃의 얼굴만 힐끔 볼 뿐 서로 시선을 마주하며 이야기하거나 아는 체를 하지 않았다. 그저 시선 둘 곳이 없어 전자로 된 광고판을 쳐다보거나 초조한 기색으로 몇 층쯤 내려가고 올라가는지 확인할 뿐이었다.

　이곳에 10년을 살면서도 아는 사람이 별로 없었는데, 계단을 걷다 보니 여러 이웃을 알게 되었다. 22층에 사는 할머니는 아들 집에 손주를 봐주러 출퇴근한다고 한다. 무릎 관절 수술한 후라 등산용 지팡이를 사용하는데 접어서 우체통에 두고 다닌다며 그렇게 하면 편하다고 알려 준다. 할머니에게 우리 집에서 물 한 잔 드시고 가라 했더니, 고맙다며 한참을 쉬었다 갔다.

　의자에 앉아 잠시 쉬면 지나가던 주민이 "힘들죠?" 하면서 격려를 보낸다. 아이를 둘씩 데리고 올라가는 새댁을 만나면 한 아이 정도는 내가 손을 잡아주거나 안아서 데려다주기도 한다. 실제로 불편을 끼치는 경우는 소수이고 그동안 데면데면하던 이웃들이 친근하게 다가온다. 대부분 이웃의 정이 그리운 좋은 사람들이다.

　이제는 깨끗하고 산뜻하게 단장한 엘리베이터를 사용하고 있다. 엘리베이터 하나 바뀌었을 뿐인데 전처럼 같이 탔을 때 불편하지 않다. 40일 동안 비슷한 시간에 만나는 이웃과 계단에서 친분이 쌓였기 때문이다. 만나면 전보다 많은 사람에게 인사를 하고 안부도 묻는다. 계단을 걸었더니 몸무게도 줄고 보이는 것은 불편함보다는 이웃의 따스함이었다.

고슴도치 딜레마

박미련
jinjuryun@hanmail.net

 겁 없이 내보낸 말이 꼬리를 물고 되돌아와 사실 여부를 따져 물어 난감하다. 되돌릴 수 없는 대형 사고를 치고도 그것이 무엇을 의미하는지 몰랐다. 상대를 꽃으로도 다치게 해서는 안 될 일임을 그제야 알았다.
 그 뒤로 지나치게 신중해져서 말해야 할 시기를 자주 놓쳐버린다. 덕분에 가슴에는 내보내지 못한 말과 쉼 없이 생성되는 말이 뒤섞여 엉킨 실뭉치 같아지고. 어쩌다 비좁은 관을 타고 혀끝으로 밀려 나가기도 하는데, 이내 차가운 시선에 부딪혀 되돌아온다. 번번이 해야 할 말을 고르느라 진땀을 뺀다.
 이것이 모두가 섬인 채 살아가는 이유인 것 같다. 상처가 두려워 안으로만 파고들다가 스스로 섬이 되는 것이다. 생각해 보니 혼자라면 두려울 게 없겠다. 모든 게 내 손안에 있으니 내 맘대로 살면 된다. 바짓가랑이를 팔에 두르고 다닌들 누가 뭐라 하겠는가. 세월 따라 순풍순풍 흘러가면 그만인 것을.

그러나 혼자여서 할 수 있는 일보다 할 수 없는 일이 많음을 깨닫는 순간 자유는 속박이 된다. 누구의 간섭도 없고 한 뙈기 땅도 나누지 않아도 되는 완벽한 섬을 가지고도 행복은 먼 손님처럼 멀뚱거린다. 여전히 가슴은 시리고 내가 누리던 자유는 이미 자유가 아니다. 퇴색한 의미가 뇌리를 잠식하고 일렁이는 하루는 뜬구름 속에서 헤어나지 못한다. 이 결박당한 답답함을 어이하면 좋을지. 섬 안의 섬이 되어 밤마다 운다.

애써 하늘로 비행한 수증기도 기어이 다시 바다로 흘러들듯, 우리도 별수 없이 사람 사이를 맴돌게 된다. 그래도 나를 들썩이게 하는 건 사람뿐임을 고백하고, 그들과 또 시시포스의 바위를 힘겹게 굴리기 시작한다.

어떻게 해봐도 뾰족한 수는 없다. 마음에는 채워지지 않는 곳간이 늘 일정한 비율로 존재함을 인정하고 아침 햇살처럼 추억에 젖어 잠시의 시름을 잊을 뿐이다. 추억은 날 선 현실을 잊게 하는 힘이 있어, 다행이다. 슬프고 초라한 일도 아름답게 채색되고 봄볕에 나앉은 듯이 가슴이 말캉해진다. 좌절의 순간도 차경 보듯 먼 발치서 바라볼 수 있고 오늘이 그다지 불행하지 않다는 생각을 선물처럼 안겨준다.

어릴 적 고향 마을 한가운데 동사가 있었다. 마을회관 앞마당이기도 한 그곳에는 찌는 한여름에도 종일 아이들 소리로 소란했다.

어느 날 언니가 빨간 구두를 선물해 주었다. 몇 걸음 걸어보기도 전에 구두는 밖으로 나가자며 구두코를 앞세웠다. 그러면 난 저녁밥은 뒷전이고 친구들에게 가느라 마음이 바빴다.

친구들도 공기놀이가 시들해질 무렵이었던지 그들의 시선은 일제히 빨간 구두에 쏠렸다. 또각또각, 경쾌한 울림은 동사를 물들이며 밀려오는 어둠을 잠재웠다. 내 의식은 주변 시선을 헤아릴 겨를 없이 훨훨 자유롭게 날았다. 그럴수록 난 허리를 곧추세우고 묵직한 내면의 소란을 받들며 즐겼던 것 같다.

혼자라는 생각은 꿈에도 할 수 없던 시절이었다. 그들이 있어 내가 빛났고 또 어떤 날에는 나도 기꺼이 그들의 배경이 되어주었다. 우리는 그렇게 서로의 배경이 되었다. 생의 마디마다 그려 넣는 그림이 혼자 할 수 있는 일이 아니라는 것을 그때 이미 배운 것 같다. 고무줄 끊어 줄행랑치던 친구를 보고 씩씩거리면서도 흐뭇했고, 한밤중 서리한 고구마를 앞에 두고 허벅지게 웃을 수 있는 것도 서로의 배경이 되어 주는 친구가 있어 가능했다. 때로는 비수 같은 말이 가슴을 찌르기도 했지만, 해진 마음 수습하는 것 또한 친구의 몫임을 알았다. 지나고 보니 갈 수 없는 그때가 그립다기보다 서로를 향한 무구한 마음이 가뭇없이 사라져버려서 더 사무치는 것 같다.

그렇게 추억은 위기의 순간마다 사람을 불러들이곤 하였는데, 언제부턴가 추억팔이도 고장 나고 말았다. 현장의 소리는 요란했다. 추억은 한낱 마취제일 뿐이라 일축하면서, 르포처럼 적나라하게 펼

처지는 삶의 비루한 일면을 들추어내어 직시하라 부추겼다. 냉정한 생의 현장은 몸의 물기를 빠르게 거둬가기 시작했다.

아닌 게 아니라 내가 서 있는 위치는 생각보다 심각하다. 사회는 자꾸 쓸모없다 밀어내는데 슬프게도 책임을 요구하는 곳은 많기도 하다. 살아남느냐 사라지느냐의 갈림길에서 수평의 삶은 더 이상 의미가 없지 않은가. 생의 고비마다 어떡하든 버거운 허들을 넘느라 안간힘을 다해 왔는데, 그나마 남은 한 방울까지 소진해 버린 기분이다. 몸 안팎의 사정이 이러하니 요즘 같으면 조급해져서 솔직히 한 사람도 들일 공간이 없다. 스치는 말조차 휘발되지 못하고 고름처럼 엉겨 붙는다.

그 때문인지 자꾸 주변 정리를 하게 된다. 그런데 놀랍다. 온 힘을 다해 일궈온 생의 거미줄이 이리도 엉성할 수 있는가. 설상가상, 관계망이 무너진 자리마다 여지없이 고독이 들이친다. 그토록 사람이 답이라 믿어왔건만 또 흔들리기 시작한다. 삼파전이다. 불안한 미래와 성긴 관계망 사이에서 우두망찰할 뿐이다.

어찌하여 이리도 낯선 곳에 버려진 느낌이 드는지. 나약한 순간을 틈타 애써 외면해 온 의식의 원류가 꿈틀거린다. 자기기만의 순간마다 쌓아온 부유물이 펄펄 되살아나 나를 노려본다. 살기 위한 몸부림이었다 항변해 보지만, 그것의 귀는 이미 닫혀버렸다. 다시 섬이 되려 하는가.

고슴도치는 얼어 죽지 않으려고 서로의 가슴으로 파고들지만 이내 상대의 가시에 찔려 멀어진다고 한다. 그렇다고 하냥 떨어져

체온을 낭비할 수 없는 일, 고슴도치가 겪는 딜레마이다. 다행히 그들은 한 덩어리가 됐다가 떨어지기를 반복하다가 그예 적당한 거리를 찾는다고 한다.

사람 사이에도 적당한 거리가 필요한데, 그 거리가 얼마쯤인지 몰라 난 여전히 고슴도치 딜레마에서 헤어나지 못하고 있다. 이제라도 고요해지고 싶다. 다가갔다가 메아리처럼 되돌아오는 파열음에 아득하지만, 흔들리지 않고 피는 꽃이 어디 있으랴. 고슴도치도 극복한 적당한 거리를 언젠가는 나도 찾게 되리라. 기어이 사람 사이에서 허벅지게 웃는 행복한 결말을 상상한다. 밀린 숙제 하는 아이처럼 마음이 급하다.

이 순간에도 낯익은 얼굴이 나타났다가 사라지기를 반복하고 있다.

귀(耳)에 대한 쓸데없는 사념들

이복희
noel1020@naver.com

'환하게 열린 창문귀/ 너그럽게 웃는 도인귀/ 넓고 깊은 마당귀/ 화사하고 사랑스러운 꽃귀/ 따뜻하게 두근대는 하트귀/ 귀를 진화시켜야 해/ 입만 개발하지 말고.'

시인 김현옥의 〈귀〉를 읽으며 육체적 기능 너머 내면의 귀에 대한 생각을 했다.

말을 줄이고 되도록 경청(敬聽)하라는 경구다. 경청하는 귀는 아름다워 창문도, 도인도, 마당도, 꽃이나 하트가 되기도 한다는데. 내 귀는 어떤 귀일까. 도인귀가 되고 싶지만 그저 바람일 뿐이고 진화도 될 것 같지 않다. 범인(凡人)의 한계다.

귀에 관심을 갖게 된 것은 우연하고도 사소한 계기였다. 귓불에 대각선 주름이 있으면 머리 쪽 건강에 이상이 있다는 속설이 방송이나 인터넷에 퍼졌다. 그동안 자신의 귀가 어떻게 생겼는지 관심이 없었으니 이참에 제대로 보기로 하고 거울을 봤는데, 있다. 그렇게 자세히 보니 귀도 못 생겼다.

언제부터인지 귀동냥으로 알게 된 관상학적 견지로 봐도 마음에 들지 않는다. 사실 상대의 얼굴을 보면 혼자만의 감(感)으로 근거 없이 장수하겠다느니 복이 많아 보인다느니 어쭙잖게 점쳐본다. 그건 주로 귀를 보고 하는 짐작이다. 내 귀에 대한 아쉬움은 어쩌면 아주 오래전 스쳐간 사소한 경험 때문일 수도 있지 않을까.

한참 혼기에 달한 조카가 몇 년 새에 부모를 떠나보내자 고모가 중매장이를 불렀다. 중년의 그녀는 말없이 매서운 눈으로 나를 훑어보더니 가까이 다가와 내 머리를 들추고 양쪽 귀를 살펴보기 시작했다. 만져보고 당겨보고 접었다 폈다….

그러곤 쓰다 달다 말이 없다. 불편과 불쾌를 참고 있었는데 말이 없다니 뭔가 단단히 퇴짜를 맞은 기분이었다. 그래도 인상 좋다는 말을 더러 듣고 살았던 자부심이 의문의 일패를 당했던 기억. 중매장이 같은 사람들은 아마도 복스러운 귀로 운명을 점쳤던 것 같다.

귓불이 도톰하고 탐스러운 귀를 부러워했지만 어쩌랴. 삼신할미를 원망할까, 만드신 부모를 원망할까. 겨우 칼귀를 면한 빈약한 귀. 게다가 눕다시피 뒤에 붙어 있어 잘 보이지도 않고 심지어 마스크나 안경을 쓸 때도 약간의 어려움이 있다.

"헉! 귀도 성형이 된다고?"

텔레비전 화면에 수술 장면이 나온다. 신체의 다른 부위에서 피부를 떼어내 귀의 형체를 만들고 있다. 정교하게 모양을 만드는 광경이 조각가 같기도 하고 만두를 빚는 것도 같다. 손상된 귀를 복원하는 의학적 목적도 있지만 단지 보다 복스런 귀를 만들기 위한 성형수술도 한다고 한다. 귓불도 부처님 귀처럼 길게 만들 수 있다는 말에 묘한 배신감조차 느꼈다. 귀는 지문처럼 고유해서 절대 고치지 못하는 줄 알았다. 그렇게 귀를 성형해서 부처님 귀로 만들면 팔자도 고쳐질까? 의문이 들었다.

관심이 생기자 만나는 사람마다 슬쩍슬쩍 귀를 훔쳐보았다. 도톰하고 탐스러운 귀, 동물의 그것을 연상시키는 기묘한 귀, 골룸의 귀같이 커다란 귀, 얼굴 크기에 비해 너무 조그만 귀, 박쥐의 날개 같은 귀도 보았다. 많은 사람을 만날 일이 그다지 없어서 나중에는 텔레비전에 나오는 모든 사람의 귀도 유심히 살피는 자신을 보며 스스로 어이가 없었다.

그러면서 귀 모양을 결정하는 연골이 다 다르다는 걸 알게 되었다. 외이(外耳)는 그 사람의 보이지 않는 지형(地形)이 아닐까. 그가 걸어가야 하는 수많은 삶의 갈래길, 또는 태생으로 짊어진 운명을 암시하는 것 같기도 했다 어떤 사람은 연골이 마치 나무뿌리 같이 복잡했다. 연골이 간결할수록 귀는 예뻤다.

사람의 지문(指紋)이 다 다르듯, 같은 모양의 귀를 가진 사람은 세상에 하나도 없다고 굳게 믿었다. 귀를 성형하면 운명도 바뀌는 것일까. 성형천국에서는 그런 목적도 소문처럼 흘러나왔다.

세상적인 복과는 거리가 멀다면서 분복대로 살아왔다. 그러나 미련처럼 애먼 귀 탓을 자주 하며 쓸데없는 생각을 했더니 귀가 반란을 일으켰다. 화가 났는지 생전처음 중이염이 생겨 괴롭힌다. 주변에 청력이 저하되어 보청기 도움을 받는 분이 은근히 많다. 소통이 어려워지면 서로 불편했다.

의사가 영상을 통해 처음으로 귓속을 보여주었다. 치밀하고 섬세한 기관들은 운명보다는 생명과 기능에 더 직결되어 있었다. 생김새에 연연하여 볼품없다고 아쉽던 마음이 쑥 들어갔다. 아직은 잘 들리는 내 귀가 대견하고 고마웠다. 좋아하는 음악, 세미한 자연의 소리, 정다운 사람과 나누는 대화, 못생긴 귀지만 그동안 참 많은 즐거움을 주지 않았던가. 그럴 때는 마당귀가 되기도 했을 것이다.

귓불에 대각선 주름을 발견하고 가슴이 좀 내려앉았지만 이만큼 살았으면 되었지 하고 잊기로 했다. 문제의 주름이 있는 사람도 건강하게 활동하는 경우를 많이 보면서 속설에 혹했던 팔랑귀를 접었다.

미망(迷妄), 사는 게 버겁다 보면 그렇게 미망에 사로잡힐 때가 있다. 그 또한 삶의 일부가 아닌가. 혈액순환에 좋다니 빈약한 귓불이라도 열심히 만져주며 공연한 혐의를 벗겨주기로 했다.

그리다

서장원
sulsong46@hanmail.net

'그리다'라는 말은 여러 가지 의미가 함축(含蓄)돼 있다. "그는 오늘도 풍경화를 그린다." 같이 '사물의 형상(形像)을 연필이나 붓 따위로 나타낸다.'는 의미, 또는 "그것은 인간의 심리를 적나라하게 그린 작품이다."처럼 '사물의 형용(形容)이나 생각을 말이나 글, 또는 음악 등으로 묘사(描寫)하거나 표현한다.'는 의미도 있다. 또한 "고향을 그리다." "임을 그리다."처럼 '사랑하는 마음으로 간절히 생각한다.'는 뜻도 있다. 또 "공이 포물선을 그리며 날아갔다."처럼 '어떤 도형(圖形)과 닮은꼴을 짓다.'는 뜻으로도 쓰인다. 아울러 '그림'이란 낱말은 '그림 작품'이란 의미와 '그리다'는 동사의 명사형으로 쓰이기도 한다. 이 낱말을 헤아려 보면서 우리말의 다양하면서도 미묘한 맛을 절절히 느끼게 된다.

10여 년 전부터 그림에 관심을 가지기 시작했다. 물론 젊었을 때도 나름 좋아하는 취향은 있었다. 40여 년 전 농협중앙회에 근무할 때다. 이따금 화상(畫商)이 사무실을 찾았었다. 나는 한국화 작품 몇 점을 구입했다. 지금도 건넛방 한구석에는 그때 산 작품이 놓여 있고 어쩌다 눈에 들어올 때면 그 시절이 아련히 떠오르기도 한다. 그렇게 내 잠재의식 속에는 그림에 대한 자그마한 싹이 잠자고 있었지 않았나 싶다.

또 한 가지 뚜렷한 기억 속에 남아 있는 잔영(殘影)이 있다. 1996년 하반기 6개월간 금융연수원에서 연수할 때 연수생 20명과 약 보름 동안 유럽으로 해외 연수를 다녀왔다. 영국, 독일, 스위스, 이탈리아 그리고 프랑스를 거치는 연수였다. 마지막 프랑스 파리에서 예술과 낭만의 거리로 유명한 몽마르트르(Montmartre) 언덕을 탐방(探訪)했다. 워낙 이름 높은 광장에는 관광객이 붐볐고 여기저기 화가들이 그림을 그리고 있었다. 작업 중인 늙수그레한 한 화가 앞에서 그리는 모습을 지켜보다가 자그마한 그림 두 점을 구입했다. 당시 가격이 얼마였는지, 기억은 없지만 그중 한 점은 표구(表具)해서 지금도 거실 한쪽 벽에 걸어 놓고 있다. 가끔 그 작품을 보면서 30년 전 그 언덕을 떠올리곤 한다.

현재는 직장 퇴직자 모임인 농협동인회에서 '문사모'(문화사랑모임)에 참여하고 있다. 서예, 그림, 사진, 시화 등 네 분야로 나눠서 해마다 작품 전시회를 연다. 2012년 1회 때 모 선배의 소개로 시화 부문에 처음 참여했었다. 그때 큰 손자 현준이가 서너 살 무렵, 돌배기 현준이 모습을 바탕에 깔고 〈현준이 눈에서는 별이 쏟아진다〉

는 제목의 시를 얹어서 액자(額子)를 만들어 출품했던 시화 작품은 지금도 거실 전면에 걸려 있다. 그 후, 그림 분야로 옮겨 현재까지 참여하고 있다.

빠른 속도로 변모하고 있는 현대 문명 속에 예술(藝術, art)도 다양한 분야로 분화하면서 인간의 삶을 더욱 풍요롭게 가꾼다. 예술의 의미를 추적해 보면 '아름다움을 표현하고 창조하는 일에 목적을 두고 작품을 제작하는 모든 인간 활동과 그 산물을 통틀어 이르는 말.' 또 '어떤 재주나 능력이 탁월하여 아름답고 숭고해 보이는 경지에 이른 것을 비유적으로 이르는 말.' 그리고 '학예와 기술을 아울러 이르는 말.'로 설명하고 있다.

예술을 세분해 보면, 음악, 회화(繪畵), 연극, 문학 등으로 나눈다. 한편 미술이란 아름다움을 시각적, 조형적으로 표현하는 예술로서 그림, 서예, 조각, 공예, 디자인 따위를 포함한다. 여기서 예술의 한 분야인 회화의 뜻을 '평면상에 색채와 선을 써서 여러 가지 형상과 느낀 바를 표현하는 조형예술.'이라고 한다면 미술의 한 분야인 그림은 '선이나 색채를 이용하여 사람이나 사물, 풍경 또는 감정이나 상상력을 구체적인 모양으로 나타낸 것.'이라고 설명한다. 그렇다면 그 둘은 같은 선상에 있다고 해도 큰 무리는 아니라고 본다. 사전에도 '그림'은 '회화'(繪畵)라고 풀이돼 있다.

회화, 즉 그림(畵)은 예술의 한 장르(genre)다. 그림 장르만 해도 한국화와 서양화로 나누기도 하고 구상화(具象畵), 추상화(抽象畵) 거기에 반추상이라고 해서 중간 성격의 그림을 별도로 구분하기도 한다. 또한 무슨 원료를 쓰느냐에 따라 유화, 수채화, 수묵화 등으로 나눈다. 나의 취향은 동서양화는 구분이 없지만 구상화보다는 추상화 쪽을 좀 더 좋아하는 편이다.

요즘 그림을 그리기보다는 작품 관람을 많이 한다. 한 달에 한 두 번은 종로구 인사동을 찾는다. 그곳은 서울에서는 외국 관광객이 많이 찾는 대표적인 관광 명소일뿐더러 예술의 거리라고 해도 손색이 없다. 특히 주말이면 내외국인 관광객으로 발 디딜 틈이 없을 정도다. 미술 작품을 상설 전시하는 대표적인 전시장으로 인사아트프라자, 경인미술관, 인사아트센터 등이 있고 그 외에도 고만고만한 갤러리가 곳곳에 산재(散在)해 있다. 무슨 모임이나 용무가 있어 종로 쪽으로 가는 날에는 예외 없이 인사동길을 찾아 그림 작품을 감상(鑑賞)한다. 물론 거의 모든 전시장은 무료 관람이라 다행이고 얼마나 고마운지 모르겠다.

십여 년 전 그림에 뜻을 두면서 동네 구립도서관에서 운영하는 캘리그래피(calligraphy) 교실과 연필화 교실에 각각 등록해서 주 일 회씩 수강하며 습작했다. 일 년쯤 지나면서 캘리그래피는 접고 연필화 공부는 수년간 지속했다. 특히 얼굴을 많이 그렸는데 손자들 얼굴부터 아내 얼굴까지 A4 크기로 그려서 액자에 담아 선물하거나 벽에 걸었다. 근년에는 방향을 틀어서 추상화를 구상(構想)하며 그리고 있다. 무엇이든지 머릿속에서 그려지는 상상을 화지(畵紙)에 옮기는 거다. 지난 가을 문사모 전시회 때도 〈황홀경〉이란 제목의 작품을 출품했다.

생활 속에 남아 있는 이런 작은 족적(足跡)들이 노년을 살아가는 내 삶을 조금은 기름지게 하지 않나 싶다. 지난 내 삶은 내세울 만한 뚜렷한 공적(功績) 하나 없이 지나가버렸지만 그나마 두 권의 수필집 출판이 나에겐 큰 위안이 되고 있다. 주변을 둘러보면 '9988'을 외치며 장수(長壽) 시대를 구가(謳歌)하는 분위기다. 그러나 내 삶을 누가 대신 꾸려주는 게 아닌 만큼 나의 여생(餘生)은 전적으로 나 자신이 어떻게 가꾸느냐에 달려 있다고 생각한다. 매월 초하루 날에는 달력에 열대여섯 가지 남짓한 모임이나 행사 등 일정(日程)을 표시한다. 오늘도 나는 이런저런 일정에 따라 하루를 설계하며 시간을 쪼개 쓴다.

기러기 위탁모

장현심
chsim0125@naver.com

"나는 기러기 엄마다."

이렇게 단톡방에 올렸더니 말도 안 되는 소리 말라는 답글이 순식간에 달렸다. '기러기 엄마'라는 말에 해당이 안 된다는 것이다.

작년 오월 초였다. 아랫집에 사는 조카가 오리알보다 약간 큰, 하얀 알 다섯 개를 가져왔다. 기러기알이라고 했다. 토종닭이 있으니 한번 깨워보라면서.

재작년이었다. 우리 집에서 재를 넘으면 '예찬리'라는 마을이 있는데 그곳 농가에서 기러기를 잡아 기른다고 했다. 가보려 했는데 이듬해 봄 날아가버렸다고 해서 서운해하던 차였다.

봄철이면 이놈 저놈 알 품기에 바빴던 우리 집 암탉들이 웬일인지 한 마리도 둥지 틀고 앉는 녀석이 없었다. 보물 같은 기러기알을 언제까지나 상온(常溫)에 둘 수는 없는 노릇이었다. 수소문 끝에 취미로 알을 깨운다는 사람을 소개받아 그분의 부화기에 알을 넣었다.

32일 만에 병아리가 깨어났다는 전갈이 왔다. 6월 15일이었다. 검은 갈색과 노란 솜털이 섞인 점박이 네 마리였다. 주둥이는 오리처럼 넓적하고 발에는 물갈퀴가 달린 처음 보는 기러기 병아리였다.

운전석 옆좌석에 녀석들이 담긴 상자를 싣고 연신 눈길을 주며 차를 몰았다. 햇살에 눈이 부실까, 길거리 소음에 놀랄까, 급정거하는 일이 없게 잠자리 잡듯 조심조심 운전했다. 조류 호흡기 질병이나 장염을 방지하기 위해 집에 오자마자 동물약국에서 구매한 가금류 종합항생제를 완숙 계란 노른자에 섞어 먹였다.

손바닥에 한 마리씩 올려놓고 살펴보았다. 검은 머리가 둘, 흰 머리가 하나, 등허리가 얼룩덜룩한 또 한 마리는 다리가 양쪽으로 벌어져 똑바로 서지 못하는 장애를 가졌다. 거실에 널찍한 상자를 들여놓고 바닥에 신문지를 깐 다음 녀석들을 넣었다. 유월이라 해도 어미의 따스한 품이 필요할 것 같아서 알전구를 넣어 온도를 올려주었다.

나는 기러기 어미가 새끼를 어떻게 기르는지 모른다. 짐작으로 닭이 병아리에게 하듯 손으로 채소를 뜯어 먹이고, 시간이 날 때마다 무릎에 올려놓고 번갈아 가며 쓰다듬어 주었다. 외출에서 돌아오면 소리 내어 "잘 있었어?" 인사도 건넸다.

오래전 〈아름다운 여행〉이라는 영화가 있었다. 조류학자인 아버지 농장에 머물던 소년이 알을 품은 기러기를 발견하면서 시작된다. 알이 부화 되고, 새끼기러기들과 친구가 된 소년은 노르웨이에서 프랑스 남부까지 철새의 이동 경로를 따라 움직인다는 계획을 세운다. 기러기들에게 열심히 비행 연습을 시킨 후 소년은 경비행기를 타고 어미가 하듯 그들을 인도해 무사히 여행을 마무리한다는 내용이었다.

그 영향이었을까. 기러기가 나를 엄마로 알고 따르기를 바랐다. 외출에서 돌아왔을 때 강아지처럼 나를 반긴다면, 다리에 부비부비를 하거나, 계곡물에서 놀다가 저녁에 둥지로 돌아온다면…. 상상의 나래를 펴는 것만으로도 즐거웠다.

다리가 불편했던 놈은 한 달을 넘기지 못하고 죽었다. 나머지 놈들은 삼 개월이 지나자 솜털을 벗고 날개깃이 나와 제법 기러기 태가 났다. 세 마리를 닭장으로 옮겼다.

녀석들은 닭들에게 힘으로도, 숫자로도 밀렸다. 닭이 옆으로 다가가기만 해도 비실비실 물러났다. 모이를 향해 용감하게 돌진했다가도 쪼려는 입질만으로도 전의를 상실하고 줄행랑을 쳤다. 그래도 시간이 지나자 치고 빠지는 권투선수 태세로 먹이를 스스로 챙겼다.

육 개월이 넘자 기러기는 완전한 성조(成鳥)가 되었다. 걷기보다 날기를 좋아했다. 수놈 둘에 암놈 하나, 수놈이 덩치가 더 컸다. 얼굴 전체, 부리와 눈을 제외한 부분이 붉은 피부로 덮였다.

더 뚜렷한 특징은 수놈의 머리 모양이었다. 평상시엔 구별이 잘 안 되지만 상대방과 다툴 때나 위기를 느낄 때는 일부 인디언들이

나 외국 운동선수들처럼 한껏 치켜 깎은 펑크스타일이 된다. 머리 양쪽을 면도로 싹 밀고 가운데 부분에만 머리칼을 남겨두었듯, 기러기도 이마에서부터 뒤통수까지 난 털이 기분에 따라 움직였다.

평온할 때는 털이 매끈하게 뒤로 넘어가 있지만, 기분이 언짢다거나 위기를 느낄 시에는 털을 곤두세우고 씨근덕거린다. 나는 확신한다. 펑크 헤어스타일의 원조는 기러기 수놈으로부터 유래되었다는 것을.

"기러기 아직 안 날아갔어?"

지인들은 마치 기러기가 날아가기를 기다리는 사람처럼 물었다. 계절이 바뀌며 날씨가 추워졌다. 철새들의 이동이 시작되었다.

암놈의 귀가가 늦어진다. 때론 나무에서 내려오지 않고 거기서 자려 한다. 엇나가는, 가출을 일삼는 사춘기 청소년처럼 마음이 복잡한 모양이었다. 고개를 비틀어 하늘을 쳐다봐도, 무리에서 떨어져 홀로 있기만 해도 엄마인 내 가슴이 철렁한다. 혹시 떠나려는 건 아닐까.

제 어미를 따라 본디 고향으로 간다면 무슨 걱정이랴. 애초에 고향도, 부모도 없이 부화기에서 태어났으니…. 내 마음이 저들보다 더 싱숭생숭하다.

꼬마 화원

조성순
wiagnc@daum.net

　통유리 가득 햇볕이 쏟아지는 5층 창가에 천일홍 화분이 하나 더 늘었다. 아름다운 전쟁터 같은 작은 화분에서 끈질기게 살아남아 이름값을 톡톡히 한다.
　지난해 봄이었다. 농원을 하는 분이 수선화꽃이 피었다며 화분을 하나 가져오셨다. 초록 잎사귀에 샛노란 꽃이 사무실을 환하게 했다. 책상 위에서 들고나는 사람들을 나보다 먼저 반기며 존재감을 뽐낸 시간이 한 달쯤 되었을까. 시나브로 시들어갔다. 이제 그 자리에서 내려와야 할 때가 되었기에 창문가로 자리를 옮겼다. 넓은 농원에 비하면 열악한 조건이지만 알뿌리로 번식을 하니 꼬부라진 줄기를 자르며 내년 봄이면 당연하게 다시 꽃을 볼 것이라 믿었다.
　어느 날 뿌리만 남은 수선화 옆에 작은 싹이 올라와 잎이 돋더니 정체를 드러냈다. 봉숭아였다. 보이지 않는 수선화와 동거를 시작한 봉숭아는 한두 송이가 아니었는데 줄기가 점점 자라 손가락만큼 굵어지며 세를 넓혔다. 여름내 커다란 꽃이 탐스럽게 피고 또 피고 지니 꽃 보는 재미에 푹 빠졌다. 어릴 적 동네 어디서나 마주쳤던 꽃이 사무실에 있으니 출근하면 제일 먼저 봉숭아부터 살폈다. 작은 화분에서 밤새 갈증이 났던지 아침이면 잎이 축 늘어져 있다가 물을 주면 빠르게 꿋꿋하고 도도해졌다. 그때마다 아이가 되어 골목을 뛰어다니던 시간이 스치곤 했다. 꽃이 피면서 새싹도 올라오니 일 년 내내 볼 수 있을 것 같았는데, 화분에 올라온 싹이 줄기가 좀 달랐다. 뽑아버리려다 무슨 꽃이 피려나, 피기는 할까 궁금해졌다. 하루가 다르게 몸집을 키우니 봉숭아는 밀리기 시작했다. 허리가 휘어 일어서질 못하는 봉숭아보다 새로운 품종의 출연에 반색하게 되었다. 수선화 때도 그랬지만 이번에도 줄기만 잘라 쑥쑥 올라오는 새로운 식물에 자리를 내주었다. 이들의 전쟁을 부추긴 이가 나였음이 발각되기 전에 여름이 끝나가고 있었다.

　세 번째로 화분을 차지한 줄기는 수적으로 우세했다. 작은 화분 속에서 수선화와 봉숭아의 흔적을 지우기라도 하려는 듯이 촘촘하게 올라와 화분을 꽉 채웠다. 알뿌리가 걱정될 만큼 쑥쑥 자란 건 보랏빛 천일홍이었다. 들판에 무리 지어 피어있을 때 욕심을 냈던 꽃이 화분에서 피었으니 어찌 반갑지 않으랴. 처음 수선화가 올 때 누렇게 마른 꽃 서너 송이 딸려오긴 했지만 이렇게 꽃을 피울 줄이야. 한 해 동안 꼬마 화원은 천진스럽게 부지런했고 나름 다채롭고 화려했다.

　다시 봄이 왔다. 기다렸던 수선화는 안타깝게 꽃을 피우지 못했다. 보리 싹같이 키만 한 뼘쯤 자라더니 그만 누렇게 말라버렸다. 넓은 들판에서 뿌리를 감싸던 익숙한 흙냄새와 바람이 그립고 어깨를 나란히 했던 친구들의 응원도 없이 덩그러니 갇힌 신세라 힘이 빠졌나 보다. 지난해 삼모작을 하느라 알뿌리는 껍데기만 남았다. 화분 속에서 버석거리는 뿌리를 들어냈다. 그런데도 가끔 물을 주었다. 수선화는 그랬어도 지난해처럼 봉숭아 싹이 나오지 않을까 해서였다. 언제쯤 모습을 보일까 자주 들여다보았다. 드디어 삐죽삐죽 싹이 돋았다. 새 줄기가 나오기에 당연히 봉숭아 일 줄 알았더니 천일홍이다. 작년에는 봉숭아가 먼저 피었는데, 아직은 봉숭아 필 시기가 아니라서 그럴까. 어쩌면 그 '시기'라는 것이 문제다. 아직 오월이 끝나지도 않았는데 봄인지 여름인지 사람들도 헷갈리는데 꽃들도 '지금인가 아니 좀 더 있다가.' 하며 혼란스러운 건 아닌지. 인간에 의해 계절도 정체성을 잃어가는 시점에서 들판도 아닌 사무실 조그만 화분에서 철 따라 본분을 지킬 길 바라는 건 이기적인 심보다. 그러거나 말거나 천일홍은 씩씩하여 화분 가득 당당하다. 하나의 화분으로는 감당이 안 되어 두 개로 나누어야 했다. 거기서도 쑥쑥 잘도 자라서 다보록하게 꽃을 피웠다. 올해는 한 가지 꽃, 세 개의 화분으로 만족해야 할 모양이다.

수선화를 선물한 농원에 간 적이 있었다. 이름난 수목원 못지않게 여러 종류의 꽃들이 피어 있었다. 이 꽃 지고 나면 저 꽃이 피고…. 화원에 애정이 넘치는 선생님 설명을 귓등으로 들었던가. 농원에서는 자연 자체였으나 지금은 좁은 공간에서 특별한 존재가 된 작은 화분에 그 넓은 농원이 있었음을 이제야 알았다. 감이나 매실 같은 열매가 해거리한다는 말은 들었지만, 우리 사무실에서 꽃들이 해거리할 줄은 미처 몰랐다. 진이 빠진 꼬마 화원은 충전이 필요하다. 결혼한 딸들은 친정에 가는 것이 쉼이요, 엄마의 밥 한 그릇으로 힘을 얻지 않던가. 꼬마 화원이 떠나온 농원에 가서 엄마 품 같은 흙 한 삽 듬뿍 퍼다 안겨주면 응원이 될까.

'꼭두'를 만나다

이숙희(雲步)
hema8848@hanmail.net

2월 마지막 날, 국립민속박물관으로 발길을 옮겼다. 곳곳에는 아직 눈이 쌓여 있었으나 기온은 옅은 봄기운이 묻어 있었다. 사흘 후면 전시가 끝이라서인지 한복 입은 외국인들도 제법 눈에 띄었다. 망자의 마지막 여행길 길라잡이, '꼭두 특별전'을 만나러 가는 마음은 설렘으로 가득 찼다. 전시장 입구에 붙여놓은 길고 커다란 포스터 속에 세 종류의 꼭두들! 낯선 저승길에 혹 있을지 모를 액운을 막기 위해 위무도 당당한 '호위꼭두'가 서 있고, 떠나는 자와 남겨진 자 모두를 위로하는 '악공(樂工)꼭두', 재주를 부려 망자를 즐겁게 해주는 물구나무서기를 한 '광대꼭두'가 관람객을 맞아주어 나는 입가에 미소가 번졌다.

    꼭두는 상여를 장식하는 나무 인형이다. 목우(木偶)라고도 불리었고, 망자의 영혼이 저승으로 갈 때 동반자가 되어주는 것이 기본

역할이었다. 꼭두는 일상적 시공간과 초월적 시공간을 연결하는 존재로 서양 종교에서 말하는 '천사'와 같은 존재라는 설명이 있었다. 전시 공간을 꼭두의 역할로 나누어 구성했다.

첫 번째 전시 공간은 '시중들기'다. 망자의 여행길이 편안할 수 있도록 '시종꼭두'들의 모습은 무척이나 다채로웠다. 갓을 쓴 남자, 댕기머리 늘어뜨린 동자, 꼭두들이 쓴 화관이나 손에 든 꽃은 망자의 재생을 바라는 마음인가 보다. 봇짐을 들거나 부채, 우산을 든 꼭두들은 망자의 짐을 들어주는데 더위나 비를 피할 수 있기를 바라는 마음이란다. '나무아미타불' '지장보살' 글귀를 손에 든 꼭두는 망자의 영혼이 부처의 보호를 받기를, 또 용왕·선녀·신선·승려·부처의 모습을 한 꼭두들은 망자의 저승 가는 길을 안내하고 보호하는 역할이지 싶다.

두 번째 전시 공간은 '즐겁게 하기'였다. 사랑하는 사람을 멀리 떠나보내야 하는 이들의 슬픔과 낯선 곳에 혼자 남겨진 이의 두려움을 위로하는 역할이었다. '악공꼭두'들이 연주하고 있는 악기의 종류는 다르지만 입고 있는 복식(服飾)과 모자의 모양은 동일했다. '광대꼭두'들은 손에 악기를 들고 있거나 물구나무서기 등 여러 가지 재주부리는 모습을 하고 있다. 그 앞에서 한참을 바라보자니 저절로 웃음이 나와 마음의 위로가 되었다.

세 번째 전시 공간에서는 멀고도 험한 저승길을 호위하기 위해 만들어진 '호위꼭두'들이 등장한다. 말이나 호랑이, 봉황이나 용 등 영험한 기운을 지닌 동물을 타고 있다. 또 갓이나 투구를 쓰고 근엄한 표정을 한 무사가 말을 타고 서 있다. 그들은 액을 막기 위해 무기를 들고 험상궂은 표정을 짓고 있다. 맨 끝 전시장 넓은 공간에는 각각 다른 모양의 상여가 서너 개 놓여 있다. 상여 윗부분과 앞뒤를 장식하는 용수판에는 청룡과 황룡이 앞뒤를 향해 몸이 꼬여 있고 그 위에는 여러 꼭두가 타고 있었다. 낯설기만 한 저승길, 그 외롭고 무서운 여행길의 따뜻한 동반자가 바로 고마운 꼭두다.

삶과 죽음, 이승과 저승의 경계에서 산 자와 죽은 자를 함께 위로해 주었던 목각인형은 이제 박물관이 아니면 만나기 힘든 존재가 되었다.

이번 '꼭두특별전'은 50여 년간 꼭두를 수집해 온 김옥랑 꼭두박물관장이 기증한 꼭두 1,100여 점 중 250점을 선보인 자리다. 그녀는 20대의 어느 날 청계천 골동품가게 한 귀퉁이에서 먼지를 뒤집어쓴 여자 목각인형 하나를 발견했다. 녹색 저고리에 붉은 치마를 입고 있는 다부진 표정의 목각인형에서 삶의 고통을 모두 견뎌내고 마음의 평정을 되찾은 여인을 보았고 큰 위로를 느꼈었다. 그 후 그녀는 전국을 돌며 상여를 장식한 목각인형들을 사 모았고, 본격적인 학예 연구를 통해 아무도 몰랐던 '꼭두'라는 이름도 찾아주어 '꼭두엄마'로 살게 되었다. 그녀는 전시장 안에 설치해 놓은 영상에서 말했다.

"우리는 모두 죽음을 굉장히 두려워하고 삶과 죽음을 대립적으로 생각하죠. 훌륭한 삶과 죽음은 뗄 수 없이 연결되어 있어요. 우리의 전통문화 유산인 꼭두는 우리에게 진정한 죽음에 대해 생각하게 만든다는 점에서 더욱 큰 가치를 지니고 있습니다."

나는 그 영상 앞에 앉아 그녀가 꼭두와 함께 살아온 사연을 두세 번 연거푸 들었다. 꼭두들을 전시장에서 만난 건 큰 행운이라고나 할까? 김옥랑 관장의 꼭두 사랑 덕분이기에 깊은 감사를 느꼈다. 녹색 저고리에 붉은 치마를 입고 서 있는 김관장의 '첫 꼭두'를 나는 하염없이 바라보았다. 수많은 꼭두를 찬찬히 다시 돌아보면서 카메라에 담고 또 담고, 가슴에도 차곡차곡 쌓아두었다.

꼭두전(展)을 돌아보는 내내 머릿속에는 55세에 머나먼 하늘길을 떠나시던 아버지의 하얀 꽃상여 생각이 떠나지 않았다. 아니, 스물한 살인 내가 꽃상여 뒤를 따라 나지막한 산길을 천천히 오르고 있었다. 어언 반세기가 흘렀다. 11월 그날 코발트빛 하늘 아래 하얀 구름과, 하얀 상복과, 하얀 꽃상여…, 하늘로 가는 길의 풍경은 영원히 잊지 못할 한 장의 빛바랜 사진이다. 그 눈부시게 희디흰 백색은 내 기억 속에서는 절대로 변하지 않을 색깔이다. 설움의 꽃 같은 만장(輓章)들, 지금도 내 마음을 흔들고 있다. 처창(悽愴)하게 펄럭이던 붉은색·흰색·노랑·자주색 기다란 만장들! 비단과 무명, 명주에 검정 먹글씨로 써 내려간 만장들이 파랗게 트인 하늘 아래, 색동 강물같이 흐르며 장례 행렬을 앞서고 있었다. 휘황한 만장 색색들이 나를 더 서럽게 했다. 아버지는 어찌 그리 바쁘게 우리 곁을 떠나셔야 했는지. 꽃상여가 힘겹게 흔들리며 점점 느릿느릿 오르는 모습을 바라보며, 발걸음이 떨어지지 않는 아버지의 마음이 고스란히 전해져 오는 것만 같았다. 상여꾼들의 구슬픈 노랫소리는 끊이지 않았다.

"이제 가면 언제 오나~."

이 한 대목만 내 기억에 선연히 남아 있다. 어쩌면 내 아버지의 꽃상여에도 '꼭두'가 매달려 있었을지도 모른다. 다만 그 당시 내가 꼭두의 존재 자체를 몰랐을 뿐, 그 머나먼 기억 속의 꽃상여를 애써 더듬고 더듬어 꼭두를 찾아보았다. 아마도 아버지 꽃상여에도 꼭두가 분명 타고 있었을 것이다. 그렇게 믿고 싶었다.

내 아버지가 처음 행차하시는 그 외롭고 낯선 여행길에도 꼭두가 따뜻한 동반자였으리라. 마지막 홀로 떠나는 길에 인간을 위로하는 역할에 충실했던 꼭두! 죽음이라는 무거운 이야기를 풀어놓은 전시장에서 꼭두는 관람자들에게 끊임없이 미소와 감탄사가 터져 나오게 했다. 가슴 따스한 위안을 안겨준 잊지 못할 만남이었다.

꽃봉투

홍경희
hongk3438@hanmail.net

"엄마, 꽃봉투 좀 만들어주세요. 예쁘다고들 하네. 선물하고 싶어요."

"그려, 어렵지는 않은데 시간이 좀 걸리는데."

예쁘다는 말에 기분이 좋아 당장 작업에 들어갔다. 맘에 드는 봉투는 값이 비싸서 만들어 썼었는데 예쁘다는 의외의 반응이었다. 그날로 당장 A4용지 흰색과 분홍, 파랑, 보라 등 색지도 섞어서 재단하고 풀칠하며 틈틈이 만들기 시작했다.

이제 잔잔하게 들꽃을 그려 넣을 차례였는데 딸은 성급히 내 곁을 떠나버렸다. 장염 치료 중이라는 말을 곧이곧대로 믿고 있던 쑥맥 어미가 알았을 때는 항암 치료를 40번도 넘게 받는 도중이었다.

어느 날 갑자기 낯선 상자가 눈에 띄었다. 딸의 부탁으로 만들던 미완성 봉투 상자가 삼 년 동안 책상 밑에 숨죽이고 있었던 것이다. 하던 것이니 마무리나 짓자는 생각이 들었다. 며칠을 식탁 위에 펼쳐놓고 봉투에 들꽃을 그리기 시작했다.

딸은 이것을 누구에게 주고 싶었을까. 아무래도 같은 과 교수 친구일 것 같았다. 딸은 항상 누구에게 무엇이든 주기를 좋아했다. 언젠가 미국 출장 가는 친구에게 내가 써준 부채를 선물했단다. 그 친구는 미국 친구에게 선물했는데, 미국 친구는 부채를 바람 부치는 용도로 사용하지 않고 액자에 넣어 벽에 건 사진을 찍어 보내왔다는 얘기를 들었다.

그렇다면 이 봉투도 그 친구 교수에게 주려고 했을지도 모른다. 내가 아는 친구는 대학부터 같은 과로 학위도 같이 받고 같은 학교에 근무하던 절친 김 교수 한 사람이다. 휴가철이나 딸이 좋아하는 라벤다 철이면 우리에게 고성에 있는 리조트를 빌려주고 하던 친구 김 교수.

봉투를 완성하고 나니 200장이었다. 그 친구가 맞다면 늦게라도 전하고 싶은데 외손녀는 새삼스럽게 슬픈 기억을 꺼내고 싶지 않을 거라며 반대했다. 그 말도 맞지만 나는 딸과의 약속을 지금이라도 꼭 지키고 싶었다.

사위에게 내 뜻을 비쳤다. 흔쾌히 동의를 하며 전화번호를 적어줬다. 그런데 손녀 말처럼 불쑥 전화를 걸면 새삼스럽고 놀랄 일 같기도 해서 조심스럽게 문자를 보냈다.

"교수님, 현주 엄마입니다. 현주 친구 중 아는 분은 교수님뿐이어서 실례를 무릅쓰고 문자를 보냅니다. 전화 드려도 될까요?"
금방 저쪽에서 전화가 왔다.
"현주 어머니, 저 ○○예요. 어떻게 지내셨어요?"
살가운 목소리로 먼저 인사를 했다.
"현주가 친구에게 주고 싶다고 봉투를 부탁한 적이 있는데 그게 누군지…."
"바로 저예요. 그 예쁜 봉투를 갖고 싶다고 했던…."
내 말이 끝나기도 전에 건너온 대답이었다.
"그렇군요. 늦게나마 완성했기에 보내고 싶습니다. 주소 부탁드려요."
곧바로 보내온 주소로 다음날 우체국에 가서 택배로 보냈다. 딸의 부탁을 늦게라도 지켰다는 홀가분함에 기분이 좋았다.
이틀 후, 받은 봉투는 딸을 좋아했던 사람들과 잘 나누어 쓰겠다는 내용의 문자가 왔다. '역시 보내기를 잘했어. 틈나는 대로 가끔 만들어 보내야겠다.'
며칠 후 외출에서 돌아오니 문 앞에 택배 상자가 하나 놓여 있었다. 뭘까? 나는 주문한 물건이 없는데 중얼거리며 보낸 이를 보니 딸 친구에서 온 상자였다.
"보내주신 봉투는 현주가 좋아하던 친구들과 연구원 교사들과 나누었습니다. 다들 봉투를 사용할 때마다 정 많던 현주를 떠올릴 것 같다고 말했고, 어머님께도 감사 인사를 전해달라고 했습니다.(현주를 사랑하는 많은 이들을 대표하여 김○○ 올림)"

자물쇠가 달린 예쁜 오동나무 상자에 세 종류의 꿀 병이 나란히 들어 있었다.

'아뿔싸, 내가 그 생각을 못했구나.'

봉투를 받고 고민했을 생각을 하니 미안했다. 나는 메시지를 보냈다.

"제 마음 편하자고 한 일인데 지금 생각하니 교수님께 부담을 드렸을지도 모르겠다는 생각이 드네요. 보내주신 귀한 꿀 감사히 잘 받겠습니다. 고맙습니다."

홀가분했던 마음에 미안한 마음이 보태어졌다. 이럴 때 딸이 있었으면 내 마음을 풀어주었을 텐데….

"엄마, 내 부탁을 들어줘서 고마워요. 엄마가 홀가분했으면 그것으로 됐어요. 그 친구가 정말 가지고 싶어 했던 거니까 미안해하지 말아요. 그 꽃봉투는 세상에 하나뿐인 엄마표 봉투잖아요."

딸의 다정한 목소리가 들리는 듯하다.

나는 존재하지 않는가

서성남
suh7000@daum.net

　유명한 철학자의 말을 믿지 않는 것은 멍청한 일일 것이다. 그런데 자꾸만 고개를 갸웃거리게 하는 말이 있다. '나는 생각한다. 고로 나는 존재한다.'라는 데카르트의 말이다. 여기에 내가 선뜻 동의하지 못하는 것은 무슨 존재론이니 인식론이니 하는 난해한 철학적 관점에서가 아니다. 이 말에 대한 의문은 '생각하지 않으면 존재하지 않는 것인가.'와 '생각은 온전히 내가 주체가 되어야 하는가.' 그리고 '생각만 하면 설사 기계라도 인간처럼 유의미한 존재가 되는가.'이다.
　나는 생각과 존재 간에 어떤 관계가 성립하는지 알지 못한다. 물론 이것은 존재에 대한 원천적 성찰이 부족한 탓일 테지만. 그러기에 이런 의문이 생기는 것이다.
　이 철학자의 말대로라면 나는 존재하지 못할 때가 많다. 아무 생각 없이 멍하니 있을 때와 주체로서 생각하는 내가 아니라 많은 경우 생각되는 내가 있기 때문이다. 생각의 주체가 아니라 객체인 것이다.

'멍때리다.'라는 것이 있다. 아무 생각을 하지 않고 그냥 멍하게 있는 것이다. 생각을 배제한 것이다. 무념의 경지다. 멍때리기가 아니더라도 아무 생각 없이 있을 때가 많다. 멍하니 그냥 있는 것이다. 이럴 때는 생각을 하지 않으니 존재하지 않는 것일까. 존재가 없다면 멍때리기는 누가 하는 것일까.

생각하지 않는 것에는 '뇌빼드'도 있다. '뇌를 빼놓고 봐도 되는 드라마'라는 뜻이다. 설득력도 없고 개연성이 부족해도 말 그대로 생각 없이 즐길 수 있는 드라마다. 지속적으로 코믹한 상황을 만들거나 자극적 요소를 강화해 통쾌함을 폭발시켜 '도파민 드라마'라고 부르기도 한다. 생각을 배제해야 가능한 일이다.

사실 '내가 생각한다.'라고 하지만 어떤 일에 대해 내가 주도적으로 끝까지 생각을 끌어나가기란 어렵다. 처음에는 내가 시작했지만, 어느 순간 생각은 저 멀리 다른 곳에 가 있는 것을 알게 된다. 다시 원래대로 갖다 놓아도 그것은 잠시뿐 생각은 흐르는 물같이 다른 곳에서 또 다른 곳으로 흐르고 있다. 처음은 내가 주인이지만 금방 나도 모르는 새 객체가 돼버리는 것이다. 생각은 내 안의 다른 녀석이다.

가끔 글을 쓰다 아주 적합한 말이 있을 것 같은데 도무지 생각이 나지 않아 그냥 덮어두는 일이 있다. 그러다 우연히 그 말이 저절로 떠오를 때가 있다. 내가 생각한 것이 아니다. 어느 순간 그냥 떠오른 것이다.

아무튼 생각만큼 중요한 것도 없지 싶다. 선악을 구별하고 행동하는 근원이다. 생각이 깊어지면 사색이 되고 철학은 이런 사색의 결과일 것이다. 우리 생활에 필요한 발명품도 생각의 결과물이 아니겠는가.

심리학자 대니얼 카너먼이 쓴 《생각에 관한 생각》이 노벨경제학상을 받은 것은 경제 활동에 있어서도 생각의 중요성을 말하는 것일 게다.

실제로 우리는 생각에서 떠나질 못하고 있는 존재다. 살고 있다는 것은 그대로가 생각하면서 살고 있다는 뜻이다. 모든 의사결정이 생각에서 비롯된다. 생각이 끝나면 인간으로서의 삶도 끝난다. 설사 그 생각이 치매 환자처럼 굴곡된 것이라 하더라도.

생각은 뇌가 한다. 그런데 뇌에 인위적인 자극을 주어 그 생각에 영향을 끼친다면 어떻게 될까. 이제 뇌에 칩을 심는 시대가 됐다. 시작은 신체의 일부가 마비된 환자를 대상으로 의료용으로 시험하는 것이지만, 이것은 결국 인간의 생각을 칩으로 조종할 수 있는 단계까지 발전하지 않을지 우려하지 않을 수 없다. 첩보영화에서는 이미 비슷한 일이 벌어진다.

거기다 인공지능의 시대가 도래했다. 인간의 지능적인 작업을 아주 빠르게 수행하는 데서 나아가 휴머노이드라는 인간과 대화는 물론 대신 일하는 로봇까지 나온다니 완전한 인간의 대체품이 아닌가. 그것도 훨씬 우월한.

 지금도 내 생각이 온전히 내가 하는 것이 아닌데, 칩과 인공지능의 시대에서는 생각은 완전히 나를 떠나 독자적으로 하게 될지도 모른다. 내 생각이 조종당하고 나보다 더 빠른 생각을 하는 인공지능의 시대, 그때가 되면 '나는 생각하지 않는다. 고로 나는 존재하지 않는다.'라고 할 수밖에 없지 않을까 싶다.

나물에 대한 추억

조한숙
esscho@naver.com

　벌써 30여 년 전인 것 같다.
　나는 그때 매일 똑같은 메뉴로 삼시 세끼 식사를 했다. 메뉴라고 해야 고작 밥과 국과 나물 한 가지였다.
　5월 초순이었을 것이다. 산나물, 들나물이 지천으로 나올 때였다. 나는 3일 동안 울릉도에 갇혀 있어서 육지로 나갈 수가 없었다. 내가 묵고 있는 민박집 앞이 바로 바다였고 여객선이 도동항에 대기하고 있는데 파도가 어찌나 심하던지 배가 뜰 수 없었다. 나와 친구 셋이 3일 동안 민박집 신세를 지면서 세끼를 먹을 수밖에 없었다.
　그때 내가 질리도록 먹은 반찬이 있다. 부지깽이나물이다. 부엌 아주머니는 우리에게 묻지도 않고 그냥 부지깽이나물을 수북이 한 접시 담아서 내놓았다. 살짝 데쳐서 간장, 깨소금, 참기름 넣고 조물조물 무쳐서 내놓는 나물은 그런대로 먹을 만했다.

 울릉도 취라고 하는 그 나물은 쌉싸름하면서 향기가 있고 부드럽고 육지의 취나물보다 연해서 맛있었다. 그러나 3일 동안 삼시 세끼를 같은 반찬으로 먹는다면 누구라도 질릴 것이다. 나는 워낙 나물을 좋아했기에 맛없다고 안 먹는 친구들 몫까지 내가 모두 먹었다. 처음에 그 나물이 어떤 나물인지도 모르고 먹었다. 물어보면 부엌 아주머니는 그냥 부지깽이라고 했다. 이름이 특이하고 재밌었다. 나물에 부지깽이가 뭐냐고 하면서 우리는 깔깔 웃었다.

 그 나물은 울릉도 산기슭을 파랗게 뒤덮었고 바다를 바라보는 가파른 기슭에도 파랗게 뒤덮었다. 대규모 군락을 이루며 강한 생명력이 있는 울릉도에 자생하는 섬쑥부쟁이였다. 척박한 산기슭에도 잘 자라는 그 나물은 기근이 들어 어렵던 시절 배고픔을 달래주던 울릉도 주민의 구황식물이었다. 주민들이 처음 이 섬에 정착할 때 먹을 것이 귀한 춘궁기에 눈 속에서 올라오는 어린 쑥부쟁이가 주민들의 배고픔을 채워 주었다고 한다.

 그래서 부지깽이나물은 부지기아초(不知飢餓草), 배고픔을 느끼지 않게 하는 풀이라는 의미에서 유래된 것이라고 한다. 또 그 나물의 생김새가 가을이면 줄기가 곧고 길게 뻗어 나가서 우리네 부엌에서 불 지필 때 쓰던 부지깽이 같다고 해서 붙여진 이름이라고도 한다.

 나는 나물을 참 좋아한다.
 5월 초 산야에서 나오기 시작하는 취나물을 좋아하고 엄나무 순도 좋아한다. 나의 아버지가 충청도 분, 어머니는 서울 분인데도 어머니는 나물을 무척 좋아하셨다. 어머니는 이른 봄 화살나무에서 갓 피어나는 어린 싹, 홑잎 나물을 즐겨 드셨다. 어머니의 나물 무치는 솜씨에 나도 나물을 좋아하게 된 것 같기도 하다.

우리나라처럼 산나물, 들나물이 많은 나라가 또 어디 있을까. 한국인의 식탁에서 빼놓을 수 없는 반찬이 나물이다. 우리나라는 지형상 산지가 많아서 산과 들에서 나오는 나물들이 중요한 식량이었다.

나물의 역사는 아득한 옛날, 천 년 전으로 올라가야 할 것이다. 통일신라시대 이후 불교가 중시되면서 육식을 금지하던 불교 문화권으로 인해서 채식 위주의 음식 문화가 발달하였고 나물 요리가 발달했던 것이 아닌가 생각된다.

그 나물들은 이른 봄부터 나오기 시작해서 5월 초 우리나라 산야를 나물의 향기로 뒤덮는다. 두릅나물, 엄나무 순, 고사리, 단풍나물, 머위, 눈개승마, 취나물, 원추리나물 등 종류도 많고 많다. 봄이 오면 나물을 뜯으려 아낙네들은 종다래끼를 들고 들로, 산으로 나물을 찾아다녔다. 이른 봄 제일 먼저 고개를 드는 달래, 냉이도 봄철의 입맛을 돋워준다.

우리나라의 나물은 단순히 반찬에서 머무는 것이 아니라 우리 민족의 생존과 지혜가 담겨 있는 음식 문화의 유산이다.

도동항 앞바다의 파도가 가라앉기를 기다리며 하염없이 바다를 바라보고 있는데, 울릉도 아저씨들은 파도는 아랑곳하지 않고 내 옆에서 부산스럽게 작업을 했다. 부지깽이나물을 서울 경동시장으로 내다 팔 거라고 했다. 커다란 부대 자루에 삽으로 퍽 퍽 나물을 퍼 담았다. 나물 두세 번 퍼 넣고 얼음 한 삽 넣고 나물 넣고 얼음 넣고 부대를 그렇게 꽉 채웠다. 그렇게 하지 않으면 나물끼리 짓눌려서 누렇게 뜬다고 했다. 파도가 잦아들면서 우리는 여객선을 탈 수 있었고 울릉도 도동항에서 묵호항으로 나올 수 있었다.

  나는 지금 부지깽이나물을 다듬고 있다.

  지금이 나물이 가장 많이 나오는 5월 초다. 동네 장터에 나갔더니 나물들이 줄을 서고 있었다. 그 사이에 반가운 부지깽이나물이 고개를 내밀고 있었다. 반가운 마음에 얼른 한 바구니를 샀.

  나는 먼 바다 울릉도 도동항 섬 기슭을 푸르게 장식하던 섬쑥부쟁이를 떠올리며, 부엌 아주머니가 해주던 쌉싸름한 나물 맛을 생각한다. 부지깽이나물은 오월이면 맛볼 수 있다.

2부 _ 붓으로 다시 걷다

청 랑 날개와 뿌리
오설자 날마다 낙원으로 간다
김해성 남산 둘레길
김석류 노먼 록웰의 퍼즐 한 조각
김순이 대추나무
정해경 민들레
임덕기 바람길 따라 걷는다
김은희 반려자
하인혜 붓으로 다시 걷다
이미정 비 온 후
김미옥 사라진 은박지
강동우 삼대
최유나 상처받은 치유자, 그 길 위에서

날개와 뿌리

청 랑
crang727@naver.com

무더위를 헤치고 여백서원에 계신 전영애 교수님을 만나러 갔다. 평생을 독문학자로 괴테에 몰두해 '괴테 할머니'로 불리셨다.
"저는 웃어도 안 예쁩니다. 꽃은 예쁩니다."
그렇지만 그분의 웃음은 더없이 맑고 밝게 피어난 함박꽃이었다. 강의 중에 괴테의 부모님이 괴테에게 주었다는 두 가지가 마음에 깊이 와닿았다.
"아이들은 부모로부터 두 가지를 받아야 한다. 그것은 날개와 뿌리다."
부모가 자녀에게 주어야 할 것은 자식이 날아갈 수 있는 꿈을 줘야 한다. 붙들어 매지 말고 자기가 살 수 있게끔 뿌리내리는 힘을 줘야 한다고. 아이들에게 날개가 돋아나기를, 꿈과 뜻이 자라기를 기다려주는 것. 그게 부모의 역할이라고 했다.

나는 어린 시절 두메산골에서 자랐다. 문명의 혜택이 전혀 없는 그곳. 무공해 자연 속에서 먹고 뛰고 일손을 돕는 게 일상이었다. 어릴 때 받았던 부모와 형제의 절대적인 사랑은 내가 살아가는 동안 큰 힘이 되었다. 사람이 마지막 실족(失足)에서 물러서게 하는 것, 즉 유혹이나 잘못에서 벗어나게 하는 힘은 유년 시절에 받은 사랑의 기억이라고 한다.

내 아이들은 서울에서 태어났다. 고만고만한 아이들이 이웃해서 살았다. 귀를 기울이지 않아도 또래들의 온갖 소식이 들려왔다. 아이들을 사이에 두고 부모들끼리 힘겨루기를 했다. 각박한 곳에서 살아갈 아이들의 메마른 마음을 생각하게 되었다. 그래서 택한 게 자연과 함께하는 시간이었다.

동네 근처에서 시작된 산행은 북한산 백운봉과 관악산 연주대까지로 이어졌다. 고궁이나 미술관, 영화관, 놀이공원 등도 아이들과 함께했다. 정서적으로 안정되고 너른 품을 가진 아이들로 자랐으면 해서였다. 또 세상은 생각만큼 삭막하거나 인색하지 않고, 또 생각만큼 호락호락하지 않다는 것을 알게 하고 싶었다.

큰아이가 중학교 3학년이 되니 생각이 많아졌다. 그래서 학군이 괜찮다는 동네로 이사했다. 나고 자란 곳을 떠나 모든 게 낯선 곳이지만, 아이들을 위해 선택한 거라 자부심도 품었다.

어느 날 고등학교 1학년이 된 아들과 길에서 맞닥뜨렸다. 아이와 같은 반 짝도 보였고 빨강머리, 노랑머리를 한 아이들도 있었다. 덩치가 제법 큰 짝은 중학교 때 일진회라는 조직의 우두머리였다. 아마 다른 친구들도 그 조직에 속한 아이들일 거였다. 항상 '모범생이다 의젓하다.'라는 말을 이름처럼 달고 다녔던 아들이었다. 얼마나 외로웠으면 그랬을까 이해도 되었지만, 내겐 충격이었다.

그 아이들과 다시는 어울리지 않겠다는 약속을 받아냈다. 아들은 친구들로부터 '배신자'라는 낙인을 받았고 고립과 따돌림으로 한동안 아파했다. 나는 '열심히 공부하다 보면 다 정리된다.'라며 아이 등을 다독거렸다. 아이는 스스로 이겨냈으며 그 일로 한 뼘 더 컸으리라. 그때 만약 아들을 닦달하며 몰아세웠다면 어찌 되었을까. 지금 생각해도 등골이 서늘하다.

아들이 고3 수험생이 되었다. 오롯이 아이한테 안테나를 세우다 보면 서로 숨 막힐 거 같았다. 그래서 그동안 마음에 품고 있었던 글쓰기 수업에 등록했다. 아이는 짬짬이 농구 시합을 하면서 긴장을 풀었다.

가끔은 딸한테 원망도 듣는다. 왜 공부하라고 채근하지 않았느냐고. 그 말에 가만히 아팠다. 우매해서 부모 역할의 옳고 그름을 알 수 없어 시행착오를 반복할 뿐이다. 나의 부모님이 나를 이래라저래라 간섭하지 않았듯이 나 또한 공부로만 닦달하고 싶지 않았다. 품안에 있을 때 이것저것 경험하기를 바랐다. 그래서 둘째인 딸은 공부보다 예체능 쪽으로 더 정성을 쏟았고, 그러다 제 길을 찾았으면 했다. 주변을 보면 부모가 아이의 미래를 미리 정해두고 앞에서 잡아끌고 뒤에서 밀다가 가족 간의 관계가 파탄 나는 것을 보았다.

  아이들이 대학에 다닐 때도, 취업해서 일할 때도 우물 안 개구리가 되지 않았으면 했다. 그래서 국내든 해외든 세상 속에서 배워보라고 등 떠밀었다. 삶이란 장대 높이를 거뜬히 뛰어넘고 또 못 넘더라도 좌절해서 주저앉아 있지 않았으면 해서다.

  며칠 전 바닷가 모래밭에 피어나는 갯메꽃을 보러 갔다. 혹독한 바닷가 환경에서도 꿋꿋이 꽃을 피워내는 갯메꽃을 쭈그려 앉아 한참을 바라보았다. 덩굴로 모래땅을 기면서 길게 뻗어 줄기 마디마디에 뿌리를 내린다. 새로운 개체를 계속 만들기 위해서다. 커다란 군락을 이뤄 피어난 갯메꽃이 뿌리로 모래를 단단히 붙잡아 종자를 품는다. 씨앗은 바람과 바닷물을 타고 가다 새로운 터전에 정착한다. 식물도 종족 번식을 위해 이토록 애쓰는데 하물며 사람임에야.

  나에게 새싹이 찾아왔다. 수시로 핸드폰을 열어 손녀를 본다. 작은 생명은 마음으로부터 우러나는 웃음을 웃게 한다. 이보다 더 아름다운 게 어디에 있을까. 새순 같은 맑은 영혼에 소중한 것 참다운 것만 와닿는다면 얼마나 좋을까.

  뿌리와 날개는 진정한 사랑이지 싶다. 사랑한다는 것은 결국 살아간다는 것일 거다. 아이들은 내 부모가 아름답게 사는 것을 가장 바란다고 한다는데. 그럼 이제 내 날개와 뿌리를 어디에 달까. 내 안에 순순(順順)한 뿌리를 내려 살고 싶은 하루를 온전히 살아가는 것, 그게 내 날개와 뿌리를 다는 일이 아닐까 싶다.

날마다 낙원으로 간다

오설자
58snow@naver.com

　카페 구석진 곳에 앉아 글을 쓴다. 작가가 글 쓰다가 화장실에 다녀온 것도 알아차린다는데. 생활이 끼어들어 자꾸 맥이 끊기는 집을 벗어나기로 한다. 카운터 너머 공급자의 시선으로 쓴 〈카페 일기〉나 카페 생활자의 시선으로 쓴 〈단골이라 미안합니다〉를 읽고 나니, 카페로 더 마음이 기운다.
　창밖 라일락이 은은한 향을 보내주는 카페는 친구 앤젤과 자주 만나던 아지트였다. 그곳에서 글을 쓰고 두 권의 책을 다듬었다. 어느 날, 온통 시커멓게 칠해지더니 저녁에만 문을 여는 바(Bar)로 바뀌고 말았다. 어쩐지 수용소 같아 고개를 돌려버린다.
　4층까지 대학생들이 북적이던 호수 앞 카페에도 드나들었다. 2층 푹신한 자리에 앉아 글을 쓰다가 문득 고개 들면 키 큰 히말라야 소나무 건너로 푸른 하늘이 일렁이는 호수에 누워 있곤 했다. 그

카페도 문을 닫아, 폐가처럼 썰렁한 앞을 지날 때 무엇을 잃어버린 사람처럼 괜스레 서성이곤 한다.

여러 군데 카페를 전전하다가 실버타운 건물에 잘 꾸며진 정원이 보이는 카페를 찾았다. 통유리 너머 소나무와 모감주나무 노란 꽃그늘이 건너오는 푸른 자리를 찜한다. 소나기가 그치면 창밖은 더 짙어진 초록이 펼쳐진다. 그 사이로 근사한 문장들이 솟아날 것만 같다.

커피를 마시며 주변을 살피고 나를 로딩(Loading)하는 시간. 생각이 서서히 차오르는 이 순간을 즐긴다. 주름진 고급 옷을 입은 로맨스그레이 여사가 혼자 와 천천히 차를 마시고 나가면, 늘 그 시간에 휠체어 탄 어르신이 보호사를 대동하여 디저트와 함께 주스를 마신다. 명품으로 온몸을 감은 유학파 젊은이들이 한바탕 외국어로 토킹하며 차를 마시고 간 후, 또래의 직원이 그들이 남긴 자국을 고개 숙여 닦는 손에 눈길이 머문다.

한 젊은 남자가 유모차를 밀고 들어온다. 턱받이를 입에 물고 오물거리는 사오 개월쯤 된 아기 눈동자가 불빛에 반짝인다. 능숙하게 아기를 안아 등을 토닥이더니 유모차에 눕히고 아기를 가만히 누르며 다독다독 해준다. 손끝에 묻어나는 애정이 내 가슴으로도 건너와 도닥도닥. 그에게도 아기에게도 안온한 시간이 찾아오고, 나도 편안해진다.

한참 동안 온몸에 예열이 되고서야 비로소 노트북을 연다. 그 순간부터 온전히 나의 하루를 살아내는 쓰는 시간이다. "살기 위해서 쓰고, 쓰기 위해서 산다."라던 조르주 페렉처럼 치열하지 못하지만 어쨌든 쓴다. "언젠가 누군가의 세상에 작은 빛을 켜줄 수 있을" 그의 말을 되새기면서.

이 카페에서 서너 번의 계절을 보낸다. 창 머너 메마른 메타세쿼이아에 새순이 돋고 연둣빛이 더해지면서 정원은 짙어간다. 서너 시간 동안 쓰고, 지우고, 다시 쓰고, 다듬고. 몇 번 계절이 바뀌는 동안 나의 메마른 글에도 새순이 돋고 조금씩 짙어지길 기다린다.

갑자기 경찰차 경광등 소리가 요란하다. 경관이 뒷문을 열고 여윈 남자 어르신을 부축한다. 어르신은 앞문으로 가서 한 움큼 지폐를 자꾸 들이밀며 실랑이를 한다.

"저 식당에 가서 딱 한 잔만 하고 갈게."

두 발이 땅에 붙어버린 듯 버티며 애걸한다. 잠시 후, 도우미가 와서 그를 모셔간다. 그 뒤로 구급차에서 의료용 침대가 내려진다. 호흡기를 입에 댄 어르신이 주렁주렁 매달린 링거 주삿바늘을 팔에 꽂은 채 의료진의 보조를 받으며 들어온다.

어수선한 순간을 지나 밖으로 나온다.

방금 북새통은 아랑곳없이 건물 앞 커다란 표지석에 고요한 오후 햇살이 내린다.

"Paradise is Where I am"

내가 있는 곳이 낙원이라. 거기 새겨진 볼테르의 말이 왜 지금에야 보이는 걸까.

어느새 나무에 소슬한 바람이 돌아오는 시간. 글 쓰는 동안 길에 고인 햇살을 자박자박 밟는 발자국마다 하루를 살아낸 발바닥만 한 뿌듯함이 번진다.

오늘도 회전문을 열고 '낙원'으로 천천히 들어간다. 샹들리에가 빛나는 높은 천장이 나를 맞아준다. 통유리 너머 나무들이 손짓하는 '내 자리'로 간다. 낮은 재즈가 흐르는 곳에 앉아 글을 쓰며 의미 있는 삶을 조금씩 만들어가는 낙원 속의 그 자리. 시원한 라테를 '쪽' 한 모금 마시면서 따라온 더운 먼지를 털어낸다. 주변을 살피며 천천히 예열하고 노트북을 열어 첫 문장을 쓴다.

"어디나 내가 있는 곳은 낙원이다."

남산 둘레길

김해성
hskima@hotmail.com

국립극장 뒤 남산 둘레길은 세 방향으로 갈린다. 왼편은 남측 둘레길, 중앙은 남산 타워가 있는 위로 가는 길이다. 가파르며 정상까지 가는 버스가 다니고 산악자전거를 즐기는 사람들과 등산객들로 붐빈다. 오른편으로 북측 둘레길이 시작된다. 이 길은 사람만이 다닐 수 있고 자동차와 자전거는 갈 수 없다. 그러나 유모차와 개모차는 갈 수 있고 목줄을 한 견공들도 갈 수 있다.

초입에 쭉 뻗은 소나무들이 왼편으로 나란히 서 있고, 조금 더 가면 석호정 국궁장이 오른편에 있다. 혼심 다해 활시위를 당겨 과녁을 맞추려는 궁사들의 집중력에 보는 사람들도 마음을 같이 한다. 그래서 지나가는 등산객들은 여기서 숨을 죽이고 화살이 과녁에 맞는지 점검하고 고개를 돌려 다시 걷기 시작한다. 황톳길을 지나서 한참 걷다 보면 서울의 북쪽을 볼 수 있는 쉼터가 있다.

모두 이곳에서 웃는 얼굴로 증명사진을 찍고 서울의 북쪽과 동쪽을 감상하고 간다. 숲 터널을 지나 한참을 걸어 왼편 샛길로 내려가면 옛날 중앙정보부 제5분실(지금은 서울특별시중부여가센터)이 나온다. 여기서 소리 터널을 지나면 한옥마을 뒷문으로 연결된다.

　남산은 계절 따라 변한다. 봄이 오면 연둣빛으로 바뀌며 움이 터서 남산의 키가 커진다. 여름이 되면 울창한 숲으로 가득 차서 어느 산에도 뒤지지 않는다. 가을이면 나뭇잎은 단풍으로 옷을 갈아입는다. 단풍 절경에 아쉬움이 있으면 고개를 들어 멀리 북한산을 보면 된다. 겨울 둘레길은 절경이다. 눈이 오면 나무에 쌓인 눈 터널도 지나갈 수 있다. 그때 크리스마스카드 사진에 나오는 아름다운 장면들을 즐길 수 있다.

　주말에는 북측 둘레길을 걷는다. 나는 봄에 둘레길 걷는 것을 좋아한다. 겨울에 눌려 있던 산등성이가 움지럭거리며 나무들이 연둣빛 옷으로 옷을 갈아입는다. 소나무들도 봄 푸른색으로 바뀐다. 개나리가 노랗게 나오고 진달래가 붉게 물들어 간다. 어떻게 검은 흙속에서 저렇게 아름다운 색깔을 내뿜을 수 있는지 경이롭다.

　젊은 부부가 온다. 남편은 유모차를 밀고 아내는 왼손으로 휴대전화를 뚫어지게 보며 오른손에는 아이스 아메리카노 커피 컵을 들고 간다. 곧이어 젊은 선남선녀가 손을 잡고 걸어온다. 청년은 여자 친구의 가방을 어깨에 메고 웃는 얼굴로 내려다보며 행복해한다. 빨리 결혼하여 유모차에다 아이를 태우고 왔으면 좋겠다. 여자 가방을 들어주는 것을 보니 저 청년은 애처가가 될지 공처가가 될지 궁금해진다.

열심히 걷는데 까만 레깅스가 앞질러 뛰어간다. 와! 신(神)은 어쩌면 저렇게 아름다운 곡선을 창조했을까? 그 아름다움을 더 감상하기 위하여 바짝 따라간다. 숨이 차서 더 따라갈 수가 없다. 다시 내 걸음 페이스로 돌아가며 다음에 또 이런 기회가 오기를 기대해 본다.

정장 차림의 중년 부부가 손을 다정히 잡고 옆을 지나간다. 저렇게 사랑스러운 부부가 이 남산의 맑은 공기를 마시면서 걷는 모습이 너무 보기 좋다. 여자의 목소리가 들린다.

"아침은 먹고 출근하는 거야?"

어, 부부가 아니네! 중년 남녀가 남산에서 봄바람이 난 것 같다.

중부여가센터 가까이 왔을 때 뒤에서 시끄러운 소리가 들린다. 어르신 네 분이 고등학교 동창이란다. 친구끼리 할 이야기를 둘레길 온 사람들에게 다 들려준다. 나는 뒤로 물러서면서 재미있는 대화를 더 엿듣는다. 맨 뒤에 가는 어르신은 고어텍스 등산복에 K2 등산화, 그레고리 배낭을 메고 간다. 중무장을 한 것을 보니 둘레길 다음에 곧 히말라야로 갈 예정인가 보다. 그러나 내가 보기에는 엄홍길 대장에게 허가를 받고 가는 편이 좋을 것 같다.

둘레길을 걸을 때 몇 개의 수칙을 만들었다. 절대로 전화기는 꺼내지 않는다. 앞으로만 가지 뒤로는 다시 가지 않는다. 좋은 일만 생각하자. 그렇다고 좋은 일만 생기는 것은 아니지만 마음이 편해진다.

오늘은 여유를 가지기 위해 중부여가센터 앞으로 간다. 한옥마을 뒷문으로 들어가기 전에 남산 책방 아래에 있는 허블 카페에서 따끈한 커피 한 잔 마시며 이 생각 저 생각을 해야겠다. 그렇게 멍 때리기 하는 것도 둘레길 오는 기쁨이다.

자주 오니 남산에 대해 궁금한 것이 많아진다. 주위 사람들도 남산에 대하여 물어오는 경우도 있다. 이럴 때면 언제나 남산의 백과사전 《푸른 눈썹 같은 봉우리, 아름다운 남산》(윤도준 지음, 일조각)에서 답을 다 찾을 수가 있다. 제약회사 회장인 저자가 6살 때부터 아버지 손에 이끌려 남산을 오르고 남산 탐방을 시작하여 남산의 탄생과 모든 역사의 자료를 알기 쉽게 꾸민 책이다. 오늘 걸어온 둘레길도 그 책에서 다시 찾아보면 더 의미가 있다.

남산을 둘러싸고 가운데 유유히 흐르는 한강이 있는 서울은 세계에서 유일한 도시다. 이렇게 큰 도시 한복판에 아름다운 남산이 있다는 것은 축복받은 것이고 그것을 누리는 나도 축복받은 것이다. 나는 남산에 올 때마다 새로운 것을 느낀다. 다음 주말에 또 와야겠다.

노먼 록웰의 퍼즐 한 조각

김석류
sunmom77@hanmail.net

걷기 모임에서 몇 명의 대장이 새롭게 밴드를 결성한 지 1주년이 되었다. 나는 그동안 주로 문화 공지에 참석하였다. 1주년 기념 모임 공지가 떴다. 1호 차가 금세 마감되고 2호 차도 마감되었다. 3호 차 한 자리만 남았다.

식탁 위 벽에 걸려 있는 그림을 바라보았다. 삼십여 년 전 아이들이 어릴 적 남편이 미국 출장길에서 커다란 퍼즐 상자를 가지고 돌아왔다. 크리스마스 시즌이었다. 미국의 유명한 작가의 작품이라고 대충 일러주었다. 상자를 열고 거실 탁자 위에 밑판을 올려놓았다. 그 위에 인쇄된 작은 그림을 참고로 해서 퍼즐을 하나씩 손에 들고 이리저리 위치를 정한다. 옹기종기 모여서 누가 더 잘 맞추나 내기를 하고 시작하였다. 방학이라 온종일 머리를 맞대고 앉았다. 일주일쯤 지났을 때 그 많은 조각이 게 눈 감추듯 제자리를 찾았다. 거의 완성이 되었는데 딱 한 조각이 사라졌다. 카펫을 들추어보고 소파를 들어 올리며 난리가 났다. 퍼즐을 맞추는 동안 나는 아이들에게 특별한 음식을 준비하느라 분주하였다. 가끔 앞치마를 두른 채 뒷짐을 지고 서성거리며 구경꾼이 되곤 했다. 엄마는 가족 중에서 물건 찾기의 달인이다. 다들 포기하고 낙담하고 허탈해질 때까지 기다리다 나설 채비를 하였다. 매의 눈으로 꼼꼼히 퍼즐 주변을 살폈다. 탁자 다리 모서리 밑으로 고개를 숙이니 조그만 퍼즐 한 조각이 눈에 띄었다.

"찾았다!"

퍼즐 조각을 높이 흔들고 방방 뛰었다. 모두 어디서 찾았느냐고 놀라며 좋아하였다. 1,000조각 중 999개를 맞추고 한 칸이 비어 있으면 미완성 작품으로 남는다. 몇 날을 고생하였는데 노력이 자칫 허사가 될 뻔하였다. 작품의 완성을 위해 중요한 역할을 해냈다고 어깨를 으쓱하며 우쭐댔다. 드디어 가족의 합창교향곡처럼 멋진 결과물이 탄생하였다. 막내딸이 전업 작가이니 벽마다 그림이 가득하다. 그래도 이 퍼즐 작품은 사계절 그 자리에 변함없이 걸려 있다. 부엌과 거실을 오가며 눈맞춤을 한다. 마을 분위기가 평온하고 어릴 적 고향의 추억을 불러온다. 아이들이 머리를 맞대고 이 궁리 저 궁리 고개를 갸웃거리고 떠들며 웃던 모습들이 그림 안에 훤히 들어 있다. 모두 새로운 둥지를 찾아 집을 떠났어도 그 시절 그 시간이 이 공간에 멈추어 있어 살며시 미소 짓는다. 여름철에는 눈의 풍경을 바라보면 시원하고 겨울에는 크리스마스 분위기에 한껏 들뜨게 하는 마법 같은 소중한 작품이다.

지난날이 생각나면서 3호 차 딱 한 자리가 머리에서 계속 맴돌았다. 1주년 기념이라는데 한 자리가 비어 있는 것에 자꾸 마음이 쓰였다. 어버이날 모임 날짜와 겹쳐 있어서 가족에게 양해를 구하고 결국 신청을 하였다. 3호 차 16번 맨 뒤 간이의자가 내 자리였다. 버스 석 대가 만차로 줄지어 떠나는 광경은 마치 밤잠을 설치고 수학여행을 떠나는 학창 시절을 상기시켰다. 모두 만면에 화색이 돌고 봄의 철쭉꽃을 닮은 여인들 같았다. 1년 동안 회원들을 열심히 이끌어 온 대장과 회원들의 훈훈한 분위기가 참 보기 좋았다. 좋은 날씨에 포천 산정호수를 한 바퀴 돌고 전통술 박물관 '산사원'을 탐방하였다.

첫째도 둘째도 건강이 최고다. A 걷기 모임을 알게 되고 무너진 건강을 많이 회복하였다. 항상 감사하고 더욱 발전되기를 바랐다. 오지랖이 넓어서 회원들의 건의사항을 대변해 주었다가 때로 깊은 상처가 되어 돌아오기도 하였다. 이젠 '가만히 있으면 중간은 간다는 말'을 마음에 새겨야겠다. 새롭게 시작한 B 모임은 회원들의 의견에 먼저 공감하고 임원들은 항상 초심을 유지하였으면 좋겠다.

집에 돌아와서 벽에 걸린 그림을 다시 바라보았다. 갑자기 누구 작품인지 궁금해졌다. 삼십 년도 훨씬 지났는데 이제 호기심이 생겼다. 그림 밑에 있는 작가의 사인을 자세히 관찰하고 구글 검색을 하였다. '노먼 퍼시벌 록웰(Norman Perceval Rockwell, 1894~1978)'이었다. 작품의 장소는 노먼 록웰이 살았던 매사추세츠 스톡브리지 메인 스트리트였다. 그는 미국인에게 사랑받는 20세기 화가였다. '그의 작품은 단순한 삽화가 아닌 시대의 한 면을 보여주는 역사적인 기록이자 인간의 따뜻한 감정을 표현하는 예술작품이다. 시간이 흘러도 변치 않는 가치를 지니고 있으며 많은 사람에게 위로와 감동을 선사하고 있다.'라고 그를 소개하고 있다. 3호 차 16번 마지막 한 자리를 채우고 떠난 걷기 모임 1주년 덕분에 작품에 대해 자세히 알게 되었다. 유한한 인생에서 아름다움을 후대에 전한 작가를 재발견하였다.

  1620년 청교도들은 잉글랜드에서 종교적 박해를 피해서 메이플라워호를 탔다. 66일간의 긴 항해 끝에 미국 북동부에 있는 매사추세츠주 플리머스에 도착하였다. 2008년 미국을 여행할 때 그곳의 유적지를 돌아본 감동을 잊을 수가 없다. 다음에 미국 여행의 기회가 되면 매사추세츠의 스톡브리지에 있는 노먼 록웰 미술관을 방문하고 싶다. 봄비가 촉촉이 내리는 아침, 아메리카노 커피 한 잔 들고 그의 작품 앞에 선다. 느낌이 새롭다!

대추나무

김순이
kb3205@naver.com

예전에 살던 아파트 정원을 지나는데 한 나무가 눈에 들어왔다. 몸통 윗부분이 뭉텅 잘려 있고 가지도 훼손된 나무는 분명 그 나무였다.

새 아파트 일층을 분양받았더니 꽃밭이 생겼다. 아파트를 홍보할 때 화단은 일층 세대가 마음대로 가꿀 수 있다고 했다. 베란다에는 화단으로 출입할 수 있는 쪽문도 있었다. 입주하고 나니, 장미 묘목 두 그루와 사오십 센티미터쯤 되는 대추나무 한 그루뿐이어서 화초를 사다가 수시로 드나들며 심고 가꾸었다. 꽃밭은 평지보다 일 미터 이상 지대가 높았고, 옆집과도 울타리로 경계가 나뉘어 있었다. 화단 주변에는 쥐똥나무가 은은한 향기를 뿜어내며 빙 둘러쳐져 울타리가 되어주었고, 그 아래 돌담을 내려서면 목련

나무 두 그루와 단풍나무가 자리잡고 있어 나만의 아늑한 정원이 생긴 기분이었다.

　이사한 지 삼 년이 되자 내가 심은 화초들은 시들한데 대추나무는 쑥쑥 자랐다. 봄이 되면 대추나무는 다른 나무들보다 늦게 기지개를 켰지만, 가지에 천천히 푸른 물줄기를 올리고 나무초리까지 부드럽고 연한 잎새를 뾰족뾰족 내밀었다. 그러다 봄이 다 갈 즈음에야 별 모양의 노랗고 앙증맞은 꽃을 피웠다. 그해 칠월엔 꽃이 진 자리에 연두색 열매가 몇 개 달리니 보물이라도 되는 양 신기했다. 아이들도 풀방구리에 쥐 드나들듯 쪽문으로 오가며 매일 들여다보고 즐거워했다. 태풍이 올 때는 가지가 부러지거나 열매가 떨어질까, 마음을 졸이기도 했다.

　가을이 오고 선선한 바람이 불자 탐스럽게 자란 대추가 어느덧 주황빛을 띠기 시작했다. 그러던 어느 날 나무를 들여다보니 열매가 사라지고 없었다. 재미 삼아 경비실에서 따갔거니 하고 지나쳤다. 다음 해에도 대추나무는 늦게 싹이 트고 노란 별꽃을 피웠다. 꽃이 질 무렵 아이들과 웃거름을 주며 보살폈더니 싱싱한 이파리를 살랑이며 전보다 훨씬 많은 열매가 자랐다. 더위가 물러가고 첫서리가 내릴 즘에는 파란 하늘 아래에서 주황색으로 알알이 익어가는 대추가 가을 햇살을 퉁기며 루비처럼 빛났다. 그런데 그해에도 대추는 사라지고 말아서 또 누가 따갔겠거니 했다.

　그다음 해에도 가을이 되자 대추가 통통하게 여물기 시작했다. 풍성하게 익어가는 모습을 오래 지켜보고 싶었다. 호기심에 열매를 따고 싶어 하는 아이들을 달래며 조금만 지나면 달콤한 과육도 맛볼 것이라고 즐거운 상상을 했다. 하지만 채 이틀도 못 되어 열매는 또 사라져버렸다. 울타리도 훼손시켜 가며 화단으로 들어와 성한 열매 한 톨 남기지 않고 싹쓸이해 가는 사람들에게 서운한 마음이 들었다.

  대추는 해마다 열렸고 어느 해엔 가지가 휠 정도로 많이 달릴 때도 있었다. 하지만 기대뿐이었다. 그다음 해에도 어느 날 회사에서 돌아와보면 탐스럽고 오동통한 열매들은 감쪽같이 사라지기를 반복했다. 그때마다 휑해진 대추나무를 마주하면서 서서히 불편한 마음이 쌓이기 시작했다. 다음 해에는 나무에 더 정성을 들였다. 시기에 맞춰 거름도 주고 가지도 조금 쳐주었다. 한여름의 뙤약볕과 태풍을 충실히 이겨낸 나무는 그해에도 튼실한 열매를 맺었다. 그것들을 바라보며 이번에는 기필코 열매를 지키고야 말겠다는 괜한 의지마저 불탔다.

  그날은 외출해서 돌아와 창밖을 보는데 뭔가 휑한 느낌이 왔다. 곧바로 쪽문을 열고 나가 봤더니 열매가 다 사라진 대추나무만 초라하게 서 있었다. 또 누군가의 손을 탄 게 분명했다. 아침에만 해도 햇볕을 많이 본 가지에는 제법 붉어진 열매들이, 안쪽 가지엔 아직 덜 여문 연두색 열매들이 주렁주렁 달려 있었다. 그런데 가지는 엉성하게 변했고 나무 아래엔 수북이 떨어진 잎과 부러진 가지들이 어지럽게 나뒹굴었다. 또 관리사무소나 경비소에서 그런 줄 알았다. 전보다 더 심한 광경에 이번에는 말을 해야 될 것 같았다.

내가 대추나무 앞에서 궁싯거리고 있자 지나가는 이웃이 말하기를, 어떤 부부가 긴 장대와 자루를 들고 화단에 들어가더라고 했다. 마당으로 나가 물으니 한 아주머니는 그 부부가 이곳에서 장대로 대추나무를 터는 걸 여러 해 봤다며 그날도 경비실과 옆 라인의 아래층 세대에 한 줌씩 주고 엘리베이터를 타더라고 했다. 우리 라인도 아니면서 내게 한마디 말없이 울타리를 넘어와 마구잡이로 대추를 털어가다니.

다른 곳과 달리 우리 아파트는 층별 구분 없이 분양가가 똑같았기에 일층 세대는 화단 프리미엄이 있다고 생각했었다. 그런데 일층 집에서 열네 해를 보내는 동안 한 번도 대추를 수확해 보지 못한 게 그 부부 때문이었다고 생각하니 기가 막혔다. 당장 그 사람들을 찾아가 따지고 싶었다. 경비 아저씨에게 가서 대추나무를 턴 사람이 누구냐고 물었다. 아저씨는, 옆 동에서도 과실수(果實樹) 때문에 주민끼리 다툼이 있었다며 사실을 말하면 자기 처지가 난처해진다고 했다. 옆 라인 아래층 사람들에게 물으니 모른다고 했다. 알고 있겠지만 남의 일에 개입하고 싶지 않은 듯했다.

집에 돌아와서도 기분이 풀리지 않았다. 그러나 곰곰 생각해 보니, 대추나무를 딱히 내 것이라고 주장할 수도 없는 일이었다. 내가 그것을 심은 것도 아니고 전부터 화단에 있던 나무였다. 뭔가 억울하지만, 기껏 나무 열매로 아이처럼 유치하게 구는 것 같아 말도 못하고 끙끙대다 보니, 가뜩이나 낮은 층인데 대추나무까지 해를 가려 집 안이 더 어두워 보였다.

다음 날 바로 관리사무소에 전화했다. 대추나무 때문에 집 안이 어두워 불편하니 나무를 옮겨달라고 했다. 그다음 날 관리소 직원이 나와서 화단 중앙에 있던 나무를 길가 쪽인 가장자리로 옮겨주었다. 그렇게 대추나무를 보내고 나자 이젠 나도 나무도 서로에게서 멀어진 듯했다. 나무가 눈에 바로 띄지 않으니 불편하던 마음도 사라졌다. 거리상 불과 몇 미터 더 멀어졌을 뿐인데 마음이 이렇게 편해지다니. 나는 기꺼운 마음으로 내가 주인이란 생각을 버렸다. 그러고 나니 발갛고 예쁘게 여물던 열매에 대한 미련도 절로 버려졌다.

그런데 시간이 지나자 나도 모르게 대추나무로 발길이 갔다. 나무는 왠지 풀이 죽은 듯 새들해 보였고, 그간 내게 서운했던지 가지도 우리 집과 반대쪽을 향하고 있었다. 그 모습이 마음에 걸려 잘 자라라고 대추나무에 서너 번 물을 흠뻑 주었다. 이후 직장 일로 바빠 신경 쓰지 못하다가 얼마 후엔 다른 곳으로 이사했다. 그 동안 까맣게 잊고 지냈는데 십여 년이 훨씬 지나서 나무와 마주한 것이다. 건물과 가까이 있어 자라면서 아래층 세대의 일조량을 방해했을까. 마구잡이로 잘린 모습을 보니 그사이 천덕꾸러기가 된 것 같았다.

전에 내가 바라보며 즐거워했을 때는 대추나무도 열심히 뿌리내리며 알토란 같은 열매를 풍성하게 맺었을 것이다. 그 모습을 지켜보는 기쁨도 컸는데 열매에만 집착하여 나무를 밀어냈다. 거칠게 변한 대추나무에서 내 마음의 결을 보는 것 같아 부끄러웠다.

민들레

정해경
jhk2018@hanmail.net

 어머나, 민들레다! 마지막 계단을 내딛는 순간, 한 송이 민들레를 보았다. 어제까지도 없었는데…. 밤새 누가 옮겨다 심기라도 한 듯 느닷없는 출현이다. 잎사귀는 그린 듯이 벽과 땅에 붙었고 그 사이로 올라온 대궁 끝에 동전만 한 민들레꽃이 앉아 있다. 겨우내 돌 틈 사이로 스며든 햇볕을 살뜰히 모아 꽃을 피웠다는 듯 노란색이다. 자세히 들여다보니 각기 다른 길이의 꽃잎으로 가지런히 동심원을 그리며 가운데에는 가느다란 수술이 빽빽이 들어차 있다. 긴가민가한 이른 봄, 흠잡을 데 없이 온전한 꽃 한 송이가 도도하기까지 하다.
 '민들레' 하면 가느다란 대궁 끝에 꽃씨를 다닥다닥 붙이고 씨앗마다 보드라운 깃털을 길게 달아매 바람이 부는 대로 날아가는 모습이다. 일 년에 여섯 번까지 꽃을 피울 수 있는 민들레는 꽃이 피고 지고 씨앗이 되기까지, 그 며칠간의 드라마틱한 변화를 따라가다 보면 변장술이 참으로 기막히다. 꽃과 씨앗을 따로 놓고 보면 어찌 그것을 같은 민들레라고 할 수 있을까.

가뭇없이 흩어져 날리던 씨앗 하나 사뿐히 내려앉은 곳이 민들레가 살아내기에 늘 적당한 것은 아니다. 보도블록 사이, 돌 틈 사이, 벌어진 담장 사이…. 볕이 들고 습기만 있다면 어디서든 싹을 틔우고 뿌리를 내린다. 그리고 어떻게든 살아남는다. 행여 꽃대보다 더 빨리 자란 잡초에 햇볕이 가려질까 서둘러 꽃대를 밀어 올려 꽃을 피운다. 민들레의 서양 이름이 Dandelion(사자 이빨)이다. 잎의 가로 모양이 삼각형으로 뾰족뾰족한 사자 이빨을 닮아서 그런 이름을 가졌다지만, 사자가 암팡지게 먹이를 사냥하는 것처럼 한 줌 햇볕도 포기하지 않는 억척스러움이 이름에서 묻어난다. 잔디밭에 뿌리를 내린 민들레가 잔디를 깎으며 잘려 나가면 다음에는 더 납작하게 땅에 붙어 죽음을 모면한다고 한다. 동물과 식물을 나누는 기준이 뇌의 유무에 있다면 민들레는 찾을 수 없는 어느 부분에 뇌를 감추고 식물인 척 살아가는 동물인지 모른다. 시종일관 그토록 치열하게 살아가는 민들레가 흔해빠진 들풀일 뿐이라니. 게으른 나는 할 수만 있다면 민들레 DNA를 내 몸에 이식하고 싶다.

민들레란 말이 입에 익기 시작한 건 어린 시절 고무줄놀이에서였다. '아름다운 종소리 새벽종 소리가 날아와 앉는다. 내 귓가에. 민들레 홀씨가 바람에 흩날리듯….' 나와 한편인 친구와 고무줄을 팽팽하게 마주잡고 이 노래를 부르면 상대편은 종아리에 고무줄을 감았다 풀고 빙글 돌기도 하며 가락에 맞춰 폴짝폴짝 뛰었다. 그러다 자칫 걸려 넘어지기라도 하면 '죽었다.'를 외치며 고무줄을 넘겨주고 야무지게 내 차례를 준비했다. 민들레 피는 봄이 오기도 전, 민들레 노래를 부르며 민들레 홀씨처럼 몰려다니던 기억이 가물가물하다.

어른이 되어 조그만 솜사탕 같은 민들레 홀씨를 보면 그때 목청껏 불렀던 그 노래가 궁금해지곤 했다. 누가 지어낸 것일까 아니면 그저 입으로 전해지는 구전 동요일까. 어느 날 노래 한 소절을 흥얼거리며 검색해 보니 동화작가 강소천 님의 〈종소리〉라는 동시 일부분에 곡을 붙인 동요였다. 나직이 한 번 불러보았다. 오랜 세월이 지났어도 막힘없이 부를 수 있었다. 노래는 발목 어디 깊숙한 곳에 숨어 있다 풀려 나온 것처럼 종아리가 긴장되고 발목이 까딱까딱 리듬을 탔다. 식물이 그렇듯 사람에게도 기억 장치가 뇌에만 있는 것은 아닌가 보다.

동요뿐만 아니라 대중가요에도 민들레는 드물지 않게 등장한다. 동요 속의 민들레가 바람에 실린 종소리처럼 아련하듯이 가요 속의 민들레도 자못 애절하다. 노래에 등장하는 민들레는 하나같이 꽃보다는 바람타고 하늘하늘 날아가는 꽃씨의 낭만적인 이미지를 품고 있는 것이 대부분이다.

아련함으로 마음에 울림을 주는 민들레가 아주 없지는 않다. 내 나라에 살면서 흔하게 보던 민들레도 머나먼 타국 땅에서 문득 만나면 고향 사람을 만난 듯 반가운가 보다. 독일에서 민들레 잎으로 쌈을 싸먹으며 향수를 달래던 닥종이 작가 김영희 님의 〈뮌헨의 노란 민들레〉가 그것이다. 한국에서 그녀의 삶이 그랬던 것처럼 실제 민들레는 낭만과는 거리가 먼, 전대를 허리에 차고 억척스럽게 살아가는 시장 아줌마를 더 닮아있다.

봄이 무르익어가는 오후, 볕이 좋아 동네 산책에 나섰다. 언덕을 내려가는 길에 유모차를 밀고 오는 젊은 새댁과 마주쳤다. 아가와 엄마가 봄빛처럼 화사했다. 나도 모르게 눈웃음을 지으며 아기와 눈맞춤 하려고 다가가는데 갓 돌을 넘긴 듯한 아기 손에 민들레 한 송이가 들려 있다. 늘 억척스럽게만 보이던 민들레가 이때만큼은 여린 낭만으로 산들거렸다. 아기는 꽃을 놓칠세라 대궁을 꼭 쥐었고 엄마는 '꽃 예쁘다 그치?'라며 다정하게 말을 건넨다. 그 말을 알아듣는다는 듯 아기는 엉덩이를 들썩이며 옹알거린다. 아기와 꽃 그리고 새댁의 모습이 얼마나 고운지 부러운 눈으로 한동안 그녀의 뒷모습을 좇았다.

바람길 따라 걷는다

임덕기
limdk207@hanmail.net

   학창 시절 학교도서관에서 공부하다가 창밖을 내다보았다. 바람이 불어오는지 나뭇가지에 매달린 이파리들이 가만히 일렁거렸다. 그 모습은 마치 옆에 서 있는 나무끼리 서로 이야기를 나누는 듯했다.
  "그동안 어떻게 지냈니?"
  "적적하지 않았니?"
  조금 더 세찬 바람이 불어오면 잎들은 격렬하게 흔들렸다. 나무 이름은 떠오르지 않지만 아슴푸레한 기억 속에 지금도 잘랑대는 잎들이 보인다. 초여름 햇살에 나뭇잎들은 기름을 발라놓은 듯 윤기가 흐르고 있었다. 수없이 많은 잎들이 반짝이며 흔들렸다. 그때 보았던 나뭇잎들이 기억 속에 각인되었다. 바람에 흔들리던 나뭇잎들과 함께 내 감성이 발아되는 시점이었다.

무더운 날이 계속된다. 매미 소리만 적막을 깨트리는 무풍지대에 나무들은 기운이 없는지 힘에 겨운 기색이다. 지구상에 살고 있는 생물에게 햇빛과 물과 공기는 필수요건이다. 무더위에 갇혀 있던 나무에게 때맞춰 적절히 불어오는 바람으로 나무는 숨통이 트인다. 이따금 세찬 바람이 불어온다. 바람으로 강물이 출렁거리면 산소 농도가 높아져 물고기에게 도움이 된다. 인간과 자연에게 바람은 도움을 주기도 하고 때론 해를 입히기도 한다.

집 근처에는 바람이 지나가는 길이 있다. 멀리 보이는 산에서 불어오는 서늘한 바람길이다. 바람이 불면 일부러 산책을 나간다. 머리카락이 헝클어지고 스카프가 날려도 나뭇가지에 매달린 이파리들이 보내는 격렬한 몸짓에 생동감이 전해져 온다. 천천히 발걸음을 옮겨 신선한 공기를 들숨날숨하고 이따금 심호흡을 한다. 눈과 머리가 맑아지는 느낌이 든다.

바람은 강가로 지나간다. 벤치에 앉아 나무들 모습을 살펴본다. 기골이 장대한 목백합나무는 바람이 불어도 넓은 이파리들이 앞뒤로 약간 흔들릴 뿐 끄떡없이 서 있다. 수양버들이나 대나무는 바람을 온몸으로 막아낼 듯이 쉬지 않고 줄기와 잎들이 흔들린다. 작은 이파리들은 가늘고 긴 가지에 매달려 바람을 힘겹게 버텨낸다. 바람이 몹시 부는 날 잿빛 구름이 하늘에 나지막이 깔려 있으면 머잖아 비가 내릴 징조이다.

우리네 삶에도 크고 작은 바람이 불어온다. 그리고 천둥 번개가 치고 비가 내린다. 사람들이 때로는 바람을 막아내거나, 때로는 온몸으로 버티며 허우적거린다. 세상은 공평하지 않다. 바람 길에 서 있지 않아 다행이라고 생각하는 이들도 있다. 어쩌다 지나가는 약한 바람도 있지만 토네이도처럼 몰아쳐오는 거센 바람은 사람들이 견디기 힘들어한다. 흩어지는 바람처럼 루머를 퍼트려 다른 이들을 괴롭히거나 불의한 자들은 인과응보(因果應報)로 벌을 받는다. '복수하지 마라, 썩은 과일은 알아서 떨어진다.' 쇼펜하우어 《인생수업》에서 한 말이다.

어린 시절에는 나무에 매어놓은 그네를 타면서 시간이 더디게 간다고 느꼈다. 앞날은 저 멀리 어디쯤 있는지 보이지 않고 알 수도 없었다. 차츰차츰 잰걸음으로 달려가던 시간들이 이제는 눈 깜짝할 새 날아간다. 한 번 바람처럼 떠나가면, 두 번 다시 지나간 시간은 손에 잡히지 않는다. 묵은 상처를 들여다보느라 금싸라기 같은 현재 시간이 속절없이 녹아내린다.

봄이면 햇살 품은 바람이 산과 들녘 그리고 골짜기를 스치듯 지나가며 풀과 나무를 어루만진다. 긴 겨울 동안 얼어붙은 마음들이 순식간에 풀려 가지에는 움이 돋고 꽃망울이 벙근다. 바람은 강물에 떠있는 황포돛배 등을 떠밀고 찰랑대는 물살에 몸을 실어 계속 앞으로 나가게 한다. 활짝 핀 벚꽃과 아무리 예쁜 꽃도 화무십일홍(花無十日紅)이다. 벚꽃이 시들어 떨어질 때 머뭇거리면 바람이 불어와 일시에 하얀 눈꽃처럼 떨어뜨린다.

바람은 담장 밑 제비꽃과 쥐똥나무도 찾아가 안부를 묻고, 샛노란 민들레꽃이 지고 나면, 날개 달린 씨방이 어미 곁에서 먼 곳으로 떠나도록 하늘 높이 팔을 들어 길을 안내해 준다. 바람은 이것저것 참견을 좋아한다. 어깃장도 부리고 살갑게 도와주기도 한다. 벌 나비 등도 떠밀고 새들의 날갯죽지 밑에서 바람은 힘을 실어준다. 그러다 갑자기 심사가 뒤틀리면 눈을 부라리고 장마와 함께 달려온다. 장대비를 데리고 와 물 폭탄을 쏟아붓는다. 봄이 끝나면 본격적인 바람의 계절 여름이 찾아올 것이다. 오늘도 바람길 따라 천천히 걸어간다.

반려자

김은희
ken817@hanmail.net

두 물이 만나는 곳. 강가 오솔길에 봄비가 살포시 내리니 나무가 모두 기지개를 켠다. 쭉 뻗은 팔은 하늘을 향해 제각각 만세를 부르고 있다. 구불구불 이어진 좁은 길이 초록 웃음을 짓는다. 길 가장자리에 있는 풀도 한껏 신나서 어깨춤을 춘다.

앞서가는 방 선생이 치매를 앓는 아내의 어깨를 꼭 감싸고 걷는다. 두 사람이 한 몸처럼 보인다. 나는 몇 발자국 떨어져서 그들 뒤에서 걷고 있다. 아내의 걸음이 자꾸 느려진다. 어쩔 수 없이 그 곁으로 다가서서 여자의 표정을 읽는다. 무표정이 이런 것인가. 혼이 떠난 듯한 얼굴이다. 그 혼은 깊이를 잴 수 없는 물속으로 가라앉았나 보다. 감정 없는 그에게 크게 소리 내며 호들갑스럽게 웃었다. 내 웃음에 반응하며 지금 이 싱그러운 숲과 강을 온몸으로 느꼈으면 좋으련만. 그러나 바람과 다르게 갑자기 집에 가겠다고 남편을 조른다. 당황한 나는 다시 뒤로 처져서 그들을 조심스럽게 바라본다. 유난스럽게 낯선 사람에 대한 두려움이 심하다고 한다. 불안해하는 아내를 선생이 한참 달랜다. 다시 무표정으로 돌아간 그녀. 방 선생의 고생이 한눈으로 들어온다.

한 묶음에 있는 반려자다. 결혼식에서 낭독한 성혼선언문이 남편 머릿속에서 계속 맴돌고 있지 싶다. 그는 사업으로 큰돈을 벌었다. 환갑이 되자 사업 정리를 하고 여유롭게 나머지 삶을 지내려고 했다. 그러나 공동 사업자였던 아내가 서서히 기억을 잃어가고 있었다. 생각이 자주 교복을 입었던 단발머리 시간으로 돌아가고 있다. 가족도, 이웃과 친지들도 기억에서 점점 멀어져갔다. 오직 남아 있는 사람은 남편뿐이다. 사업 자금을 조달하면서 심한 스트레스를 받았던 것 때문이라고 선생은 안타까워했다.

낯선 사람을 두려워하는 탓에 간병인도, 자녀의 도움도 받지 않고 선생 혼자 아내를 돌보고 있다. 몸이 바싹 마른 그가 많이 힘들 것이다. 볼 때마다 등이 점점 더 굽어진다. 이따금 외출도 딸에게 부탁하고 나왔다. 그러나 불안하다며 잠시 머물다 급히 집으로 갔다.

요즘은 반려자가 다양하게 변하고 있다. 사람이 아닌 동물로 바뀐 지 한참이다. 애완견에서 반려견으로, 또 고양이도 반려묘로. 심지어 파충류와 조류 등 헤아릴 수 없이 다양하고 그 수도 많다. 그럴 뿐만 아니라 식물도 이에 동참하고 있다. 절친인 친구도 남편을 먼저 하늘로 보내고, 지금은 다육식물을 남편 대신 기르고 있다. 그는 기르는 것이 아니고 모시고 있다고 말했다. 집안을 온통 다육이가 차지하고 있다. 무관심해도 번식을 잘하고 끈질기게 강해서 죽지도 않는다. 그래서 기르기 편해 크게 신경 쓰지 않는단다. 모시고 사는 것은 남편 이상으로 그 식물에 의지하고, 마음의 위안을 받고 있어서라고 했다.

어떤 방식이든 마음으로 소통하고 위안 받는다면 반려자의 역할은 다하지 않았나 싶다. 그러나 조금 걱정이 된다. 그것들은 기르는 이가 건강할 때는 문제가 없다. 하지만 아프거나 움직임이 불편할 때도 그들을 거두고 가꿀 수 있을까? 그것을 끝까지 책임져야 할 때 곤란할 것이다. 특히 불행한 일이 일어났을 경우는 더욱 난감하다.

언니가 갑자기 세상을 떠났을 때 일이다. 늦게 발견된 말기 암을 치료하기 위해 병원에 가던 날이었다. 베란다를 가득 차지한 식물들에 물을 충분하게 주면서, 곧 돌아올 테니 씩씩하게 있으라고 했다. 그리고 20일 만에 병원에서 저세상으로 갔다. 집 정리를 하는데 화분 치우는 것이 여간 힘든 것이 아니었다. 다른 사람에게 분양하기 어려울 만큼 커다란 화분이 많았다. 화분 정리에 시간이 걸렸다. 법정 스님께서는 기르던 난까지도 다른 곳으로 보냈다. 스님의 단출했던 거처와 언니 집이 비교되었다.

두 물이 만나서 합쳐진 강물을 바라본다. 자연스럽게 흐르는 물에 시간의 나이테가 있다. 선생 부부의 모습이 언뜻 보인다. 각기 다른 곳에서 흘러온 물이 함께하면서 한 빛깔로 가듯, 배우자도 그런 존재 아닌가. 강가에 잠시 앉아서 쉬고 있는 부부 곁으로 갔다. 옆으로 가서 의자에 앉았다. 살며시 미소 지으며 두려워하는 여자 등을 살살 쓸어준다. 그녀는 움츠리던 몸을 가만히 내게 맡긴다. 그리고 남편 손을 꼭 잡는다. 잡힌 선생의 손이 주부습진으로 피부가 벗겨져 있다. 거친 손에서 반려자의 익은 사랑이 보인다.

붓으로 다시 걷다

하인혜
ha_angela@hanmail.net

해 질 녘이면 오늘 하루도 잘 살아냈다고 중얼거리며 천천히 골목길을 걷던 엄마는 이제 병상에 누워 있다. 며칠 전 밤, 화장실 바닥에서 미끄러져 주저앉은 엄마는 스스로 일어설 수 없었다. 고관절 골절. 짧은 진단 한마디로 엄마의 걸음이 멈춰버렸다. 엄마는 말없이 고개를 끄덕였지만, 창백한 얼굴에 매달린 듯 보이는 눈동자가 흔들렸다. 앙다문 입술은 무너진 마음을 감추려는 듯했다. 이불 위에 놓인 두 손이 살며시 맞닿았다가 이내 힘없이 풀어졌.
 시선은 창밖을 향했지만, 무엇을 보는지 알 수 없었다. 그 고요한 끄덕임과 멀리 머무는 시선에서 나는 긴 작별을 예감하며 가슴이 저렸다. 집으로 돌아와 현관 한쪽에 기대어 있는 지팡이를 보았다. 여전히 엄마의 손길을 기다리듯 손잡이는 나무결이 닳아 반질반질했다. 나는 손잡이를 조심스럽게 쓸어보았다. 지팡이에 기대어 눈 덮인 골목을 걷던 엄마의 뒷모습이 눈앞에 떠올랐다. 마치 눈 위에 서체 연습을 하듯 남겨진 발자국마다 말보다 깊은 삶의 문장이 새겨져 있었다.

"처음부터 다시 배워보고 싶어."

그때는 무심코 흘려들었지만, 시간이 흐르면서 엄마의 눈빛 속에 오랜 열망이 천천히 피어오르는 것을 느꼈다. 나는 엄마에게 서예학원을 권했고, 엄마가 학원에 처음 가던 날의 설렘을 이제야 비로소 이해할 수 있었다.

연필 한 자루가 귀하던 시절, 엄마는 친구들이 버린 몽당연필을 주워 끝을 깎아 글씨를 써보았다고 했다. 교실 창가에 기대 흰 분필이 칠판 위를 스치던 순간들을 멀리서 바라보던 그 시절, 닿을 수 없는 꿈이 엄마의 눈빛 속에 머물러 있었다. 하지만 끼니가 급했고 생계가 먼저였다. 엄마는 그때 속울음을 삼켰노라고 나중에야 말해주었다. 단단하고 작은 꿈을 마음 깊숙이 묻었노라고.

엄마가 처음 붓을 잡던 날, 손끝에 오래된 세월이 내려앉은 듯, 가늘게 떨렸다. 먹물 한 방울이 화선지 위에 고요히 숨을 쉬며 번져갔다. 강사는 짧게 말했다. "힘을 조금 빼보세요." 그 순간, 엄마의 눈빛이 잠시 흔들렸다. 버텨온 시간들이 여전히 몸 안에 살고 있었던 것이다. 붓끝은 주저했고 먹물은 뭉쳤다. 화선지는 얼룩졌지만, 엄마는 다시 붓을 들었다.

새벽이면 엄마는 잠에서 깨어나 조용히 붓을 들었다. 처음엔 자주 흔들리던 선이 조금씩 곧아졌고, 그 글씨에는 엄마의 시간이 숨결처럼 배어들기 시작했다. 햇살이 커튼 틈새로 스며들 때까지, 엄마는 묵직한 숨을 고르며 붓을 들고 획을 그었다. 아무 말 없이, 마치 잃어버린 말을 되찾기라도 하듯이. 그러다 잠시 붓끝이 멈추었을 때 나는 알아듣게 되었다. 엄마에게는 수십 년을 삭이며 참아온 울음과 다시 살아보려는 마음이 늘 함께 있었다는 것을.

글씨는 점점 엄마를 닮아갔다. 삐뚤어지기도 했지만, 그만큼 따뜻했고 단단했다. 살아 있는 것만이 낼 수 있는 온기가 그 안에 고스란히 묻어 있었다. 글씨는 엄마에게 무엇이었을까. 잊고 지냈던 자신을 불러내는 간절한 통로였을까. 아니면 말로 꺼내지 못한 마음을, 언젠가는 글씨가 대신 전해줄 거라 믿었던 걸까. 살아오는 동안 엄마는 늘 가족을 먼저 헤아렸고, 자신의 마음은 언제나 밀어두곤 했다. 그런 엄마가 처음으로 자신만의 언어를 갖기 시작한 것이다. 붓을 쥐고 숨을 고르며 획을 그어내던 그 시간은, 오랜 타향살이 끝에 마음이 머무를 집으로 돌아오는 듯한 순간인 것 같았다.

엄마의 글씨에는 망설임과 조심스러움이 배어 있었지만, 그 안엔 오랜 침묵 끝에 피어난 단단한 온기가 있었다. 때로는 획 하나가 마른 눈물을 닮았고, 어떤 날은 먹물의 번짐이 오래된 그리움처럼 아릿하게 번져 있었다. 그렇게 엄마는 글씨 속에 자신의 시간을 눌러 새기고 있었다. 화선지 위에 그어진 선들은 문장이기보다는, 다시 숨 쉬기 시작한 삶의 결이었다.

서예학원의 작품 전시회 날, 엄마는 보행 보조기에 의지해 집을 나섰다. 작품이 걸려 있는 전시장 벽을 바라보는 엄마의 눈빛이 잠시 흔들렸다. 불안인 듯 기대감인 듯 엇갈린 감정이었으리라. 나는 엄마의 어깨를 가볍게 감싸며 벽 한쪽을 가리켰다. 엄마는 자신의 작품 앞에서 낯선 자신과 마주한 듯 잠시 머뭇거렸다. 떨리는 손끝으로 써내려온 시간들이 붓끝에서 되살아나듯, 엄마의 눈가가 천천히 젖어들었다.

곁에서 작품을 바라보던 중년 여성이 말했다. "글씨에 힘이 있네요. 삶이 묻어 있어요. 어머님이 쓰셨어요?" 엄마는 순간 멈칫했지만 이내 조용히 고개를 끄덕였다. 오래도록 자신의 글씨를 바라보았다. 어릴 적 그토록 갖고 싶었으나 가질 수 없었던 연필과 새벽마다 간절히 잡았던 붓의 순간이 한 장면처럼 겹쳐졌다.

전시된 문장은 천자문의 한 구절이었다. "효당갈력, 충즉진명(孝當竭力, 忠則盡命)." 효도는 힘을 다하고, 충성은 목숨을 다해야 한다는 뜻이다. 나는 그 효와 충의 자리에 엄마를 넣어 다시 읽어보았다. 가진 것을 다해 살아온 사람, 조용히 자신을 낮추면서도 끝내 꺾이지 않았던 사람. 엄마의 지난 삶은 그렇게 한 폭의 글씨가 되어, 화선지 위에서 고요히 울리고 있었다.

엄마는 학원에서 '서호(西湖)'라는 호를 받았다. 서쪽은 해가 지는 방향이지만, 하루를 살아낸 이들이 제자리로 돌아오는 방향이기도 하다. 그 호수엔 저무는 해가 천천히 몸을 누이고, 날갯짓을 접은 새들이 고요히 깃든다. '서호'는 더는 나아가지 않아도 좋은, 깊은 숨을 고르듯 머무는 이름이다. 그 이름 속에서 엄마는 비로소 자신에게로 돌아오는 길을 찾고 있었는지도 모른다. 누구의 기대도 아닌, 자신의 호흡으로 천천히 걸어온 인생의 저녁. 그 고요한 시간은 이제 더 이상 유예되지 않는, 진정한 시작이었다.

지금도 엄마의 머리맡엔 붓 한 자루가 놓여 있다. 현관 한쪽엔 먼지 쌓인 지팡이가 여전히 서 있다. 나는 오래도록 그 사이를 바라보다가, 손끝으로 붓의 결을 살며시 쓸어보았다. 낡은 손잡이에서 엄마의 온기가 은근히 전해졌다. 오랜 세월 지팡이에 의지해 삶의 골목을 걸어온 엄마는, 이제 그 길을 붓으로 다시 걷고 있었다. 걸음은 느렸지만, 그 붓끝은 더 이상 머뭇거리지 않는다.

걷는다는 것. 그것은 단지 두 발로 땅을 딛는 행위가 아니었다. 엄마는 붓으로 삶을 다시 써 내려가며, 침묵을 건너와 글씨의 자리를 만들어가고 있었다. 나는 그 조용한 떨림 속에서 한동안 숨을 고르듯 머물렀다. "이제야 연필을 다시 쥔 것 같네." 엄마의 혼잣말이 공기 중에 잔물결처럼 퍼져 나갔다. 화선지 위로 먹물이 천천히 번지며, 한 줄의 선이 또렷하게 살아났다. 숨 끝에 힘을 얹듯, 엄마는 오늘도 붓으로 다시 걷는다.

비 온 후

이미정
magarets@naver.com

새해를 맞아 일기장을 준비해 놓았다. 새로운 마음으로 힘차게 시작해 보리라 다짐했다. 그런데 몇 달이 지나도록 일기장을 펼치지 못했다. 혹시 첫 장부터 지친 마음을 쏟아낸다면, 새해의 첫 단추를 잘못 끼우는 건 아닐까 망설여졌다.

2024년 12월 1일, 우리 강아지 심바가 쓰러졌다.

'특발성 전정계 증후군'이라 했다. 건강하던 녀석이 어느 날 갑자기 서지도 걷지도 못하고, 목마저 가누지 못한 채 꼼짝없이 누워있는 중환자가 되어버렸다. 동시에 나는 간병인이 되었다. 밥은 물론 물도 주사기로 먹여야 했고, 누운 채로 대소변을 보니 하루에도 몇 번씩 난리법석을 치러야 했다.

무엇보다 가장 힘든 것은, 시도 때도 없이 짖어대는 녀석을 달래는 일이었다. 세상이 빙빙 도는 듯 어지러운지, 누운 채로 몸을 돌려대며 쉼 없이 울부짖었고, 나는 이웃에게 피해가 갈까 마음이 조마조마했다. 특히 밤에는 더 심했다. 갓난아기 돌보듯 안고 흔들며 밤새 거실을 서성거렸다. 그래도 진정되지 않으면 무섭게 화를 내보기도 했으나 소용없었다. 말 못하는 녀석이 얼마나 혼란스럽고 두려웠을까. 짐작조차 어려웠다.

나는 점점 지쳐갔다. 몇 달이 지나도록 나아질 기미는 보이지 않았고, 나 역시 빙빙 돌아 쓰러질 지경이 되었다. 그즈음 아이들이 내게 휴식 시간을 주었다.

남편과 둘이 골프 여행을 떠나게 된 것이다. 도착한 첫날은 잔뜩 흐리더니 다음 날 아침부터 비가 내렸다. 챙겨 온 일기장은 그날도 펼치지 못할 것 같았다. 거센 바람까지 몰아쳐 나무들이 크게 흔들렸다.

"어떡할까?"

우리는 잠시 망설이다가 서로를 바라보며 동시에 고개를 끄덕였다.

"그래, 놀더라도 골프장에서 놀자. 비행기까지 타고 온 여행인데, 카트 타고 드라이브를 하든 우산 쓰고 걷기라도 해보자."

우비에 방수 모자, 방수 장갑까지 단단히 챙기고 나섰다. 많은 팀이 플레이를 포기했는지, 앞 팀도 뒤 팀도 보이지 않았다. 비록 빗속이었지만, 그 넓은 골프장을 전세 낸 듯한 기분은 의외로 좋았다. 아주 좋았다.

처음엔 우산을 썼다. 하지만 비바람 앞에 속수무책이었다. 다시 생각을 바꿨다.

'그냥 맞자. 이 나이에 어디서 하루 종일 이런 비를 맞으며 걸어 다닐 수 있겠어.'

우산을 접자, 몸도 마음도 자유로워졌다. 빗줄기가 만들어낸 투명한 오선지 위에서 빗방울들이 춤을 추기 시작했다.

'똑똑, 또독 또독.'

모자 위에서 소리가 났다.

'툭툭 후드득 툭.'

나뭇잎에서도 소리가 났다.

'찰박찰박, 철벅.'

잔디에서도 소리가 났다.

그렇게 빗속에서 18홀을 돌고 난 후, 헝클어진 몸을 뜨끈한 탕속에 담그자, 내 안에 있던 비와 바람도 조용히 가라앉았다. 그곳이 천국이었다.

그날, 비로소 새 일기장을 펼칠 수 있었다.

    2025년 3월 14일 금요일, 비
    난 지금 미야자키 아이와 cc에 와 있다.
    ….

다음 날 아침, 해가 반짝 솟아올랐다. 비에 씻긴 나뭇잎들은 윤기가 돌았고, 먼 산이 코앞에 와 있었다. 공기는 그 어느 때보다

맑고 달았다.

나는 연실 "뷰티풀!"을 외쳐댔다.

요즘 심바는 많이 회복되었다. 비록 방향감각을 잃어 벽에 막혀 짖어대기도 하지만, 밤에는 잘 자고, 혼자 밥도 먹을 수 있다. 그것만으로도 충분히 감사하다. 아직도 자유는 제한되어 있지만, 이제는 그조차 삶의 일부로 받아들이려 한다.

비 온 후, 더 맑은 날이 온다는 것을 믿기에….

사라진 은박지

김미옥
miok0594@hanmail.net

　강추위에 운동 나가기가 망설여진다. 여자가 주춤거리는 동안 게으름이 다가와 귓속말로 부추긴다. 그냥 따뜻한 실내에서 편히 쉬라고. 하지만 이내 다른 목소리가 번쩍 경종을 울린다. 몸은 힘들게 부리며 자발적 불편을 즐겨야 건강을 유지할 수 있다고. 모자와 장갑, 목도리로 단단히 채비하고 일단 현관만 벗어나면 기분이 상쾌해진다. 게으름을 떨친 스스로가 뿌듯해 다리에 힘이 들어간다. 보폭이 커지며 속도가 빨라진다.
　한겨울이지만 운동 나온 사람들이 꽤 많다. 지팡이에 의지하고도 날마다 뚜벅뚜벅 걷는 어르신은 존경스럽기도 하다. 눈만 빼꼼히 내놓고 두툼하게 무장한 채 열심히 걷는 사람들 모두 건강을 앞자리에 둔 동지 같아 모르는 얼굴들도 그저 반갑다.
　근린공원 데크길을 돌아 운동기구 쪽으로 다가갔다. 그런데 있어야 할 게 보이지 않았다. 두툼하게 접은 보냉 은박 포장지. 식품 배달에 딸려온 걸 모아두었다가 요긴하게 쓴다. 운동기구가 얼어붙어 난감할 때가 많아 가져다 놓고 사용하던 중이었다. 주변을 돌아봐도 보이지 않았다. 간밤에 바람도 없었지만 설령 바람의 장난이라 해도 나무와 검불에 걸려 멀리 가지 못했을 텐데 아무리 둘러봐도 허탕이다. 벌써 세 번째다. 오로지 자기 엉덩이만 생각하는 사람의 소행이지 싶다.

사용 후에는 언제나 옆 화살나무 가지에 얌전히 끼워놓곤 했다. 그런데 누군가 사용하고 그대로 두고 갈 때가 많아 아쉽던 터다. 매번 흙바닥에 나뒹굴고 있어 꼬박꼬박 끼워놓았지만 달라지지 않았다. 편하게 사용했으면 원상대로 해두는 게 기본이련만, 침 뱉고 간 우물물을 다시 먹는 경우처럼 바로 다음 날이면 본인도 불편할 텐데 이해되지 않았다. 다른 사람은 아예 염두에도 없는, 공감력 제로인 사람들 때문에 당황스러울 때가 많다. 전철이나 버스에서 금방 내리지도 않으면서 문을 딱 막아서고도 아무 생각 없는 사람들. 오솔길에서 마주 오는 사람이 있어도 팔 하나 비킬 줄 모르는, 배려나 공감 같은 단어는 숫제 모르는 듯 행동하는 이들이 의외로 많다는 사실이 씁쓸하다.

함께 살아가는 세상에서 최소한의 배려만 있어도 얼굴 찌푸릴 일이 없을 텐데 아쉽다. 가까이에도 그런 사람이 있어 여자는 속 끓일 때가 많다. 사람이 나빠서가 아니라 공감력이 부족하다는 문제 때문이다. 가슴 언저리가 늘 시리고 표정이 굳어 가는 것도 그런 불만에서 비롯되었다는 걸 몇십 년 살고서야 깨달았으니 여자도 어지간히 미련하다.

아이들이 어릴 때 주말마다 나들이를 다녀오면 혼자서 아이 셋 씻기고 청소하고 밥하느라 정신없이 동동거렸다. 여자가 아무리 바쁘게 돌아쳐도 남자는 자신과 전혀 상관없는 일이라는 듯 신문이나 TV에만 눈을 팔고 있었다. 그때 진즉 공감력 없는 사람이라는 걸 알았더라면 아예 기대조차 없었을 텐데, 어쩌면 저럴까 섭섭함만 차곡차곡 쌓였던 것이다. '누울 자리를 보고 발 뻗는다.'는 것처럼 말을 해봤자 통하지도 않고 서로 감정의 골만 깊어지니 꾹꾹 누르고 삼키며 여기까지 왔다.

사십여 년이 지난 요즘이라고 뭐 달라진 게 있을라고. 손자들 하원·하교 시키며 가방과 보조가방 등 양손에 들고 어깨에 메고, 우산 몇 개까지 겹쳐 들어도 그걸 거들어야 한다는 생각 자체가 없다. 느릿느릿 따라오는 발소리도 밉다. 뿐만 아니다. 여자는 부부끼리 다정하게 손잡고 다니는 게 부러워 언젠가 시도했는데 이런! 단 몇 발짝도 가기 전에 '놔라 좀!' 하고 털어버려 마음 상한 적도 있다.

오직 본인 위주로 도무지 자기밖에 모르는 남자. 찌든 니코틴 냄새가 싫기도 하지만 어디까지나 본인 건강을 위해 금연을, 하루 여덟 잔씩이나 마셔대는 믹스커피를 좀 줄이라 해도 마이동풍이다. 눈 하나 꿈쩍 않는다. 무소의 뿔이 따로 없다. 적어도 가족을 조금이라도 생각하고 배려한다면 일단 노력이라도 해봐야 할 텐데 그야말로 독불장군이다.

　예부터 사람은 고쳐 쓰기 어렵다 했던가. 이미 굳을 대로 굳었는데 지금 와서 뭘 기대할 수 있을까. 가뜩이나 설득력 없는 여자는 진즉 포기해버렸다. 하나만 알고 둘은 모른 채 본인만의 논리로 억지를 부려도 그냥 그러려니 할 뿐 따지지도 요구하지도 않는다. 여자가 아무리 바빠도, 아파서 제대로 일어나지 못해도 세 끼 갓 지은 새 밥상만 바라는 공감 제로인 사람에게 무슨 말을 더할까.

　그런데 요즘 달라진 게 하나 있긴 하다. 재활용 분리 배출. 제사며 명절에 혼자 손으로 바쁠 때 한두 번 부탁했더니 어느 날인가부터 스스로 들고 나갔다. 그런데 그것도 그냥은 아니었다. 다른 집은 다 여자들이 하더라고 생색내는 걸 잊지 않았다. 누구든 자기가 보고 싶은 것만 본다는 말이 전혀 틀리지 않았다.

　아주 작은 일에도 칭찬을 약으로 잘 쓰는 현명한 여인들도 있건만 여우 아닌 곰퉁이, 여자에게도 문제는 없지 않다. 그걸 알면 이런 넋두리 같은 불평도 하지 말아야 하는데 거기까지는 아직 멀었나 보다.

　어쩌겠는가. 섭섭함 더 쌓아올려 와르르 무너지지 않으려면 그냥 주어진 복이려니 스스로 다독이는 수밖에. 세상엔 이런저런 사람도 있게 마련이니, 그나마 자기 일 알아서 잘 하는 것으로 위안 삼으면 남은 날들을 한결 맘 편히 살 수 있지 않을까 싶다.

삼대

강동우
poppindw@naver.com

외로움은 쌀밥이었다. 반찬처럼 골라 먹을 수 없었고 간식처럼 거를 수도 없었다. 매일 정해진 양을 삼켜야 했다. 태어난 지 6년 남짓일 무렵이었다. 빈 그릇 옆에 오래 앉아 있어도 울지 않았던 건 원래 성격이 그래서였는지, 아직 어려서였는지. 그렇게 혼자서 시간을 무심히 흘려보냈다.

엄마와 아빠는 일하러 가고, 누나는 유치원에 가고, 나는 집에서 TV를 봤다. 유선방송은 재방송을 반복하다 지쳤을 때 파란 화면과 함께 어느 가수의 노래를 송출했다. 가수는 어색해진 짧은 머리를 보여주기 싫다고 했고, 친구의 친구를 사랑한다고도 했다.

군에 입대하여 연인과 생이별한 청년. 친구의 연인에게 고백하고 싶은 남자. 노랫말 속 어른들이 마주하는 장벽과 골짜기는 일곱 살짜리 아이가 받아들이기에 버거운 것들이었다. 이해할 수 없을 땐 누워버렸다. 누워서 몇 번이고 듣다 보면 노래는 작은 귓속에 그윽했다. 내가 생소함을 받아들이는 방식이었다. 밥알을 우물우물 씹기만 해도 단맛이 우러나듯이, 외로움도 겪다 보니 익숙했고 익숙해서 편안했다. 늘어지는 편안함이 가끔은 괘씸했다. 그럴 땐 몰래 우유밥을 만들어 먹었다. 맛이 있어서 먹었다기보다는 쌀밥과는 다른 맛이어서 먹어야 했다.

어린 나이에도 나름의 규칙은 있었다. 외로움을 다른 사람들에게 들키지 말 것. 외롭고 싶지 않은 날에는 외롭지 말 것. 유치원 운동회에 엄마 아빠가 오지 않았던 날, 규칙은 깨져버렸다. 하필이면 이모 넷 모두가 와서 북적이는 바람에 엄마 아빠의 공백이 도드라졌다. 또 하필이면 세 살배기 사촌 동생이 따라오는 바람에 주인공 자리를 빼앗겼다. 이모들은 혼자인 나의 기분을 북돋우기 위해 애썼다. 그러나 시끌벅적하면 할수록 빈자리는 더 크게 다가왔다.

친구들은 촌수를 따질 필요 없는 부모와 한 돗자리에 앉아 있었다. 나는 친구들과 나의 처지를 비교하면서 삼촌과 사촌이라는 촌수의 아득한 거리감을 새삼 느꼈다. 피자, 햄버거, 치킨이 주식인 나라에서 나만 혼자 쌀밥을 먹는 종족이 된 것 같았다. 그날의 사진을 가끔 꺼내어 본다. 한 조각 도둑맞은 피자 한 판처럼 사진은 한쪽 귀퉁이가 이지러져 있다. 환한 얼굴의 이모들과 한껏 교태를 부리는 사촌 동생 근처에 체한 얼굴로 내가 서 있다.

묻고 싶은 게 있을 때, 대답을 듣고 나면 더 아플 것 같을 때,

대답을 혼자 상상해버리곤 한다. 엄마 아빠에게 그날 왜 오지 않았냐고 묻지 않았다. 몇 년에 한 번씩 그 대답을 상상했다. 엄마는 미싱을 돌리고, 아빠는 편지를 돌리고, 세상은 바쁘게 돌아가고. 맞벌이 부부는 주산학원 학생들과 같은 화장실을 써야 했던 집에서, 꾀죄죄한 형이 돼지저금통을 갈라 돈을 빼 갔던 동네에서, 아들과 딸을 하루빨리 구출하려 무진 애를 썼다. 물려줄 것이라곤 외로움밖에 없다는 듯 마구마구 일했다. 외로움은 내게 유산과도 같았다.

지난 외벌이 시대의 회사는 근로자를 하루 종일 일터에 옭아맸다. 그런 식으로 해도 가정은 무너지지 않았으니까. 어쨌든 부모 중 한 명은 아이들 곁에 남았으니까. 뒤이어 맞벌이 시대가 왔는데도 회사는 버릇을 고치지 않았다. 이게 웬 떡이냐는 듯 가사와 육아를 분임해야 할 엄마 아빠 모두를 깡그리 일터에 붙잡아 두었다. 우리 사회에 여성의 경제활동 참여 증가라는 혁명적 변화가 일어났지만, 회사는 이를 고작 양질의 노동력 공급이나 매출 증대의 발판으로 여겼다.

맞벌이 시대의 엄마 아빠는 모두 회사의 인질로 전락했다. 외벌이 시대를 주름잡던 과로 영웅의 철 지난 무용담을 들으며 하루하루 견디고 있다. 아이들에게도 매일매일 외로움을 빚지고 있다. 겉으로는 책임감 강한 척 고문을 참고 있지만, 속은 그렇지 않다. 아이들 저녁이라도 차려주러 제때 집에 가고 싶은 마음뿐이다.

아이들의 외로움은 완벽히 노출되었다. 팔딱거리는 외로움 앞에서 국가는 어쩔 줄을 모른다. 부모들의 눈치를 보며 육아휴직을 권장하는가 하면, 회사들의 눈치를 보며 장시간 근로를 정당화할 장시간 돌봄 같은 보육제도를 만들고 있다. 부모더러 아이를 돌보라는 것인지, 아이는 국가에 맡기고 경제 성장률이나 올리라는 것인지 알 수가 없다.

나라가 갈팡질팡해도, 사회가 육아휴직을 권하지 않는다 해도, 부모는 흔들리지 말아야 한다. 제도가 버티고 있는 한 뭐든 쓰면 그만이다. 나는 아이를 최대한 내 손으로 기르고 싶었다. 1년 반 남짓 육아휴직을 하는 동안만이라도 아이가 외롭지 않길 바랐다. 흔적만 남아도 상관없었다. 스티커처럼 아기자기한 기억을 많이 만들어주고 싶었다. 그렇지만 핵가족의 자녀에게 외로움은 근원적이었다. 낮 시간 유일한 보호자이자 아빠인 나는 아이의 끼니를 챙겨야 했다. 그리고 가끔은 쉬어야 했다. 틈새의 시간 동안 아이를 잠시 TV 속 세상에 맡겨둘 때도 있었다.

하루는 설거지가 끝나기만을 기다리던 아이 옆으로 다가가 함께 TV를 봤다. 파란 꼬마 버스가 두 친구와 함께 소풍 가고 있었다. 그런데 무언가 신경 쓰이는 게 있었는지 마냥 즐거워 보이지 않았다. 알고 보니 꼬마 버스는 꾀병을 부려 일을 하루 쉬고는 친구들과 놀러 가는 길이었다. 이왕 이렇게 된 거 즐겁게 놀았으면 좋으련만 친구 하나가 산통을 깼다. 갑자기 급한 일이 터졌다며 총총 일하러 가버렸다. 꼬마 버스는 당연하다는 듯 쉴 권리를 포기하는 친구를 보며 죄책감을 느꼈다. 얼마 지나지 않아 나머지 친구 한

명을 강변에 내버려둔 채, 자기도 일터로 훌쩍 떠나버렸다.

꼬마 버스에게 배신감을 느꼈다. 꼬마 버스 만화는 부모로서 안심할 수 있는 아동용 TV 프로그램이었다. 악당이 없었고, 작위적인 선악 구도도 없었다. 그런데 꼬마 버스의 세계에는 없는 것이 많았다. 휴가도, 대체인력도, 품앗이도 없었고, 함께 노는 친구들 사이에 의리마저 없었다. 오로지 노동에 대한 비틀린 관념만 존재했다. 쉴 권리를 누리는 자에게는 죄책감이 부여됐고, 쉴 권리를 포기하는 자에게는 찬사가 쏟아졌다. 현실에 약간의 상상을 버무린 동화인 줄 알았는데 알고 보니 비참한 현실을 미화한 선전물이었다. 꾀병을 부려야만 이유 없는 휴식이 용납되는 직장 사회의 부조리가 적나라하게 드러났고, 아이들은 어른 세계의 옹졸함을 무의식적으로 학습하고 있었다. 삼십 년 전 혼자 방바닥에 누워 〈입영열차 안에서〉, 〈친구의 친구를 사랑했네〉를 들었던 나의 어린 시절이 오히려 더 나아 보였다.

꼬마 버스는 나의 선택을 부정했다. 산업의 역군이 되어 한창 일할 나이이건만 무슨 육아휴직이냐며 나를 타박했다. 산업의 역군처럼 일했던 부모님이 떠올랐다. 엄마 아빠는 내 편인가요, 묻고 싶었지만, 묻는 대신 이번에도 대답을 상상하기로 했다. 상상하려 했는데 좀처럼 상상되지 않았다. 나에게는 상상의 근거가 없었다. 돌이켜보니 내가 여태껏 그려왔던 유치원 운동회 날의 엄마 아빠는 선 굵은 크로키였다. 미싱을 돌리는 엄마와 편지를 돌리는 아빠의 표정까지는 감히 그려낼 자신이 없었다. 그날, 엄마 아빠는 내 생각하며 슬픈 표정을 짓고 있었을까. 아니면 꼬마 버스처럼 영광스럽게 웃고 있었을까.

  부모의 초상을 애써 슬픈 얼굴로 그렸다. 아이의 눈에 비친 나와 닮았는지도 모르겠다. 언젠가 육아휴직을 마치고 회사로 돌아가야 했다. 아이에게 엉겨 붙을 외로움이 오래 생각났다.

  아이가 보던 것은 만화가 아니었다. 통시적 외로움이었다. 내가 겪었던, 아이가 맞닥뜨릴, 그리고 미래에 아이의 자녀가 또다시 계승할 유전적 외로움이었다. 아직도 혼자서 우유밥을 먹고 있는 내 어린 시절이 묻는다. 우리는 영원히 외로워야 하는 겁니까? 나도 잘 모르겠다. 외로움이 우리 가계를 집요하게 파고들고 있다.

상처받은 치유자, 그 길 위에서

최유나
choiyuna_edith@yonsei.ac.kr

청년들은 내 앞에서 눈물을 쏟았다. 그들의 이야기를 듣는 동안 나도 가슴이 시려, 한참 동안 두 눈을 꼭 감았다가 뜨기를 여러 번 했다. 그간 내가 어머니를 돌보았던 시간이 누구보다도 고통스러웠다고 믿어왔다. 그러나 그들의 눈물을 보면서 그것이 얼마나 오만한 생각이었는지 깨달았다. 그들의 이야기를 듣고 집으로 돌아오는 길에는 마음이 늘 저렸다.

나는 서른여덟 살에 사회복지학 석사과정을 시작했다. 인류학 석사학위가 이미 있었지만 마치 무엇에 홀린 듯 사회복지학 공부를 해야겠다고 다짐했다. 어머니 간병에 몇 년간 매달렸던 나의 시간과 노력, 그리고 그 보람도 없이 결국 어머니와 헤어져야 했던 상황이 뭔가 억울했기 때문이다. 나와 비슷한 상황의 누군가에게 내 경험이 실질적인 도움이 될 수 있다면 그래도 덜 속상할 것 같았다. 그렇게 시작된 석사과정은 박사과정으로 이어졌고, 이윽고 박사과정의 마지막 관문인 학위논문을 준비해야 하는 순간이 되었다.

학위논문 주제를 선택하는 것은 어렵지 않았다. 사회복지학 공부는 나의 경험에서 시작되었기 때문이다. 그래서 '영케어러(Young carer)'라고도 불리는 '가족돌봄청년'에 대해 연구하기로 결정했다. 단어에서도 알 수 있듯이, '가족돌봄청년'은 아픈 부모나 형제를 돌보고 경제활동과 가사 돌봄까지 떠맡은 10대부터 30대 초반의 청년들을 말한다. 이들은 그 와중에 학업과 장래에 대한 준비까지 해야 했다. 그들은 우리 사회에 존재했지만 존재하지 않는 사람들이었다. 이토록 풍요로운 이 시대에, 간병과 생계를 짊어진 젊은이들이 우리 사회에 있으리라고는 누구도 상상하지 못하기 때문이다. 그리고 설령 상상했다 하더라도 사회는 그들에게 큰 관심을 두지 않았다. 그저 그들의 불운을 탓했을지도 모를 일이다.

나는 논문을 위해서 1년 동안 스물다섯 명의 가족돌봄청년들을 만났다. 보통은 두세 시간, 때로는 더 오랜 시간 동안 그들의 이야기를 들었다. 나 역시 어머니 돌봄을 했기 때문에 그들의 삶을 어느 정도는 짐작할 수 있다고 생각했다. 그러나 실제로 마주한 그들의 일상은 상상조차 할 수 없는 투쟁과 수용의 연속이었다. 어린 청년들은 인간 존재에 대한 근본적인 질문 앞에 서 있었다. 안쓰럽고 소중한 가족의 장수(長壽)를 바라면서도, 돌봄과 생존이라는 문제 때문에 가족이 오래 살기를 당연하고 편안하게 빌지만은 못했다. 그들의 가족은 극도의 우울증이나 알코올의존증, 또는 뇌출혈로 인해 청년들 없이는 하루도 제대로 된 일상을 보내지 못했다. 청년들은 가족과 외부를 잇는 유일한 존재였다. 인터뷰 동안 그들은 눈물을 흘렸고, 절망하기도 했으며 때론 자신들에게 무신경한 사회와 어른들을 향한 분노를 쏟아내기도 했다.

그렇게 모인 청년들의 이야기는 정리되어 내 논문의 소중한 자료가 되었다. 그 덕분에 나는 무사히 박사학위를 받게 되었다. 안쓰럽고도 기특한 청년들은 자신들의 삶을 연구해줘서 고맙다는 인사를 건넸다. 하지만 논문 작업은 엄마의 개두술이 끝나길 기다리며 수술실 앞에서 새벽을 맞이했던 10여 년 전의 나를 위로하는 것이기도 했다.

심리학자 칼 융(Carl Jung)은 '상처받은 치유자(wounded healer)'라는 말을 했다. 이는 자신이 경험했던 상처를 통해 타인을 치유해 줄 수 있게 된 사람을 뜻한다. 논문을 마무리하던 어느 날, 내 자신이 '상처받은 치유자'가 되었음을 깨달았다. 그들을 위로하고 격려하면서 나도 모르는 사이에 내 마음이 한 뼘 넘게 성장했던 것이다. 청년들과의 만남은 단순히 학위논문 자료를 얻기 위함이 아니라 인간으로서, 그리고 공부하는 자로서 깨달음을 얻어가는 과정이기도 했다. 그리고 내가 만난 가족돌봄청년들도 상처받은 치유자였다. 그들은 자신의 돌봄 경험을 통해, 10대 청소년 중에서도 가족돌봄을 하는 이가 분명히 있으리라는 성찰에 이르렀다. 그리고 자신의 괴로웠던 삶을 이정표로 삼아, 청소년들은 고단한 삶을 부디 피해가길 간절히 바라고 있었다. 그들은 어려움 속에서도 빛났으며, 누구보다 멋진 사회인이었다.

논문 때문에 잠시 쉬는 것조차 사치처럼 느껴지던 어느 봄날, 나는 일기장에 이런 말을 적었다.

> 그간 진행했던 인터뷰의 쿼테이션을 읽으면 마음이 울컥한다. 그 울컥함을 학문적인 문장으로 잘 다듬되, 경험의 주체들이 문장 안에 생생히 살아 있게끔 표현하려 노력 중이다. 나의 이번 봄은 이런 노력으로 점철되어 있다. 올해 꽃구경은 동네 슈퍼를 오가며 봤던 집 앞의 벚나무 한 그루가 전부이지만, 왠지 가슴에는 연분홍 벚꽃들이 만개한 느낌이다. 학문을 한다는 것은 환희로 눈부신 빛나는 고통을 맛보는 과정인 것 같다.

학생에서 연구자로 거듭나는 마무리이자 시작의 길목에서, 나는 자신의 이야기를 기꺼이 나눠준 스물다섯 명의 청년들을 평생 잊지 못할 것 같다. 그들은 나의 동료이자 타인의 고단함을 걱정하는 상처받은 치유자였으며, 우리 사회를 함께 살아가는 시민이었다.

나의 경험과 공부가, 다른 이들에게 작은 도움이 되고 세상을 조금이라도 따뜻하게 만드는 데 보탬이 되길 바란다. 지난봄, 내 마음을 분홍빛으로 물들였던 학문에 대한 경외심을 이제는 일상과 공부 속에서 소중히 간직하며 살아갈 차례가 되었다. 감사하게도 말이다.

3부 _ 아내의 손등

이태선 샤론스톤보다는 작가
송은자 손주에 쓰는 편지
김지윤 스쿨존 과태료
송성옥 시류(時流)는 흘러흘러
박효진 실크로드 레스토랑
도복희 아귀 밥통
강철수 아내의 손등
김민자 아주 보통의 하루
이지윤 아직, 끝나지 않았다
신동임 아파트와 꽃바구니
서용순 알프르비행장, 그 바람 속에서
김시은 약속
박명자 어느 기계치의 변신

샤론스톤보다는 작가

이태선
chkuksun@hanmail.net

사람들은 살아가면서 한두 가지쯤의 별명을 갖는다. 더러는 생김새에서 혹은 행동이나 처해진 환경으로 얻어지는 경우인 것 같다. 나도 별명이 제법 많다.

어려서는 잘 울었는지 '울보'였다. 초등학교 들어갈 무렵에는 잘 웃는다고 '싱겁이', 입학해서는 '키다리'. 아침 조회시간에는 맨 뒤에 서야 했고 소풍갈 때는 짝꿍이 없어 외로웠다.

그리고 초등학교 2학년 때는 '오줌싸개'였다. 쉬는 시간을 알리는 종을 쳤는데도 선생님은 계속 말씀을 하셨다. 너무 급해 손을 들고 흔들어도 허락하지 않아 울면서 교실 문을 박차고 달려 나갔지만 결국 화장실 앞에서 싸고 말았다. 화장실은 운동장 한편에 있었다. 그제야 선생님께서 조퇴를 시켜주셨지만 집에 오면서 내내 울었다.

선생님이 미워 다른 학교로 전근 가시는 날 내 이름을 불렀지만 쳐다보지도 않았고 대답도 하지 않았다. '오줌싸개'는 새로 오신 선생님께서 원예반장을 시켜주시면서 '꽃반장'으로 바뀌었다.

그러고는 결혼을 하고 사 남매를 키우면서 '누구 엄마'로 불리느라 별명을 얻지 못하고 살다가 다 늙어 별명이 많아졌다.

우리 아파트에서는 '흰머리 멋쟁이 할머니' 또는 '멋진 어르신'으로, 요가원에서는 '흰머리 언니'로, 손녀 친구들은 '끝내주는 패션 할머니'라 부른다. 그렇게 멋진 별명을 얻기까지는 사 남매의 지대한 관심과 남다른 시대적 감각을 다룬 강의 덕택과 그걸 참아 내고 따른 눈물 나는 노력의 결과다. 우여곡절도 많았다.

처음에는 자식들의 잔소리에 왕짜증이 났다. 옷을 차려입고 외출을 하려면 쳐다보고는.

"엄마, 옷을 바꿔 입으세요."

"바꿔 입었는데."

"바꿔 입긴 했지만 뭐가 묻었잖아요."

"이거? 괜찮다. 별로 표도 안 나는 데 뭐!"

"그러고 나가시겠다고요. 저희들이 부끄러워요."

이쯤이면 얕은 인내심은 한계를 드러내 바닥을 치고 지하로 내려간다. 더 이어지면 비위까지 뒤틀어 속이 울렁거리고 토할 것 같다. 하지만 꾹, 참아 낸다. 왜냐고? 단 1의 노력 없이 거저 얻어지는 영광은 세상에 없다는 것을 터득했기 때문이다. '고통 끝에 영광이 있나니.' 이런 문구가 괜히 회자된 것이 아니지 않은가.

나는 참기 힘든 일을 마주할 때면 곧 좋은 일이 도래하겠구나 싶어 이 잠언을 떠올리며 참아낸다.

잔소리는 더 이어져 입은 옷이 계절에 맞지 않다느니, 아래위가 다른 계절이라느니, 그 옷에는 그 신발이 안 어울린다느니, 새 신발은 왜 모셔두느냐, 이쯤일 때는 이미 나는 없고 고통을 참아낸 빛나고 거룩하고 영광스런 어른이 존재한다.

말하자면 함께 사는 아들 내외는 패션 담당이고 다른 자식들은 덕목과 교양을 담당하는 셈이다. 아무리 옷이 잠자리 날개같이 근사하고 명품을 들어도 덕목과 교양이 갖춰지지 않으면 빛 좋은 개살구라나 어쩐다나.

가족이 모인다는 사전 연락 없이 사 남매 중 누군가가 단독으로 집에 올 때는 거의가 잔소리나 강의를 하러 온다고 보면 틀림없다.

"입은 닫고 주머니는 열어라. 욱하지 말고 조곤조곤, 눈빛은 온화하게 입꼬리는 한껏 위로. 신호등이 깜박거리면 달리지 말아라. 위험하고 품위가 손상된다. 단백질 양을 늘리고 탄수화물은 줄여라. 탄수화물 중독이다."

중독이란 말이 가슴에 꽂혀 양푼으로 먹던 밥을 공깃밥으로 바꾸고는 허기가 져 눈앞에 별이 반짝거리며 촤르르 내리고 천지가 뱅글뱅글 돌았다. 특히 스포츠센터로 운동을 갈 때면 걱정이 되어 센터 앞에서 떡을 사 먹거나 베지밀을 마신다. 그러면 또 요가 중에 음식물이 목으로 넘어와 곤욕을 치른다. 그럴 때마다 잠언과 강의를 떠올리며 눈물을 머금고 먹는 것을 조절한다. 피나는 노력은 필수요 내 전공이기도 하다.

　어, 신기하게도 어느 때부터인가 신체가 양푼 밥에서 공깃밥으로의 변화를 받아들이게 되고 생각도 군내 나는 진부를 털어내고 쿨하게 바뀌어져 갔다.

　그날은 큰아들이 혼자 와 식탁에 앉으며 말했다.

　"엄마, 이리 좀 앉아 봐요."

　사뿐사뿐 조신하게 마주 앉으며 온화한 눈빛으로 입꼬리를 한껏 위로 올리고는 속으로 구시렁거렸다.

　"흥, 또 무슨무슨 지랄 같은 강의가 시작되겠구면."

　큰아들은 논리적이고 이론적으로 따박따박 깍두기 썰어내듯이 강의를 펼치고, 나는 입꼬리를 한껏 위로 올리고 범생이처럼 앉아 품위를 지키며 경청했다.

　그때, 난들 왜 이런 생각을 하지 않았을까. 탤런트 김 아무개마냥 '라떼'를 외치며 광화문도 아닌 식탁 앞에서나마 반격의 일인 시위를 펼쳐봐!

　아서라 말아라. 어설픈 역공을 펼치다 대통령도 파면당하는 판국에 퇴출당하면 하기 좋은 말로 홀로서기지, 푸석한 백발에 어기적어기적 비실거리며 홀로서는 것은 가족으로부터 내쫓긴 것이라 보면 십중팔구 정답이다.

　토할 것 같은 잔소리와 강의도 엄마에 대한 사랑이 쥐꼬랑지 끄트머리 터럭 반만큼이나마 남아 저런다 싶으면 애잔하고 고맙다. 지전, 수전, 공중전까지 겪고 터득한 나만의 노하우다.

어제는 주민센터 서예반의 24년도 후반기 첫 수업이었다. 수업이 시작되자 선생님께서 출석부를 들고는 호명한 회원은 간단한 자기소개를 부탁하셨다. 새로 온 분은 2명이었다. 드디어 내 차례가 되었다. 선생님께서 내 이름을 부르고는 이렇게 말씀하셨다.

"이분은 작가이십니다."

그러자 새로 온 두 분이 몸을 돌려 나를 그윽한 눈빛으로 쳐다봤다. 조금은 쑥스러웠지만 기분은 째졌다. 역시, 샤론스톤보다는 작가다.

집에서는 좋은 게 좋은 거라 여겨 수긋하게 잔소리를 참아내고 범생이처럼 앉아 강의를 경청하지만 나도 나가면 대접받는 별명이 몇이나 있다.

《화투 한 판 치고 싶다》를 엮고는 '작가'로, 두 번째 수필집 《나도 전설이다》를 엮고는 '전설'로, 서예실에서는 '작가' 또는 '샤론스톤'으로 불린다. 하루는 휴식 시간에 차를 마시면서 문우에게 물어봤다.

"청암, 제가 어떻게 그 유명한 샤론스톤으로 불리게 됐지요?"

"그게요, 작가님은 드물게 큰 키에 나이를 의식하지 않고 흰머리를 묶고 당당한 모습이 왠지 멋져요. 뭐랄까? 한국의 좀 삭은 샤론스톤…. 하하하."

작가여 분발하자.

손주에게 쓰는 편지

송은자

　무릎 수술을 받고 첫 번째 맞는 일요일. 오늘은 재활 치료가 없다. 아침을 먹고 신문을 뒤적거리는데 큰아들이 전화를 하였다. 낮에 두 아들네 가족들이 병문안을 오겠다는 것이다. 정오 무렵 큰 손자가 혼자 와서는 모두들 휴게실에서 기다린다고 한다. 녀석이 미는 휠체어를 타고 내려갔다. 저만치서 아홉 살 막내 손자가 달려와 품에 안긴다. 나를 중심으로 의자에 빙 둘러앉았다. 이런저런 이야기 끝에 나는 주머니에서 종이 한 장을 꺼냈다. 편지다. 이 편지는 얼마 전 대학에 합격한 큰 손주에게 쓴 글이다. 아침에 아들이 문병 온다고 했을 때 병실에서 썼다. 언젠가 녀석이 대학생이 되면 꼭 들려주고 싶었는데 마침 오늘이 기회가 되었다. 말로 해도 되겠으나 중언부언 이야기하다 보면 진작 말의 핵심이 흐려질 것 같아 글로 옮겼다.

종이를 손주에게 건네며 읽어보라 했다가 다시 달라고 하였다. 아무래도 직접 내용을 쓴 내가 읽어야 녀석의 귀에 쏙쏙 박힐 듯 싶어서였다. 나는 내용을 천천히 읽고 발음도 정확하게 하였다. 중요한 대목에서는 목소리를 높이고 간간이 손주의 얼굴도 쳐다보며 읽었다. 대략 편지 내용을 요약하면 이러했다. '신용을 자산처럼 여기고 항상 겸손하거라.'고 썼고 또 '언제나 부모님 은혜를 잃지 않는 사람으로 살아야 한다.'고 하였다. 실은 이 말은 내가 한 말이 아니다. 오래전 나의 숙부에게서 들었던 이야기다. 그러니까 오십 년도 더 전의 어느 초저녁 무렵이었다. 결혼식을 앞두고 나는 예비 신랑과 인사차 숙부를 뵈러 갔었다.

막 퇴근을 하고 귀가한 숙부는 우리 두 사람을 방으로 불러들였다. 숙부 앞에 앉은 우리를 잠시 바라보더니 이런 말씀을 하였다. "조직 생활을 하는 사람은 신용을 자산처럼 여기며 살아야 한다."고 말을 하였다. 그 즈음에 예비 신랑은 은행에 갓 취직한 행원으로 사회 초년생이었고, 나는 다니던 직장에 사표를 내고 결혼 준비로 시간을 보내던 상태였다. 숙부의 짧은 그 말이 무엇을 뜻하는지는 알 것 같으면서도 선뜻 가슴에 와닿지는 않았다. 그도 그럴 것이 다시 직장에 다닐 것도 아니고 결혼하면 주부로 살아갈 나이기에 그저 덤덤하게 들었던 것 같다. 그러나 두 아이를 키우고 세상을 살다 보니 그때 했던 숙부의 그 말씀이 비록 조직 생활을 하지 않더라도 주부로서 삶을 살아가면서 꼭 필요한 말이라는 것을 깨달아 가기 시작하였다. 약속을 지키지 못할 일이 생기거나 경솔한 행동으로 어려운 일이 닥칠 때면 왜 좀 더 일찍 숙부의 말을 인지하며 살지 못했을까 하는 뼈아픈 후회가 일기도 하였다. 아마도 그 무렵부터 사람이 신용을 잃으면 세상살이가 고달프고 외로워진다는 것을 깨닫게 된 것 같다. 오늘 나는 그 옛날 숙부의 그 말씀에 '겸손'이라는 단어를 더 얹어 손주에게 내 마음을 담아냈던 거였다.

신용과 겸손 그리고 은혜라는 이 세 단어만큼 좋은 말이 또 있을까. 하지만 이 말들을 몸에 새기고 살아가기란 결코 하루아침에 되는 일이 아니다. 긴 세월 끊임없이 자신을 갈고닦아도 좀처럼 몸에 스며들기 어려운 일일 것이다. 그래서 세상 사람들은 이 단어들을 몸에 익힌 사람에게 된 사람이라느니 덕목을 갖춘 사람이라느니 하며 칭송을 하는가 보다.

나는 다 읽은 편지를 집어 손주에게 건넸다. 그러고는 눈이 자주 가는 곳에 두고 수시로 꺼내 읽어보라 일렀다. 이제 며칠 후면 해가 바뀐다. 그러면 녀석은 스무 살 청년이 된다. 아직도 내게는 어린 손주이기만 하나 저 스스로 세상을 향해 한 걸음 한 걸음 발을 내디뎌야 한다. 걷다 보면 자갈길이 나올지 예기치 않은 일로 발등을 찍힐지 아니면 앞이 확 트인 큰 길을 내달릴 일이 생길지는 아무도 모른다. 설령 더딘 걸음으로 뒤처지고 주저앉을 만큼 버거워도 이 세 단어를 인생의 좌우명으로 여기며 살아간다면 언젠가는 손주 자신도 모르는 사이 세상은 손주를 웃게 하는 게 세상인심이라고도 하였다. 노래의 후렴처럼 되풀이 말해주었다.

녀석의 손등을 어루만져본다. 손주는 여태껏 글로 말로 이야기한 뜻을 알았을까. 아니면 할미의 잔소리로 여기고 흘려버리지는 않았을까. 얼굴 표정으로는 알 수가 없다. 다만 '겸손'이라는 단어에 집착해 내 말이 길어질 때 고개를 두어 번 끄덕이긴 했었다. 하긴 어찌 한 술갈에 배가 부르랴. 그 옛날 숙부의 말씀이 당장 귀에 들어오지 않았듯이 오늘 손주도 어쩌면 이 휴게실을 나서면 잊어버릴지도 모른다. 아주 천천히라도 가슴에 스며드는 사람으로 살아간다면 더 이상 무엇을 바라겠는가.

 아이들이 돌아가고 나도 병실로 올라왔다. 병실 창문 너머로 들어온 햇빛이 따뜻하다. 입원하고 처음으로 느껴보는 따스함에 오랫동안 창문 앞을 떠나지 못했다. 시계를 보니 큰 아들네는 집에 도착할 시간이고 작은 아들네는 한강 다리를 넘어갔을 것 같다. 헤어진 지 얼마 되었다고 벌써 그 애들이 보고 싶다. 이들은 내가 세상을 살아가게 하는 존재들이다. 남은 저녁시간도 기쁜 마음으로 보낼 듯싶다.

스쿨존 과태료

김지윤
k971224@hanmail.net

 은행엔 사람들이 왜 이래 많다지요? 컴퓨터나 핸드폰으로 입출금도 가능하지만 세금도 낼 수 있는 시대인데, 말일도 아닌데 북적이네요. 점심도 먹지 못하고 뛰어왔는데.
 아, 저요. 또 걸렸어요. 뭐가 걸렸냐구요? 과태료 고지서가 또 날아왔지 뭡니까. 글쎄, 속도위반이라네요. 얼마 전에는 장애인 주차구역에 주차해 과태료가 날아오기도 했어요. 그때는 억울한 고백으로 과태료를 안 내도 되는 행운(?)을 얻었는데, 이참에 차를 팔아야 할지 고민을 좀 해야 할 것 같습니다.
 남편은 백수에다 저는 운동한답시고 웬만한 월급쟁이만큼 돈을 뿌리고 다녀요. 그것도 모자라 지켜야 할 것도 지키지 못하고 과태료 내는 것을 보면 울화통이 터지겠지요. 그래서 몰래 내기 위해 은행으로 온 겁니다. 때마침 쓰레기를 비우러 나갔는데 1층 우체통에서 이걸 봤지 뭡니까. 어휴 다행인 거죠.

　남편은 한 가지 일로 잔소리를 할라치면 한나절 가지고도 모자랄 사람이지요. 왜 위반을 했는지, 위반하면 안 되는 이유와 구체적으로 학교나 유치원의 기준법에 관해 열거할 게 분명하거든요. 이제 그 잔소리에 이골이 났답니다. 그래서 저도 인터넷을 뒤져서 거리와 속도에 맞게 운전하려고 노력하는 중입니다. 정신 차리고 운전하지 않으면 몇만 원에서 몇 곱절을 내야 하는 불상사가 될 게 뻔하거든요.

　그런데 학교 앞이지만 30km가 웬 말입니까? 어디 대한민국 운전자 중 속도위반으로 걸리지 않은 사람 있는지 나와 보라 하세요. 몇이나 되겠어요. 선생님도 웃으시는 걸 보니 딱 걸리셨군요. 그럴 때 정말 억울하죠? 하긴 그때는 억울했지만 시간이 지나고 나니 어린이보호구역에서 당연히 그렇게 해야 했다는 생각도 들긴 했어요.

　제가 이번에 알게 되었지요. 과태료는 돈으로 내는 벌금이지만 벌점은 운전면허에 기록되는 점수라는 걸 알았어요. 둘 다 중요하지만, 벌점은 운전 자격에 직접적인 영향을 받기 때문에 조심해야 한다는 것이죠. 특히 어린이보호구역 신호위반은 과태료와 벌점이 더 높아서 벌점은 면허 정지나 취소로 이어질 수 있으니 더 주의해야 한다는 거죠. 운전면허 갱신할 때 영향을 받을 수 있으니, 안전운전이 되어야 한답니다.

　아이들의 안전을 최우선으로 생각하는 것은 정말 좋은 일이긴

한데 운전하는 사람들도 배려해 주면 좋겠다는 생각이 듭니다. 오전 8시부터 저녁 8시까지 어린이보호구역에선 30km로 서행해야 한다는 것은 잘못된 것이라고 봅니다. 등하교 시간대를 제외하고는 다른 시간대엔 속도를 올려주면 어떨까 하는 생각이 드는데 선생님은 어떻게 생각하시는지요? 하긴 익숙해지면 자연스럽게 변하겠지요. 안전한 운전법과 꾸준한 연습, 인식의 변화에서 시작되니깐요.

교통법규를 어긴 대가로서 정당한 처벌을 받아야 마땅한 일이지만 11km 도를 넘은 대가 사만 이천 원이 왜 이리 아깝지요? 그래요. 이참에 좋은 경험했다고 생각할래요. 중요한 것은 사고를 예방하고 아이들이 안전할 수 있도록 지키는 것이 우선이니깐요.

모두에게 중요한 일이지만 나부터 안전한 운전법을 가지는 게 필수라고 생각하고 방법에 관해서도 많은 공부를 해야 할까 봅니다.

아직도 제 순서가 돌아오려면 까마득하네요. 이런 일이 두 번 다시 반복되지 않도록 주의해야 할 듯싶네요. 다음은 선생님 순번이네요. 많은 이야기도 해주시고 제 이야기도 들어주셔서 감사합니다.

시류(時流)는 흘러흘러

송성옥
seongok2580@hanmail.net

TV 영상 속에 옹기장이가 물레를 돌린다. 물레가 원을 그리며 빠르게 돌아가자, 중앙이 텅 비어 보인다. 그는 혼신을 다 바쳐 옹기를 빚고 있다. 무아지경에 빠진 듯한 모습은 나(我)라는 실체나 자아가 없어 보인다. 마치 공(空)이 연상된다.

몰아쉬는 긴 호흡마저 비워내며 수 천도의 가마 앞을 지키는 옹기장이의 검붉은 얼굴에 고단한 삶이 드러나 있다. 드디어 검은 아마 빛을 띤 옹기가 새롭게 탄생한다. 그는 옹기 가까이 귀를 대고 소리부터 들어본다. "텅- 텅-." 우직함이 담긴 깊고 맑은 소리가 멀리 퍼진다. 그의 표정에 안도감이 차오른다. 미얀마 오지에서 살아온 그는 시한부 인생으로 죽음마저 묵묵히 받아들인 초연한 모습이다. 누군가 죽음도 삶의 일부분이라던 말이 생각난다. 옹기장이는 마지막 제품이 될지도 모를 옹기를 기도처 상단에 올리며 주름진 두 손을 모은다. 그 모습이 섶에 오를 누에처럼 투명해 보인다.
 옹기장이 물레에 베 짜던 어머니 모습이 겹친다. 어머니가 내 혼수로 만들어주신 모시 이불이 떠올라 새삼스레 장롱을 열고 켜켜이 쌓인 이불 사이에서 꺼내 본다. 이불을 펼치자, 한 땀 한 땀 수를 놓은 덩굴장미가 피어난다. 붉은 장미는 열정적인 사랑으로 가정을 이루라는 어머니 바람일 것이다. 세월만큼이나 가장자리가 나달거릴 정도로 많이 낡아 있다. 이토록 오래 간직하는 건 어머니의 간절한 마음을 잊을 수가 없어서다. 물레를 돌리며 쏟아지는 졸음을 쫓던 생전 모습이 이불에 어린다. 모시 이불은 고실고실해서 더운 여름날에도 살에 감기지 않는다. 풀을 먹이고 손질하기가 번거롭지만, 어머니의 정성이 담긴 가치를 어찌 다 헤아릴 수 있겠는가.
 매미가 울고 찌르레기가 울 때쯤이면 어머니는 크게 자란 모시 순을 베어다가 가마솥에 넣고 삶았다. 껍질을 벗긴 '태모시'를 물에 담그고 볕에 말리고 우려내기를 반복했다. 가늘게 쪼갠 모시 올과 올을 무릎에 비벼 한 줄로 길게 잇던 길쌈은 부드럽던 어머니 무릎이 거뭇하게 트도록 모시를 삼았다. 물레 잣기로 만든 실타래는 어머니의 팔뚝에서 뫼비우스 띠처럼 돌고 돌았다. 안과 밖을 정확히 구분 짓지 않은 실타래를 보면 흙과 백이 서로 공존하는 것처럼 서로 관계하고 있음을 보여주었다.
 마당에 잿불을 피우고 날실에 좁쌀풀을 먹여 짱짱하게 말려 도투마리에 감아 베틀에 얹었다. 시침대로 갈린 날실을 잉아에 끼워 베틀과 발에 연결한 고리 끈을 발로 당겼다. 씨실 꾸리가 든 북을

좌로 넣고 바디로 "탁타 다닥" 쳤다. 발을 느슨하게 해서 우로 넣고 "타다닥" 바디로 치면 한 올 한 올 베가 짜였다. 그렇게 날실과 씨실이 만나 수천수만 번 억겁처럼 엮여야만 베 한 필이 나왔다. 노르스름한 모시 베를 매만지며 동네 사람들은 한산 모시보다 더 곱다며 어머니를 솜씨쟁이라 불렀다.

베 짜기가 한창일 무렵, 도회지에서는 방직공장이 생겼다. 포플린 천이 나오고 나일론이 나오면서 면과 합성제품이 쏟아져 나왔다. 어머니는 여자들이 편해졌다고 좋아하면서도 변하는 세상 속으로 베틀이 사라지는 것을 많이 아쉬워했다.

이제는 쪽 찐 머리를 하고 어머니가 베틀에 앉았던 모습도, 베 짜던 소리도 들을 수 없다. 곁을 지켰던 호롱불마저도 오래전 기억 속에 남아 있을 뿐 때때로 그리워 가슴이 아려오지만 그렇게 시류(時流)는 흘러가고 있었다.

텔레비전 화면 속에 옹기장이가 아들과 함께 긴 쪽배에 옹기를 가득 싣고 천천히 물바람을 일으키며 수상장터로 간다. 녹두 빛 물살도 급하지 않게 흐른다. 부자는 장터에 자리를 잡았다. 예전 같으면 옹기를 흥정하는 소리로 떠들썩할 참인데 한산하다. 유행하는 물품 쪽으로 빈번하게 뱃머리가 모여들고 있다. 플라스틱 제품을 파는 상인의 목청이 올라간다. 가느다란 다리를 폴더처럼 접고 앉아 있는 부자의 얼굴에 허탈한 표정이 역력하다. 부자는 옹기를 싣고 왔던 길로 뱃머리를 다시 돌린다. 쪽배 뒷자리에서 옹기장이는 맥없이 잠에 푹 빠진다. 노를 젓고 있는 아들은 말없이 아버지의 시간을 지킨다. 쓸쓸한 노을빛 속으로 배는 멀어지고 강물도 황톳빛으로 일렁인다.

　나도 세상 변화를 실감한다. 컴퓨터나 핸드폰을 잘 못 다루어 쩔쩔매다 찢어진 청바지를 즐겨 입는 남편의 훈계 같은 잔소리를 들을 때가 있다. 은어나 신조어를 빈번하게 쓰는 손자들과도 잠깐씩 말이 끊어지기도 한다. 하물며 살림살이 용기의 변화는 두말할 것도 없다. 미얀마에서 플라스틱 그릇이 잘 팔린 것처럼 우리 집 안에도 눈에 보이는 플라스틱 종류가 너무나 많다. 냉장고에 들어 있는 김치통이나 작은 반찬통도 거의 다 플라스틱 일색이다. 공장에서 현란한 기법으로 만들어 내는 제품에 사람들도 현혹되기 마련이다. 우리는 너나없이 빠르고 편한 것에 길들여져 있다. 그 속에 옛날 것들이 속절없이 묻혔다. 그런 변화가 무서워질 때가 있다. 변화를 추구하면서도 문득, 오래된 것에 대한 애정 어린 시선을 둘 때가 있다.

　누구나 강물같이 흘러가는 시간 속에 서 있다. 옹기도 깨지면 흙으로 가고, 베도 삭으면 흙으로 간다. 우리의 인생도 주어진 만큼 살다 자연으로 가지 않는가. 그러기 위해서는 어쩌면 비워내는 연습이 필요한지도 모르겠다.

　어머니의 숨결이 느껴지는 모시이불을 신줏단지 모시듯 다시 갠다. 붉은 장미가 잘 보이도록 장롱 속 이불 위에 올려놓는다. 오늘 밤에 남편과 함께 덮고 누워볼까, 생각하니 웃음이 절로 나온다. 어느새 창가에 노을빛이 내 얼굴을 붉게 물들인다.

실크로드 레스토랑

박효진
jin-note@hanmail.net

1년 전 우리 동네에 새로운 식당이 문을 열었다. 간판을 보면서 웃음이 나왔다. '실크로드 레스토랑'이라니. 70년대 다방이나 선술집이 연상되었다. 한적한 시골 마을에서나 볼법한, 동네 어르신들 사랑방처럼 생긴, 외관도 무척 촌스러웠다. 검은 필름을 유리창 전면에 붙이고 벌건 대낮인데도 술병 모양의 네온사인이 번쩍거리는, 출입문에 '식사 가능'이라는 메모판도 보였다. 레스토랑이니까 메뉴가 어떨지 대충 짐작이 갔지만, 이 모든 것들이 젊은 세대가 많은 우리 동네와는 어울리지 않았다.

몇 주가 지났지만, 그곳은 새로 개업한 집 같지 않게 조용했다. 저러다 곧 문을 닫겠지 싶었다. 어느 날 집에 돌아오면서 배가 출출해 그 식당으로 갔다.

출입문을 열었을 때, 종소리가 났다. 그 소리를 듣고 주인이 주방 쪽에서 고개를 비쭉 내밀었다. 멀뚱히 서 있는 나와 눈이 닿자 편한 자리에 앉으라고 권했다. 얼마 후 물과 컵이 놓인 쟁반 밑으로 메뉴판을 겹쳐들고는 한 손으론 강냉이가 담긴 그릇을 들고 왔다.

  메뉴는 단출했다. 소주와 맥주, 서너 가지의 마른안주, 식사는 돈가스밖에 없었다. 수프와 밥, 샐러드를 함께 준다는데, 나는 어릴 적 처음 먹었던 돈가스가 생각났다.

  그날은 내 생일이었다. 부모님은 특별한 음식을 사주겠다며 언니들 몰래 동네에 있는 작은 식당으로 데려갔다. 주문한 음식은 내 얼굴만 하게 튀긴 넓적한 고기였다. 돈가스라고 했다. 마요네즈와 케첩을 교차로 뿌린 양배추 샐러드와 잘 구운 빵은 돈가스와 함께 둥그런 큰 접시에 담았고, 걸쭉한 수프는 오목한 그릇에 따로 나왔다. 엄마는 수프부터 먹으라며 내 앞으로 밀어주었다. 돈가스는 칼과 포크로 작게 잘라먹는 거라고 시범을 보였다. 바스락거리며 잘리는 소리가 경쾌하게 들렸다. 지금까지 탕수육과 치킨이 나에겐 최고였는데, 그날 먹은 돈가스로 순위가 뒤로 밀려났다.

  우리 집은 형편이 어렵고 식구도 많아서 외식할 정도의 여유가 없었다. 특별한 날이면 엄마가 집에서 돈가스를 만들어주었다. 두툼한 돼지고기를 두들겨 양탄자처럼 펴고, 빵가루도 식빵으로 손수 만들었다. 한 장씩 정성 들여 튀겨낸 그 맛은 무엇과도 비교되지 않았다. 아버지가 돌아가시고 엄마가 우리 집 가장이 되면서부터는 돈가스를 먹지 못했다.

열일곱 살쯤 되었을 때, 우리 동네에 레스토랑이 생겼다. '소망 레스토랑'이었는데, 그곳에서 돈가스를 팔았다. 엄마의 돈가스가 그리웠던 나는 식당이 개업하자마자 그곳으로 가보았다. 기대에 부풀어 갔지만 주인은 어린 나를 반기지 않았다. 구석자리로 안내하고는 무뚝뚝한 표정으로 일행이 있냐고 물었다. 나는 대답 대신 고개를 가로저었다. 메뉴는 돈가스뿐이었다. 수프가 먼저 나오고, 돈가스와 함께 빵이나 밥이, 나중엔 후식도 준다고 했다.

그런데 수프와 돈가스는 동시에 빵과 밥도 모두 같이 나왔다. 후식은 선택할 여지도 없이 아이스크림 하나밖에 없었다. 한꺼번에 음식이 나왔지만 나는 엄마가 알려준 대로 수프부터 먹었다. 내 얼굴만큼이나 크고 못생긴 돈가스를 보면서 엄마가 해줬던 돈가스가 떠올랐다. 맛있었지만 모양은 울퉁불퉁한 게, 전체 데코레이션은 엉망이었던 돈가스. 이 집도 모양은 볼품없지만 엄마 거랑 비슷했다. 상큼한 파인애플 소스도, 버터 향의 수프도, 그것에 찍어 먹은 빵도, 소스에 비벼 먹은 밥까지, 집에서 먹던 것처럼 편안한 느낌까지 그랬다. 매일 먹어도 질리지 않을 것 같은 그 맛. 하지만 어떤 이유였는지, 나는 그날 이후로 한 번도 '소망 레스토랑'에 가지 못했다.

한 가지 메뉴만 파는 식당 주인들은 대부분 그 음식 하나에 승부를 걸었다. '소망 레스토랑'도 돈가스 하나만 팔았지만 나는 그

것만으로도 만족스러웠다. 돈가스뿐인 '실크로드 레스토랑'도 내심 기대되었다.

식전 빵과 수프가 테이블에 놓였다. 진한 버섯 향이 나는 수프를 한 숟가락 떠서 입안에 넣고는 혀를 굴려 천천히 맛을 음미했다. 다음에는 거기에 빵을 찍어 먹었다. 입안에서 부드럽게 녹아드는 빵맛을 느끼며 부모님과 함께 했던 시간을 잠깐이나마 되돌렸다. 노릇하게 튀겨낸 돈가스를 보니 어릴 적 친구를 만난 것처럼 반가웠다. 넉넉하게 뿌린 소스엔 탱탱한 파인애플 과육이 씹혔고, 잘게 다진 양파와 당근이 달콤함을 더해주었다.

쉽고 단순하면서 맛있는 요리를 만드는 것이 나에겐 어려웠다. 그것은 요리 솜씨가 높은 수준에 도달해야만 가능한 일이었다. 오직 맛에만 집중하는 그런 경지가 이 집 돈가스에 있었다. 투박하지만 꾸미지 않은 순수한 그것은 집에서 특식으로 먹었던, 이제는 내 상상 속에서나 꿈꿀 수 있는 엄마가 만들어주던 음식이다. 영화 〈카모메식당〉에서 주인공이 내어준 푸근한 집밥처럼, 이 집 돈가스는 내 인생의 소울푸드로 오랫동안 추억될 맛이었다.

누구나 사연 있는 음식 하나쯤 있을 것이다. 우리는 그것에 의미를 부여하며 스스로를 위로한다. 때로 음식은 영혼을 움직이는 힘이 되기도 하고, 살아갈 용기도 준다. '실크로드 레스토랑'의 음식이 그런 의미가 되려나 싶었다. 하지만 몇 달 전부터 '몸이 좋지 않아서….'라는 메모와 함께 식당은 문이 굳게 닫혀 있었다. 그 메모장도 어느 날 떨어져 나갔다. 나는 그곳을 지날 때마다 혹시

나, 하고 닫힌 문을 살짝 밀어본다. 그럴 때면 엄마의 돈가스와 함께 '소망 레스토랑'이 슬라이드처럼 스쳐 지나간다.

오늘도 그 집 문을 밀다가 아쉬운 발걸음을 돌린다.

아귀 밥통

도복희
onlydo01@hanmail.net

 한 해가 저문다. 새해 해돋이 할 장소를 물색하다가 희방사 명상센터에서 온 문자 생각이 났다.
 '여행 가는 달, 행복 두 배 템플스테이' 희방사 템플스테이에서 문화관광부의 혜택을 받아 참가비의 반만 내면 기 참가자에게 우선권을 준다는 내용이었다. '꿩 먹고 알 먹고, 도랑 치고 가재 잡고'라는 속담이 우리를 위해 만들어졌나 보다 했다.
 명상센터에 전화하니 12월 30일에서 1월 1일까지 2박 3일 새해맞이 프로그램이 있는데 자리가 남아 있다고 했다. '해도 뜨고 돌(石)도 뜨는 새해맞이' 구절에 끌려 입금하고 명상센터로 향했다.
 일출도 보고 올해의 소원도 빌고, 맑은 공기와 새소리로 몸과 마음을 목욕하고, 새로운 한 해를 맞이하고 싶었다. 연말이라서 길이 혼잡할까 걱정했는데 다행히 길은 소통이 잘되고 있었다.

오후 4시에 입소자들이 모여 일정에 대한 설명을 듣고, 스님과 차담 시간을 가졌다. 참가자 중에는 스무 살 젊은이들이 많아 깜짝 놀랐다. 종교와는 무관하게 송구영신이라는 삶의 쉼표를 하고자 하는 젊은이들의 모습이 듬직하고 아름다워 보였다.

저녁 예불을 마치고 차담실로 가니 난로에서 고구마 익는 냄새가 우리를 기다리고 있었다. 본인 소개와 템플스테이에 참가하게 된 동기를 말하는 순서가 한 바퀴 다 돌고 나자 친구들처럼 금방 친해졌다. 네 명의 가족이 함께 온 참가자는 지난해 아들이 강원도에 있는 군대에 입대하면서 1박 2일 템플스테이를 참가했고, 오늘은 그 아들이 첫 휴가를 받아서 집으로 가는 길에 또 왔다고 했다.

밤이 깊어갈수록 템플스테이 참가자들의 입과 귀는 더 총총해졌다. 거무스름한 고구마 껍질을 벗겨내고 한 입 먹었다. 달콤하고 부드러운 속살이 입안에 살살 녹았다. 참가자들의 이야기는 시곗바늘을 거꾸로 돌리는 것 같았다.

살얼음 낀 공기에 사방은 깜깜한데 차담실은 사람 사는 이야기로 세상을 환히 밝히고 있다.

스님과의 차담 시간이 끝나자, 하나둘씩 각자의 숙소로 떠나고, 나는 마지막까지 남아서 난로 속에 잦아드는 장작불을 하염없이 바라보았다.

불꽃은 활활 타다가 이제 내 인생처럼 서서히 사그라져 간다.

다음 날은 스님과 함께 부석사로 갔다. 눈 덮인 부석사는 속살을 내비치는 여인네의 명화처럼 더 매력적이었다. 안양루 옆에서 소백산 능선을 보라고 스님께서 말씀하셨다. 하늘과 눈 덮인 숲의 조화가 살아있는 한 폭의 산수화였다. 뻥 뚫린 백색의 여백, 가슴 밑바닥까지 시원했다.

부석사의 무량수전은 고려 시대 목조 건물로 아미타불이 봉안된 우리나라의 가장 오래된 목조 건축물이다. 무량수전의 배흘림기둥은 중간 정도가 지름이 가장 크고 위와 아래로 갈수록 지름을 줄여 만든 기둥으로 나무의 결을 그대로 살려 곡선의 아름다움을 느낄 수 있다. 화려하게 채색된 문살이 아니고 창호지를 바른 법당 문도 단아하고 아름답다.

미술사학자인 배순우 선생의 〈무량수전 배흘림기둥에 기대서서〉라는 수필이 생각났다. 마침 스님께서 그 수필을 읽어주셨다. 모두 배순우 선생의 글을 따라 무량수전을 톺아보았다.

아는 만큼 보인다고 했던가? 무량수전 배흘림기둥을 만져보고 돌계단으로 내려오다가 절 마당에 길쭉한 둥근 기와 조각으로 사각형 모양을 만들어서 그 안에 작은 돌로 채워진 조형물을 봤다. 스님께 여쭤보니 아귀 밥통이라고 했다.

아귀는 몸은 큰데 목구멍이 바늘구멍만 한 귀신이다. 목구멍이 바늘만 하여 음식과 물을 잘 먹지 못하고, 설령 음식을 먹는다더라도 배가 늘 고프단다. 아귀들이 먹을 수 있는 유일한 먹거리는 청수물이다. 발우를 닦고 난 물이 바로 청수물인데 이 청수물에는 밥 한 톨, 고춧가루 한 점이라도 들어 있으면 그것이 불이 되어 아귀들의 목구멍을 태운다는 이야기가 있다. 그래서 청수물은 티끌도 들어있지 않은 깨끗한 물만 있어야 한다. 배고픈 아귀들이 먹을 수 있는 청수물을 붓는 곳이 아귀 밥통이다.

문득, 나도 누군가에게 아귀 밥통이 되어준 적이 있었던가를 생각해 본다. 교직에 몸담고 있을 때는 마음 아픈 아이들에게 프로그램을 바꿔가며 '감정 알아주기' 시간을 많이 가졌다. 공부가 힘들고, 친구 사귀기도 어렵고, 엄마·아빠와 함께 살고 싶다는 등등의 사연으로 제 키보다 더 큰 고민을 하는 아이들도 있었다. 직장 문제로, 자녀 문제로, 가슴앓이를 하는 동료들에게도 오아시스까지는 아니었지만, 가뭄에 단비는 되어 주지 않았을까 자문자답을 해 본다.

그런데, 퇴직을 하고 삼 년쯤 지나니 생활이 약간 무료해지면서 가슴이 텅 빈 것 같았다.

이제는 내가 아귀가 되어 늘 채워지지 않는 배고픔을 느낀다. 이곳저곳 관심 있었던 분야를 기웃거려 본다. 몸을 움직이는 운동도 해보고 여러 가지 강좌도 들어보았다.

채워지지 않는 허기를 들고 도서관으로 갔다. 엄마 손을 잡고 뒤뚱이는 아기들부터 인생 2막을 시작하는 어르신들까지 다양한 사람들로 북적인다. 나도 고양이 걸음으로 서가에 가서 '이달의 추천 도서'들을 찾아본다. 책들이 나와 숨바꼭질을 한다. 술래에게 들키지 않으려고 꼭꼭 숨어다니는 것 같다. 결국, 사서님께 도움을 요청했다.

책을 대출하고 조용히 빈 좌석이 있나 둘러본다. 사람들이 책상마다 빼곡히 앉아 있다. 빈 좌석을 찾기가 쉽지 않다. 책 읽는 사람, 공책에 필기하는 사람, 노트북 자판을 두드리는 사람들로 꽉 차 있다. 매의 눈으로 사방을 살핀다. 구석진 곳에 빈자리가 보인다. 얼른 가서 자리에 앉았다. 오랜만에 도서관에 왔더니 빌려 입은 옷처럼 어색하다. 책장을 넘긴다. 슬그머니 달아나려는 정신을 꼭 잡고 책에 집중해 본다. 어느새 소설 속의 주인공이 되어 사건 속으로 빨려 들어간다.

도서관을 나오니 한낮의 열기는 사그라지고, 석양에 물든 노을이 상가 간판들을 물들이고 있다.

가슴에 품은 책이 새로 고침 버튼을 눌러 스무 살의 새내기 대학생이 되었다.

발걸음이 가볍다.

오랜만에 내 아귀 밥통에 청수물이 흘러넘친다.

아내의 손등

강철수
kch_35@hanmail.net

　아침 햇살에 창호지 문이 호박꽃처럼 환하다. 침대에 곤히 잠든 아내의 허벅지께를 슬며시 밀고 그 자리에 걸터앉는다. 아내의 손등을 가만가만 쓰다듬는다. 뽀얗고 두툼한 손이 비단결처럼 보드랍다. 손이 두툼하면 부자로 산다는데, 우리가 부자는 아니지만 그런대로 괜찮게 사는 건 아내의 두툼한 손 덕분인지도 모른다. 팔뚝까지 쓰다듬는다. 그제야 눈을 뜬 아내가 나를 올려다본다.
　"괜찮아?"
　"응."
　아내의 얼굴에 잔잔한 미소가 어린다.
　충전기에 꽂혀 있는 아내의 휴대전화를 빼들고 빨간불이 켜져 있는 카카오톡 메시지를 읽는다. 황반변성으로 시력이 약해진 아내를 위해서다.

"찬미 예수님, 성모성월 마지막 묵주기도에 초대합니다."
성당 반 모임에서 온 초대 메시지다.
"박영희 님, 사라젠 420주 상환 완료."
S투자증권에서 온 알림이다.
"5월 모임은 성원이 되지 않아 취소되었습니다."
마흔 명이 넘던 회원이 여덟 명으로 줄어든 재경 K여고 동기회에서 온 소식이다.

성당 반 모임이나 동창회 같은 외부 활동에 나가지 못한 건 꽤 오래전부터다. 하지만 증권회사와는 아직도 끈이 닿아 있는 모양이다.

아침마다 경건한 의식을 치르듯 아내의 손등을 쓰다듬는다. 처음 시작은 아침 식사 독촉이 목적이었다.

"여보, 식사해요."

"여보! 빨리 나와요."

아침상을 차려놓고 두 번이나 소리쳐도 반응이 없었다. 어젯밤 늦게까지 텔레비전 앞에 있었던 걸까. 아내 방으로 들어갔다. 한밤중인 양 깊이 잠들어 있었다. 흔들어 깨우기보다 손등을 쓰다듬기로 했다. 그리 시작된 아내 손등 쓰다듬기는 이제 우리 부부가 상큼한 아침을 여는 소중한 일상이 되었다.

작년 겨울에는 아내의 손등이 울룩불룩 검푸른색이었다. 대학병원에 이어 동네 병원에서까지 정맥주사를 하도 자주 맞다 보니 그럴 수밖에 없었다. 정맥주사는 주로 팔꿈치 안쪽에 놓지만, 그곳이 여의찮으면 팔뚝 안쪽이나 손등으로 옮겨갔다. 주사 맞은 자리는 알코올 솜에다 테이핑까지 하지만 검푸른 상흔을 남겼다. 상흔 옆에 상흔 그리고 또 상흔, 그때 아내의 팔뚝 안쪽과 손등은 어느 장군의 가슴팍에 붙어 있는 훈장처럼 검푸른 상흔으로 빼곡했다.

그리 주사를 많이 맞고 수없이 엑스레이를 찍고 여러 처방약을 먹었는데도 아내의 증상은 조금도 나아지지 않았다. 마른기침은 계속되고 거식증에라도 걸린 듯 밥숟갈을 멀리했다. 내가 다니던 한방의원으로 달려갔다. 원장은 사상의학(四象醫學)의 권위자로 널리 알려진 분이다. 소양인(少陽人)인 나와 달리 아내는 태음인(太陰人)이라 했다. 몸을 보하는 탕약과 특효약이라는 공진단을 한 달 넘게 먹었다. 태음인에게 해롭다는 돼지고기와 닭고기, 인삼과 꿀은 얼씬도 못하게 했다. 하지만 아내의 증상은 그대로였다. 기진맥진, 아내는 암 환자가 먹는다는 영양 음료로 겨우 버티고 있었다. 사지의 근육이 모두 빠져나가 허깨비처럼 앙상해진 아내는 세찬 바람에 어딘가로 날아가버릴 것만 같았다.

아내는 침대에 누워 있는 시간이 길어졌다. 얼굴에 핀 저승꽃이 더 짙어지고 눈자위가 거무칙칙했다. 기력이 쇠해서인지 눈을 감은 채 말이 없었다. 그런 아내를 바라보고 있으면 가슴이 답답하고 명치께에 무엇이 치받는 듯 통증이 왔다. 어쩌면 아내는 머지않아 하늘의 별이 될지도 모른다 싶었다. 아내가 없는 혼자의 삶, 눈물이 왈칵 쏟아졌다. 자식 놈들은 나를 위한답시고 실버타운이나 요양원을 수소문하고 다닐 게 아닌가. 더욱 슬펐던 건 그즈음 아내가 자신이 갖고 있던 유가 증권을 소리 소문 없이 손주들에게 나눠주고 있다는 사실이었다. 아, 아내도 떠날 준비를….

눈앞이 캄캄했다. 안식년을 맞아 외국에 나가 있는 셋째네에게 속히 들어오라는 문자를 띄웠다. 평생 가슴 칠 일을 당할지도 모른다 싶어서였다. 아내의 여든여섯 번째 생일은 2월 9일이었다. 예년과 달리 호텔급이라는 '부페파크'에 예약했다. 이전에는 부르지 않던 사촌 처남들도 초대했다. 어쩌면 이번이 마지막 생일잔치일지도 모른다는 생각에서였다.

날마다 날마다 하늘에 빌었다. 걸으면서 빌고 양치하면서도 빌었다. 평생의 잘못을 하나하나 뉘우치고 또 뉘우치며 아내를 살려달라고 빌고 또 빌었다. 내 간절함이 하늘에 닿기를, 주님께서 아내를 긍휼히 여기사 치유의 은사를 베풀어 주시기를 두 손 모아 기도했다. 아내는 기침을 쏟아내고 비틀거리면서도 새벽 방송미사에는 빠지는 일이 없었다. 서 있을 수가 없어 소파에 비스듬히 기대어 기도했다. 나는 울면서 기도했다. 미사가 끝날 즘의 '평화를 빕니다.'라는 인사가 나오면 아내 곁으로 내달아 내 볼을 아내 볼에 비벼대며 흐느꼈다.

봄이 오고 있었다. 꽁꽁 얼어붙었던 나무들이 슬금슬금 새순을 내밀고 있었다. 만물이 소생하는 계절, 어쩐 일인지 아내의 기침이 숙지근해졌다. 밥도 몇 숟가락 정도는 마다하지 않았다. 얼마 후에는 옆집 마리아 씨의 도움을 받아 보행 보조기를 밀며 어린이 놀이터까지 다녀올 수 있었다. 보름쯤이 더 지나서는 기침이 완전히 멎고 식사량도 늘어 밥 반 공기 정도는 달게 먹었다. 그때부턴 보행 보조기는 밀쳐놓고 지팡이만 짚고도 그곳까지 다녀올 수 있었다.

  4월 어느 날이던가. 마리아 씨가 갑자기 일이 생겨 못 온다기에 내가 나섰다. 운동화 꺾어 신고 아장아장 걸으면서도 아내는 내 손은 잡지 않았다. 왕복 750걸음 거리인 그곳에는 그네 의자가 있었다. 나란히 앉아 그네 타듯 발을 굴렀다. 앞으로 휙 뒤로 휙, 정발산 잣나무숲이 코끝에 닿을 듯 말 듯, 아내의 얼굴에 미소가 벙글었다. 가만히 아내의 손등을 쓰다듬었다. 주사 상흔이 말끔히 가셔진 아내의 손등은 뽀얗고 두툼했다.

아주 보통의 하루

김민자
musanhang@hanmail.net

평범한 하루가 쌓여, 인생이 된다. 반복되는 하루 속에서도, 작은 순간들은 빛난다.

그 일상 중 하나로 넷플릭스에서 〈퍼펙트 데이즈〉 영화를 보았다. 도쿄에서 공중화장실을 청소하며 살아가는 히라야마(야쿠쇼 코지 분). 그는 매일 같은 시간에 일어나 침구를 정리하고, 분재에 물을 주고, 자판기에서 캔 음료를 뽑아 마신 후 낡은 승합차를 몰고 일터로 향한다. 하루 종일 묵묵히 화장실을 청소하고 집으로 돌아와 책을 읽으며 잠든다. 휴일이면 자전거를 타고 빨래방이나 대중목욕탕을 들르고, 단골 술집에서 언제나 같은 술을 마신다. 그의 취미는 필름카메라로 사진을 찍고, 분재로 키울 식물을 채집하며, 낡은 카세트테이프로 올드 팝을 듣는 것이다. 영화는 그 단순한 일상을 세세하게 따라가며 반복 속에서 발견하는 작은 순간들을 보여준다.

이 영화 속 주인공을 보며 문득 나의 하루를 떠올리게 되었다. 명퇴 후 전업주부로 산 지 올해로 26년이다. 나의 하루도 몸에 새겨진 시간표대로 움직인다. 아침 6시 30분, 알람 소리에 눈을 뜬다. 부지런히 부엌으로 가서 밥을 짓는다. 하루 중 가장 신경 써서 차리는 아침 식사다. 8시에 출근하는 아들의 점심 도시락까지 준비하느라 분주한 시간이다. 식사가 끝나면 설거지를 하고, 빨래와 청소를 마친다. 그 후에야 비로소 커피 한 잔을 내리며 잠시 숨을 돌린다. 따뜻한 커피를 마시는 이 순간, 나만의 작은 자유가 시작된다.

매주 월요일 오전에는 문화센터에서 한글서예를 배우고, 다음 시간까지 채본 숙제를 해야 한다. 오후에는 인터넷으로 시(詩) 공부를 한다. 시를 쓰는 일은 결코 쉽지 않다. 오브제(소재)와 주제가 분명해야 하고, 20행 내에서 완성도를 갖춰야 한다. 그것이 시(詩)다. 시어 하나하나의 배치와 흐름이 중요하다.

화요일에는 아파트 충효정 '디지털배움터 서울사업단'에서 운영하는 6개월 과정의 휴대폰 교육을 받는다. 매월 둘째 주 월요일에는 동대문도서관에서 수필 공부를 한다. 매월 마지막 주 수요일에는 문화의 날을 맞아 영화 한 편을 감상한다. 그리고 틈틈이 책을 읽으며 시간을 보낸다.

이후에는 일정에 맞춰 시와 서예 숙제를 하고, 오후 2시쯤 샌드위치와 샐러드로 간단히 점심을 먹는다. 매식보다는 직접 준비한 식사를 선호한다. 식사 후에는 한 시간 반가량 강변이나 석촌호수를 걸으며 몸을 움직인다. 오후 5시 반쯤이면 저녁 식사를 준비하고, 그 후에는 온라인으로 육류, 생선, 야채 등의 가격과 품질을 비교하며 장을 본다. 최소 세 곳 이상을 살펴보며 신중하게 선택한다.

때로는 스마트폰을 들고 '프렌즈 팝' 게임을 즐긴다. 퍼즐을 클리어할 때면 묵은 스트레스가 날아가는 기분이다. 씻고 나면 10시쯤, 읽던 책을 펼친다. 가급적 12시 전에 잠자리에 들고, 다음 날이면 또 같은 순서대로 하루를 살아간다.

마치 〈퍼펙트 데이즈〉의 주인공처럼, 반복되는 일상이 지겹지 않다고 생각한다. 아니, 때로는 지겨울지라도 묵묵히 해내는 것이 주부로서의 삶인지도 모른다. 그럼에도 꾸준히 이어갈 수 있는 이유는, 내가 좋아하는 취미들이 일상 속에 자리하고 있기 때문일 것이다.

영화 〈퍼펙트 데이즈〉의 엔딩 크레디트가 올라가고 나면 흑백 영상들과 함께 자막이 흐른다.

"'코모레비'는 흔들리는 나뭇잎 사이로 일렁이는 햇살을 뜻하는 일본어입니다. '코모레비'는 바로 그 순간에만 존재합니다."

매일 똑같은 일상을 반복하다 보면 이렇게 지루하고 평범하게 살아도 되나 싶을 때가 있다. 하지만 그런 하루를 사는 것은 찰나에 찾아오는 '코모레비'를 만나는 일, 순간에 집중하는 일이라는 것을 영화는 알려주었다. 편안한 일상을 유지할 수 있는 것. 좋아하는 일을 오래 할 수 있는 것도 축복이라는 사실도 새삼 깨달았다.

앞으로도 내 남은 삶에서 '아보하'(아주 보통의 하루)가 잘 이루어지기를….

아직, 끝나지 않았다

이지윤
lsdii@naver.com

　대학 시절, 포크송 가수들의 통기타 연주가 멋져 보여 기타를 샀지만 오래가지 못하고 포기했다. 그 '짧았던 포기'에 대한 미련이 남아 있었을까? 두 번째 기타를 구매했다. 하지만 거실 구석의 기타도 나 자신도 초라하게 먼지만 쌓여가고 있었다. 결국 딸의 도움을 받아 기타 선생님을 구했다. 이일화 선생님! 수업 이틀 전, 선생님에게서 전화가 왔다. 조심스러운 목소리로 레슨을 한 주만 미뤄도 괜찮겠냐고 물었다.
　"제가… 쌍꺼풀 수술을 받으려구요."
　시작부터 어딘가 귀엽고 사랑스러운 느낌이었다. 하얀 얼굴에 부기가 채 가시지 않은 눈, 카스텔라 같은 포동포동한 몸을 흔들며 헉헉대면서도 커다란 기타 케이스는 아기 대하듯 조심스럽다. 실용음악과를 갓 졸업한 20대 초반의 그녀는, 잠에서 덜 깬 듯한 목소리로 '어쩌죠….'라며 종종 늦잠을 고백했다. 하지만 수업만큼은 언제나 생기와 활력이 넘쳤다. 타브 악보 읽는 법부터 다양한 코드와 주법, 카포 사용법에 이르기까지, 나의 포기를 막으려는 듯 항상 칭찬을 방향제처럼 끝없이 뿌려대며 나를 이끌었다. 내가 음악과 출신이라는 사실도 모른 채, 단지 악보 하나 잘 읽는다는 이유로 '선생님, 천재 같아요!'라며 깔깔 웃던 모습은 순수한 소녀였다.

나는 끝내 음악과 나온 '똥손'이라는 부끄러운 진실을 삼키며 따라 웃어야 했다. 머릿속에선 유려한 선율이 흐르고, 입으로는 멜로디를 흥얼거리지만, 손가락은 코드를 무시한 괴이한 소리만 낼 뿐이었다. 나이가 들수록 관절은 굳고 반응은 느려져, 악기를 든 내 손은 점점 '똥손'이 되어가고 있었다. 그럼에도 그녀는 한결같이 나의 '긍정의 여신'이 되어주었다.

"언젠가 꼭 선생님과 무대에서 듀엣 하고 싶어요!"

그 설레는 약속을 뒤로한 채, 좋은 기타 하나를 선물처럼 소개하고 유학길에 올랐다.

나 홀로 기타 연습은 쉽지 않았다. 두 번째 선생님을 만났다. 그녀는 예고를 졸업하고 독일에서 유학한 클래식 기타 전공자다. 빠른 말투와 작은 체구의 그녀는 국내 오케스트라 단원을 꿈꾸는 40대의 기혼 여성이다. 노련하고 자연스러운 강의 스타일에는, 수많은 경험에서 우러난 깊은 신뢰가 묻어났다. 체계적이고 학생 중심적인 수업, 거기에 열정과 자부심이 배어 있는 침착한 태도에서 단순한 강사를 넘어선 예술가의 면모를 보였다.

　그 프로페셔널한 분위기에 매료된 나는 어느새 레슨을 경건한 의식처럼 참여했다. 나아가 그녀의 격에 맞는 학생이 되어야 한다는 의무감에 사로잡혔다. 완벽한 연습으로 보답하는 것만이 그녀의 흐트러진 예술가적 자존심을 지켜주는 유일한 응원이라 여겼다. 그러나 나의 음악적 이론은 아무 소용이 없었다. 악보는 또렷했고, 음 하나하나가 머릿속에서는 분명하게 그려졌지만, 손가락은 그 흐름을 따라가지 못했다. 결국 과제를 완벽히 해내야 한다는 중압감에 눌리기 시작했다. 연습은 집중이 아닌 강박이 되었고 레슨 날이 다가오는 것이 두려워졌다.

　"많이 어려운가요?"

　그 한마디에 정신이 번쩍 들었다. 그저 순수하게 나의 어려움을 걱정하는 그 눈빛에서, 그녀의 삶을 맘대로 재단했던 나의 시선이 얼마나 경박했는지 깨달았다. 그것은 존중을 가장한 오만이자, 위로를 빙자한 동정이었다. 최고의 과정을 밟은 고급 인력이 고작 초보자를 위한 방문 레슨이라니…. 감히 타인의 예술적 여정을 내 기준으로 판단했던 속물적인 잣대에 얼굴이 화끈했다. 부끄러웠다.

　어쩌면 그녀는 레슨을 통해 음악을 나누는 순간순간에 충만한 의미를 찾고 음악과 함께하는 삶 자체에 자부심을 느끼는지도 모른다. 아직 오케스트라 무대에 오르지 못한 이 악기를 그녀는 오늘도 묵묵히 품고 있다. 매번 직접 악보를 편곡해 오고, 왕초보인 나의 작은 진전에도 진심 어린 기쁨을 보여주는 그녀를 보며, 나는 알았다. 그녀는 전공을 '가르치는' 사람이기보다, '지켜내는' 사람이라는 것을.

"기타는 사람의 심장 위에서 연주되는, 인간의 따스한 감정을 가장 잘 표현할 수 있는 악기입니다."

그녀의 설명은 어쩌면 그녀 자신의 고백이었는지도 모른다. 나의 기타 연주도 정복해야 할 과제가 아니라, 고단한 글쓰기 여정에서 언제든 기댈 수 있는 따뜻한 휴식처가 되어주리라는 것을 알았다. 부드럽고 깊은 결의 버건디 벨벳 같은 그녀다. 오래 함께할 것 같은 예감이다.

아직, 끝나지 않았으니까.

아파트와 꽃바구니

신동임
dure58@hanmail.net

　아침에 엘리베이터를 타니 좁은 엘리베이터 안에 가득 차 있던 꽃향기가 밤새 잘 잤냐고 인사하듯 반겼다. 벽에는 내가 어제저녁 써 붙였던 메모가 잘 붙어 있었고 주변에 고운 색을 머금은 포스트잇 세 개가 붙어 있었다.
　-엘리베이터 탈 때마다 꽃향기에 기분이 좋아요. 고맙습니다.
　-좋은 일이시라니 축하드려요. 꽃향기 나눠주셔서 감사해요.
　-이제 7개월 된 우리 아기가 꽃만 보면 좋아하며 웃어요. 고맙습니다.
　꽃향기를 함께 맡고 싶어 엘리베이터에 꽃바구니를 놓은 내 마음이 응원을 받은 것 같아 울컥 고마웠다.
　이탈리아에서 공부한 큰딸이 귀국해서 오페라 연출로 데뷔했다. 공연 내내 많은 꽃바구니와 난 화분을 받았다. 극장 로비는 아름다운 꽃향기로 그득했다. 큰딸의 첫걸음을 축하해 주는 따스한 마음들이었다. 성황리에 공연이 끝난 후 감사한 마음으로 꽃들을 집으로 데려왔다. 그런데 단독주택에 살 때는 문제가 되지 않았으나 아파트로 이사 오니 버리는 일은 나중이고 그 많은 꽃을 집 안에 두면 꽃향기에 질식할 것 같았다.

 이 꽃들을 우리 동 주민들과 함께 본다면 좋지 않을까? 하는 생각이 머리를 스쳐갔다. 먼저 난 화분 두 개를 엘리베이터 양쪽 구석에 두고 가운데에 꽃바구니들을 나란히 놓았다. 그리고 얼른 집으로 들어가서 쪽지를 썼다.

 -505호입니다. 저희가 좋은 일로 꽃 선물을 많이 받아서 여러분들과 함께 꽃을 보려고 엘리베이터에 두었어요. 꽃은 일주일 뒤에 시드는 순서대로 치우겠습니다. 혹시 큰 짐이 드나들거나 해서 방해가 되면 꽃들을 5층에 내려놔 주시면 제가 치우겠습니다.

 엘리베이터 안의 쪽지가 날마다 늘었다. 감사와 축하하는 마음, 아파트에 살면서 처음 느낀 이런 뜻밖의 경험이 얼마나 큰 기쁨을 주었는지에 대한 소감이었다. 20층 아파트 40가구 한마을이 전부 좋아해 주니 그런 결정을 한 내가 기특하고 흐뭇했다.

 일주일 후 시든 꽃부터 차례차례 치웠다. 평소에 꽃다발이나 꽃바구니를 정리했을 때보다 훨씬 기껍게 즐거운 마음으로. 그런데 문제는 난 화분이었다. 내가 제일 못하는 일이 식물 키우는 일이기 때문이다. 엘리베이터에 붙어 있던 쪽지들은 기념으로 간직하려고 뗀 후 다시 쪽지를 썼다.

-난 화분 잘 키워주실 분 계시면 몇 호에서 가져갔는지만 알려 주시고 가져가 주세요. 제가 식물 키우는 일을 잘 못하거든요.

-14층입니다. 저희 아버지가 편찮으신데요. 엘리베이터 타고 꽃을 보시면 좋다고 웃으셨어요. 저희가 잘 키울게요.

-앞집입니다. 제가 잘 키울게요. 난을 좋아하거든요.

난 화분도 애정 어린 손길로 잘 돌봐줄 좋은 주인을 찾아갔다. 엘리베이터는 희미하게 꽃향기를 머금은 채 언제 그랬느냐는 듯 말없이 오르락내리락 제 할 일을 했다.

아파트에 이사 오니 다양한 연령대의 주민들 사이에서 서로 아는 체할 필요도 없고 아파트가 주는 편리함만 누리면 되었다. 엘리베이터를 탈 때면 주민들이 동시에 다 같이 타지는 않는다. 함께 타는 사람들이 있어도 멀뚱멀뚱 앞에 탄 사람 뒤통수만 바라보거나 허공에 시선을 두었다. 익명성을 보장받는 아파트라는 공간이 주는 장점이 엘리베이터 안에서도 보장되었다.

그런데 엘리베이터에 여러 사람이 탔을 때 내가 5층을 누르면 사람들이 웃으며 인사했다. 나도 웃음으로 인사를 대신하면서 내릴 때 "올라가세요." 하고 인사했다. 서로 잘 모르는 이웃들이 웃으며 인사하는 모습이 싫지 않았다. 오히려 따스하고 신선했다.

그동안 꽃바구니와 난 화분을 받을 때마다 고마운 마음에 앞서 나중에 그 꽃 처리할 걱정을 먼저 했었다. 그런데 그 일을 계기로 꽃향기를 40가구가 함께 즐길 수 있다는 생각에 행복하게 꽃바구니를 안고 돌아온다. '슬픈 일은 나누면 반으로 줄고 좋은 일은 나누면 그 기쁨이 배가 된다.'는 격언처럼 꽃향기를 나누니 그 향기가 한마을 전체를 감쌌다.

 꽃이 시들고 나서 꽃바구니의 처리가 늘 걱정이었는데 잠시나마 이웃들을 행복하게 했던 꽃바구니를 해체하는 일도 즐겁다. 꽃집에서 누군가를 축하하는 마음으로 꽃을 고르는 손길, 정성껏 포장했을 마음을 기억하면서 리본을 풀고 비닐을 벗긴다. 시들어 더 짙어진 꽃향기를 맡으며.

알뜨르비행장, 그 바람 속에서

서용순
easy7661@naver.com

　분명 일렁이고 있을 봄 속으로 풍덩 빠져들고 싶었다. 그런데 제주공항에서부터 온몸을 흔들어대는 봄바람에 순간, 당혹스러웠다. 결국 그 바람은 2박 3일 내내 마음까지 뒤흔들어 놓았다. 제주는 꼬닥꼬닥(천천히) 걸어 다녀야 진정한 속살을 발견할 수 있다는데, 처음엔 버스를 타고 달리면서 차창 너머 서성이고 있는 서귀포의 풍경에 선뜻 마음이 가닿지 않았다.

　길고 지루한 겨울, 일상에서 벗어나 한순간 쉼표를 찍고 싶어 시작한 제주행이었다. 그런데 알뜨르비행장 그 너른 벌판(활주로)에 서서 가슴 시린 역사의 현장을 목도하곤 쭈뼛거리던 마음을 당겨 주변을 돌아보기 시작했다.

　벌판을 둘러싼 곳곳에 콘크리트 진지가 커다란 입을 벌린 채 버티고 있었다. 1920년대 중반부터 일제가 모슬포 지역 주민들을 동원하여 만들었다는 비행기 격납고와 탄약고였다. 푸르른 무밭 너머 노란 봄꽃들 사이에 시치미를 뚝 떼고 앉아 있는 그것들을 보니 서귀포의 봄바람이 매서운 까닭을 알 것도 같았다.

 중일전쟁을 벌이면서 알뜨르를 전초 기지로 삼았던 일본. 이곳에서 비행기에 주유를 하면 상하이, 베이징, 난징까지 공습이 가능했다고 한다. 전선을 남쪽으로 확대해 나가던 그들은 진주만 공습으로 시작된 연합군과의 전쟁을 위해 남부 해안을 군사기지화하면서 알뜨르비행장 활주로를 더 크게 넓혀 나갔다. 패색이 짙어진 일본이 극단적으로 내세운 가미카제 특공대 훈련도 이곳에서 했다니 섬뜩, 전율이 느껴졌다.
 얼마나 단단하게 만들었는지 지금도 웬만한 중장비로는 끄떡도 않는다는 격납고. 무밭을 경중경중 건너 다가갔다. 무적의 진지 같은 격납고를 보면서 일본 가고시마 치란 특공평화회관에 모셔 둔(?) 처참한 비행기가 떠올랐다. 가미카제 특공대원이 연합군 함대를 향해 돌진, 산화해 버렸다는 그 비행기다. 당시 오직 천황을 위해 이 무모한 공격에 동원된 조선 학도병들을 특공평화회관에서 만난 충격은 지금도 지워지지 않는다.

 가미카제 특공대원들을 기리기 위해 세웠다는 치란 특공평화회관 입구에 조선인 특공대원을 추모하는 비석이 서 있다. 그 앞면에 "아리랑의 노랫소리도 멀리 어머니의 나라를 마음 깊이 새기며 흩어지는 꽃들"이라고 새겨 놓았다. 꽃들이라니, 전쟁 막바지에 제물로 바친 그들을 꽃으로 미화한다고?

몹시 불편한 마음으로 들어선 회관엔 그 문제의 비행기와 대원들이 출격하기 전날 쓴 편지와 유서, 유물들을 전시해 놓았다. 그리고 벽에는 전사한 1,036명 사진이 출격 날짜 순서대로 붙어 있었다. 조선 학도병의 이름을 찾기 시작했다. 열일곱 살 어린 박동훈 대원부터 〈호타루〉라는 영화로 우리에게 잘 알려진 스물네 살 탁경현 대원까지 열 명의 이름을 발견했다. 이 사실만으로도 아연실색하지 않을 수 없겠는데, 대원들이 억지로 쓴 편지와 유서를 유네스코에 등재하려 한다니, 그들의 역사 인식을 어떻게 받아들여야 할지 이해가 되지 않았다.

여기서 더 놀란 건, 현장학습을 나온 초등학생들의 태도였다. 무운장구를 비는 글을 새긴 일장기와 특공대원들의 사진을 향해 아이들은 마치 우러러보듯 두 손을 배에 얹고 허리를 반쯤 꺾어 절을 했다. 그런 다음 무릎을 꿇고 조용히 선생님의 설명을 듣고 있었다. 문득 너무나 자유분방한 우리 아이들이 생각났다. 이런 일본의 교육에 기가 질린다고나 할까, 아니면 우리도 이래야 하는 게 아닐까, 잠시 모순과 착각 사이를 넘나들며 갈피를 잡지 못했다.

회관을 나서며 입구 비석에 새겨 놓은 그 '아리랑'을 들어보고 싶었다. 출격 전날 밤 탁경현 대원이 '특공의 어머니'라 불리던 식당 주인아주머니에게 들려주었다는 그 아리랑이다. 당시 모습 그대로 보존해 놓은 도미야 식당을 찾아갔다. 낡은 목조 건물 좁은 나무계단을 올라 2층 작은 다다미방에서, 나는 아리랑을 부르는 탁경현 대원을 만났다. 날이 새면 바로 죽음의 길을 떠나야 하는 그의 심정이 어떠했을까?

희미한 화면 속에서 흐느끼며 부르는 '탁경현의 아리랑'이 그대로 내 가슴에 와 꽂혔다. 소름이 돋았다. 뜨거운 것이 목을 타고 올라왔다. 그 후 그가 부른 아리랑은 나를 아리랑의 길로 이끌었고, 아리랑 로드 10만km 대장정을 멈출 수 없는 이유가 되었다.

알뜨르비행장 그 너른 벌판을 가로지르는 봄바람은 차갑고 매웠다. 하지만 가슴 아픈 역사와 그 안에 깊이 새겨져 있는 진실을 듣고 배우며 가슴은 더 뜨거워졌다. 나는 제주 서귀포에서 목도한 일제 군사유적의 현장과 평화로 채색된 가고시마 가미카제 특공평화회관에서의 기억을 넘나들며, 생생한 전쟁의 상흔과 궁색한 변명을 늘어놓는 저들을 어떻게 극복해 낼 수 있을까 생각했다. 지금 내가 할 수 있는 일은? 찬바람에 실려 와 가슴을 때리는 저들의 아우성과 우리의 침묵 속에 멸해 가는 기억을 일깨우는 것인가?

비극의 현장을 온몸으로 증언하고 있는 알뜨르비행장과 모슬포 주민들의 한(恨)이 되었을 콘크리트 진지들. 도려내고 싶은 아프고 치욕스런 그 현장들을 눈으로 확인한 건, 다크 투어리즘(dark tourism)에 관심을 두고 있는 내겐 매우 유의미한 시간이었다. 또

한 제주에 남아 있는 가마오름 일제 동굴기지와 평화박물관은 다음 나의 제주 기행의 이유가 될 것이다.

차창 너머 서성이던 서귀포의 풍경은 알뜨르비행장 활주로를 돌아 나오는 내게 수많은 물음표를 던져주었다.

약속

김시은
kimsieun6306@naver.com

　나는 결혼을 생각 없이 했다. 세상을 모르는 철부지가 저지른 행동 같았다. 이십 대 후반까지 결혼은 나와 무관한 일이었다. 앞으로도 그럴 것이라 믿었다. 그랬기에 가정 살림이나 결혼 생활, 시댁과의 인간관계 등에 대해 아는 바가 거의 없었다.

　남자 친구는 결혼을 앞두고 내게서 '세 가지 사항을 지키겠다.'는 약속을 받아내었다. 첫째는 평생 부모님을 모시고 한집에서 살 것이요, 둘째는 자신의 수입만으로 살림을 규모 있게 살 것이요, 셋째는 자식들이 고등학교를 졸업할 때까지 학교를 다녀오면 집에서 기다리다가 그들을 맞이해 줄 것들이었다. 그는 살아오면서 이 일들이 중요하다고 느낀 모양이었다. 그리고 자신은 성실한 가장이 되겠노라 했다.

결혼하고 보니, 지난 삶과 다른 점이 많았다. 낯선 사람들과 한 집에서 사는 게 어색했고, 앞치마를 두르고 싱크대 앞에 서 있는 내 모습이 부끄러웠다. 식사를 준비할 때면 진땀이 흘렀다. 밥상이 늦어지면 당황하여 더 버벅거렸고, 결국은 시어머니의 도움을 받았다. 식구들이 아침을 먹고 출근하면 그제야 마음이 놓였다.

곧바로 시어른들의 신앙심이 깊다는 사실을 알게 되었다. 결혼하면서 시댁 종교에 신경을 쓰지 않았다는 점은 내가 결혼이 얼마나 중요한 일인가를 간과한 또 한 번의 실수였다. 남편과 친구 사이로 지낼 때, 사월 초파일 연등 행렬에 참가한 적이 있었다. 나는 무교였지만 그런 행사에 참여해 보는 것도 괜찮은 일이라 생각했다. 그때 남자 친구도 나를 따라나섰기에 그가 종교에 대해 관대한 줄로만 알았다.

어머니를 따라다니며 종교 생활을 했다. 화요일은 성경 공부, 수요일은 저녁 예배, 목요일은 노방 전도, 금요일은 구역 예배와 심야 기도회, 토요일은 교회 청소, 일요일은 주일이었고. 종교 생활이 삶의 전부 같았다. 무엇보다 믿음이 없는 종교 생활은 지루했다. 내가 감당해야 할 일들이 기쁘지 않았다. 더구나 경제적인 지출도 적지 않아 갈등은 배가 되었다. 어머니는 종교 생활에서 빠져나가려는 내 마음을 알아채셨다. 의심하지 말고, 따지지 말고, 무조건 믿으라고 말씀하셨다. 나는 그게 어렵고 힘들었다.

종교 생활에서 고부간에 하나 되지 못하자 사소한 일도 잡음이 생겼다. 오해가 싹트고 감정이 틀어졌다. 어머니는 살림 솜씨 서투른 며느리가 종교 생활마저 순종하지 않는다며 노여워하셨다. 남편을 불러 너희들 마음대로 살고자 한다면 나가 살라고 했다. 몇 년 후, 분가했다. 그러곤 다시 본가와 합치지 못했으니, 약속을 지키지 못했다.

남편이 내게 둘째와 셋째 약속을 받아낸 이면에는 그가 겪은 어린 시절의 아픔이 있었다. 어머니는 일찍부터 일을 하셨다. 남편은 학교에서 돌아오면 아랫목에 묻어 놓은 밥을 찾아 먹어야 했다. 한 살 아래 남동생과 매일 반찬 없는 밥을 먹는 일은 귀찮고 하기 싫은 일 중의 하나였다. 친구들과 놀다 보면 배고픈 것을 잊었다. 어머니가 일을 마치고 돌아와 저녁을 짓는 동안 남편은 밥을 기다리다 잠들곤 했다. 그때 생긴 위장병은 어른이 되어서도 영향을 미쳤다. 또 이사해서 전학해야 하는데 부모님이 바빠서 전학을 하지 못해 형제가 한 학기를 쉬었다.

나는 아이들이 유치원에 들어가면서부터 그들을 기다렸다. 집안일을 하고 먹을 것을 준비했다. 돌아오면 숙제를 봐주고 도서관을 다니고 공부도 함께 했다. 남매가 집에 있는 시간에는 외출을 거의 하지 않았다. 아이들의 학교에 행사가 있으면 적극적으로 참여했다.

남편의 월급이 그리 많지 않았지만, 초등학교를 마칠 때까지는 조금씩 돈을 모을 수 있었다. 그러다 딸이 예술중학교를 가게 되면서 주머니 사정은 달라졌다. 학비는 남편 회사에서 보조가 되었지만, 과외비가 만만치 않았다. 나는 아이들이 학교에 가고 없는 시간, 집 앞에 있는 고등학교에서 급식 도우미를 했다. 방학 때는 동네 고깃집 주방에서 저녁 설거지를 했다. 틈틈이 하는 일이라 남편도 반대하지 않았다.

외벌이로 둘의 학비를 대는 일은 쉽지 않았다. 외식하는 일이 없어졌고, 옷 한 벌 사 입는 일도 사치였다. 과일값이 오르면 가게를 그냥 지나쳤다. 남편은 일을 마치면 곧장 집으로 왔다. 좋아하는 술자리도 줄어들었다. 나들이나 여행은 꿈도 꾸지 못했다. 그런 생활이 둘째가 대학에 들어갈 때까지 계속되었다.

나는 남편이 당부한 세 가지 약속 중에서 둘째와 셋째는 지켰다. 그러나 제일 중요하고 무거운 첫 번째 약속은 지키지 못했다. 정작 약속을 지키지 못한 사람은 남편이었다. 반백 년도 살지 못하고, 부모님보다 먼저 세상을 떠났다.

나도 이제 늙어 부모님의 그때가 되고 보니 자식을 위한 그분들만의 사랑 방식을 알 것 같다. 자식들이 예수를 잘 믿고, 예수 안에서 살아가게 하는 것이었다. 평생을 걸쳐 받은 서로 간의 약속이 다 지켜졌더라면 얼마나 좋을까! 삼대가 하느님의 사랑으로 하나 되어 행복하게 살아가고 있을 것이다.

어느 기계치의 변신

박명자
chaboonham@hanmail.net

　나는 기계에 대한 두려움이 심하다. 말 그대로 기계치다. 하다 못해 김치냉장고나 세탁기도 때에 따라 기능을 바꿔줘야 하고 텔레비전마저도 리모컨이 복잡하니 새것이 싫었다. 운전이야 내가 안 해도 차를 탈 수 있지만 컴퓨터와 스마트폰은 난감했다. 명색이 작가라면서 매번 워드 작업을 부탁하기도 그렇고, 연락이 안 돼 애태우는 상대 입장도 헤아려야 할 것 같았다.
　그런데 핸드폰이 문제였다. 처음에는 걸고 받기만 하면 되던 것이 스마트폰이 나오자 모르는 게 너무 많았다. 자고 나면 새로운 기능이 우후죽순처럼 생겨났다. 아는 사람은 편리하겠지만 나에겐 너무 먼 당신이었다. 잘못 건드리면 저장된 내용이나 사진이 날아갈 수도 있고 내 정보가 빠져나가기도 한다니 아무거나 누를 수 없었다.

분가한 아들딸이 온다면 일순위가 '스마트폰 물어보기'였다. 며칠 전부터 생각나는 대로 메모하여 눈에 띄는 곳에 두지만 아이들이 오면 한순간에 물거품이 되고 만다. 음식을 해서 먹이고 손녀들과 웃다 보면 스마트폰 같은 건 안중에도 없다. 보내고 돌아서면 꼭 그때 떠오르는 내 기억력. 용케 생각나서 물어보면 금방은 해결되지만 혼자 해주거나, 지난번에 가르쳐 드리지 않았냐고 할 때, 무안한 감정을 숨길 수 없다. 하기야 내가 생각해도 같은 걸 몇 번씩 물었으니 그렇게 말할 수밖에.

동탄으로 이사 온 지 서너 해가 지났다. 주변에는 젊은이와 아이들뿐, 또래 만나기도 쉽지 않았다. 하루하루가 지루하고 매사에 재미가 없었다. 서울에서는 시간이 없어 뭘 배우지 못했는데 시간이 생기니 가르쳐주는 곳이 없었다.

무료하게 보내던 중 아파트 카페에 스마트폰 교육이라는 게 올라왔다. 그런데 장소가 복지관이라나. 의아했다. 복지관이라면 연세 많은 분만 가는 곳으로 아는데 거기서 이런 교육을 한다고? 망설이긴 했지만 나에게 꼭 필요한 강좌기에 용기를 내보았다. 아는 사람도 없을 테고 오히려 그런 곳이 내 수준에 맞을 것 같아서였다.

첫 수업 날이 되었다. 그런데 수강생 대부분이 나보다 훨씬 젊어 보였다. 강좌명도 스마트폰 수업이 아니라 '스마트폰 강사 양성 교육'이라고 했다. 어느 정도 능력만 갖춰지면 이수 후 현장에 바로 나가야 한다며 한 명씩 불러내어 시연도 시켰다. 나는 배우는 게 급선무기에 빠지지 않고 열심히 다녔다. 새로운 세상이었다. 손바닥만 한 쇳덩이 안에 그렇게 많은 기능이 들어 있는 줄 상상도 못했다.

집에 오면 남편 앞에서는 내가 선생님이 되었다. 같은 기종이라 설명하기도 쉬웠다. 지금껏 남편보다 잘하는 게 하나도 없었는데 갑자기 우쭐해졌다. 내가 복지관에서 신기해한 것처럼 남편도 내 실력에 눈이 휘둥그레졌다.

"이게 왜 이러지?"

이상한 게 뜨거나 작동이 안 되면 남편은 해보지도 않고 내밀었다. 처음에는 나도 잘 몰랐지만 만지다 보면 되었다. 남편의 칭찬에 어깨가 올라갔다. 고장 나면 서비스 센터에 가고 그것도 안 되면 새로 사면 된다는 배짱도 생겼다.

수업이 끝나갈 무렵 '스마트 파트너'를 모집한다고 했다. 그동안 배운 스마트폰 활용법을 복지관 내에서나 노인정에 가서 가르치는 일인데 최저 임금이지만 수당도 있다고 했다. 이 정도 능력으로 어떻게 남을 가르치냐고 머뭇거리는 사이, 이 나이에 어디서 받아주겠냐며 모두 신청서를 받아왔다. 마지막 날은 나도 써서 냈다.

체력 검사와 면접을 마치자 합격 통보가 왔다. 그리고 바로 현장으로 발령이? 났다. 기계치가 기계를 다루는 강사가 되다니. 하루 3시간이지만 건강보험료까지 내는 어엿한 직장인이 된 것이다.

"세상에! 선생님은 그 나이에 어쩜 이렇게 잘하세요. 아주 박사네요, 박사!"

자식에게 물으면 혼자 주무르고 두 번 물으면 아직도 모르냐고 면박만 주는데 귀에 쏙쏙 들어온다며 얼굴이 환해지신다. 하지만 다음 날이면 또 들고 와서 멋쩍게 웃으시지만 그게 바로 예전의 내 모습 아니던가. 내가 다 해주면 영원히 모르니까 나는 입으로 하고 작동은 수강생더러 하게 한다. 복지관에 드나들 연세라 사실은 질문도 어렵지 않았다. 혼자 글자 크기 조절이나 화면 밝기만 해봐도 입을 못 다물 정도니까.

황반변성으로 시력을 잃은 데다 한글마저 익숙치 않은 분께 음성으로 문자 보내는 법을 가르쳐 드렸더니 세상이 이렇게 좋은데 어떻게 죽냐고 하신다. 또 카카오톡 상단 고정을 가르쳐 드리고 맨 위에 "따님을 넣을까요?" 하면 선생님은 어째 내 맘까지 다 아냐고 엄지를 세운다. 특히 버스 시간과 환승 앱은 자식보다 낫다고 고마워하신다. 인터넷 쇼핑을 하니 생활비가 더 들어간다고 엄살을 부려보는가 하면, 손주들 사진으로 동영상을 만들어 오는 어르신의 밝은 표정엔 덩달아 흐뭇해진다.

"선생님, 오늘 복지관에 나오셨어요?"

내 설명이 귀에 가장 잘 들어온다며 나의 근무 시간을 확인하는 전화는 무한한 용기요 보람이다. 한 분이 앉았다가 일어서면 또 한 분이 들어오신다. 목마르면 입 축이라며 사탕도 몇 알 내놓고 똑같은 거 자꾸 물어 미안하다며 차도 한 잔 들고 오신다.

앓아 본 사람이 아픈 사람 심정을 안다고 했던가. 명의는 아니지만 주삿바늘이라도 꽂을 줄 아는 내 의술, 아직 배울 게 많고 두려움은 크다. 하지만 오래 앓은 기계치를 치료하는 게 그리 쉬우리. 어쩌면 같은 환우에게 내 상처를 보여주는 것만으로도 약이 될지 모르기에 오늘도 바쁘게 집을 나선다.

4부 _ 여름과 가을 사이

김경애 　어느 늙은이의 소망
김덕임 　어르신 운전자
이명애 　여름과 가을 사이
문　영 　오래된 여행
김광남 　온천과 삶의 지혜
김영수 　유정한 꽃차
김예경 　이젠 옛말로 넘겨 보내요
추대식 　인생 후반전
원정란 　자카란다
송옥영 　전농동 605번지
유점남 　제발 자르지 마세요
조병갑 　조화옹의 실수
오인순 　주름처럼 여울진 그 맛, 둣괴기엿
이윤기 　차림새

어느 늙은이의 소망

김경애
kyoungai38@daum.net

벚꽃 진 가지에 새잎 돋아나는 그늘 아래서였다. 벤치에 기대앉아 하늘을 올려다보는데 웬 늙수그레한 여인이 옆에 자리를 잡았다. 체중을 의자에 내던지는 품새가 힘겹게 걸어왔지 싶었다. 거친 숨결이 나이를 가늠하게 하고 입가에는 굴곡의 세월이 깊은 흔적으로 남아 있었다.

그의 연치가 궁금했는데 그쪽에서 먼저 밝혔다. 나보다 열 살이나 아래여서 나는 아무 말도 하지 않았다. 말씨를 듣자니 중국에서 건너온 조선족이리라 짐작이 갔다. 아니나 다를까, 연변의 훈춘에서 왔노라 하더니 왼발에 신었던 덧버선을 벗어 보이며 발바닥에 종양이 생겨서 고생한다고 했다. 잘 걷지 못해서 근육이 없어졌다며 바지를 걷어 올리고 자신의 종아리를 만져보란다. 사실이지, 그처럼 막무가내로 다가오는 성품을 나는 감당하기 버거워하는 편이다.

그러고는 자기 자랑을 폭포수처럼 쏟아내기 시작했다. 아들딸, 모두 한국 사람과 결혼해서 한국시민권을 취득했다며 별이라도 거머쥔 것처럼 의기양양한 표정이었다. 덕분에 자신도 한국에 거주한 지 5년이면 주민등록번호가 나오는데 앞으로 일 년만 남았노라는 그 얼굴엔 광채가 스쳤다. 무슨 뜻인지 몰라도 손가락을 오므렸다 폈다 하며 뭔가 셈하는 것 같았다. 매달 기초연금을 꼬박꼬박 받게 될 테고 의료보험 혜택도 누리게 된다며 발바닥의 통증쯤은 아무것도 아니라는 양 얼굴에는 화색이 만연했다. 듣고 보니 그럴 만도 하겠다.

우리에게는 의례 주어지는 주민등록번호는 출생신고와 함께 자동으로 부여받는다. 뿐이랴, '첫 만남 이용권'에 '부모급여'까지 행복수단 원스톱 서비스다. 아이는 나라의 보배라 했으니 영아 수당, 아동수당을 부모급여라 부르는 것도 일리가 있다.

오십여 년 전 처음 주민등록번호 제도가 생겨났을 때 동회 앞에서 장사진 쳤던 일이 생각날 뿐 그 후엔 무감각하게 살아왔다. 거기에 나열된 숫자의 암호쯤은 모른들 어쩌랴, 우리가 암기해야 할 것은 은행 통장 비밀번호와 주민등록번호다. 이 둘만 머릿속에 집어넣으면 어디에 가든 아쉬울 게 없는 대한민국 국민이다.

지금 내 옆에서 발바닥을 연신 주무르고 있는 그녀, 우리는 지척에 앉아 있고 같은 그늘 한 벤치 등받이에 기대 있지만, 그 간극은 아득한 이역만리다. 나는 이미 누리고 있고 그녀의 소망은 미래에 있다. 그것은 그녀가 그토록 갈망하는 2026년 문턱이다.

이십오 년 전 둘째 내외가 미국 땅으로 건너갔다. 부부는 취업비자로 갔기에 영주권은 자동으로 나온 셈이다. 오 년이 흐르자 이민국에서 시민권 신청을 하라고 통지서가 왔지만 이십 년이 지난 오늘까지도 한국 국적을 고집하고 산다. 그 이유를 나는 다 알 수 없어도, 한국에서 일어나는 뉴스에 누구보다 관심이 많고 각종 여론조사에도 적극적으로 응답한다. 이번 21대 대선에 먼 길 마다치 않고 재외선거관리위원회 투표소에서 한국인의 권리를 행사했다며 인증샷을 보내왔다.

미국이 아무리 기회의 땅이라지만 그곳에서 한국인의 긍지를 잃지 않고 떳떳이 사는 젊은 세대가 미덥고 고맙다. 먼 훗날 정년퇴직할 때면 한국에 돌아와 여생을 마치겠다니 그들의 의지에 가슴이 먹먹했다.

아득한 옛날, 우리나라 GNP가 $100에도 미치지 못할 때 꿈의 나라 미국에 가려고 밀입국에 불법체류에… 온갖 수단을 마다치 않았다. 미국 시민권자와 혼인 맺는 일이 제일 빠른 수단이라 했으니 이민 일세대의 뼈아픈 흑역사라 하겠다. 개발도상국에서 유일하게 선진국 대열에 우뚝 선 대한민국, 이 고마움을 선인들에게 돌려야겠지만, 그보다 먼저 하늘에 감사해야 하리라.

문득, 옆에 앉은 여인에게 내 생각이 멈췄다. 그녀가 목매어 기다리는 2026년, 너무나 수월하게 거머쥔 권리에 우리는 고마움을 모르고 산다. 그 여인의 축 처진 어깨를 다독여주고 싶었다. 무슨 격려의 말을 전해줄까 궁리 중인데 덧버선을 서둘러 신더니 황급히 시장 쪽으로 발걸음을 옮겼다.

주민등록번호 13자리, 거기에는 한 사람이 걸어온 온갖 궤적이 고스란히 입력되어 있다. 프라이버시란 언감생심, 병력(病歷)까지도 화인처럼 새겨진 판도라 상자다. 뿐이랴 한 번 분실하면 습득자의 양심에 따라 범죄자로 간주될 수도 있다니 그 번호의 위력이 만만치 않음을 알겠다.

2025년에서 2026년으로 짧고도 긴, 낮고도 높은 여정을 씩씩하게 건너고 있는 저 노구(老軀)! 소망을 품은 사람에게는 나이 따위는 숫자에 불과한 듯, 노인의 뒷모습에 이백여 년 한민족 흑역사가 얼비치고 있다.

어르신 운전자

김덕임
kdi5728@daum.net

　뜻밖의 스티커 한 장이 꼿꼿하던 마음을 흔들어 놓는다. 그것은 칠순을 넘은 운전자를 한없이 낮은 자리로 내려 앉힌다.
　지금까지는 결코 만만한 나이가 아니라는 것을 알면서도 모른 척했다. '내 나이가 어때서?'라며 매번 자신 있게 운전대를 잡았다. 늦게 배웠지만 운전 경력 27년이라고 나름 자부심도 대단했다.
　며칠 전, 안양 석수동에서 오산 쪽으로 달리던 1번 국도에서였다. 언제부터인지 운전석에 오르면, 어떤 글감을 건질까 고민하며 머릿속에 그물을 치곤 했다. 그때 진갈색 산타페가 앞에서 묵직하게 달리고 있었다. 신호 대기에서 무심코 보게 되었다. 산타페 뒤 유리창 구석에 붙은 작은 스티커가 눈에 확 뛰어들었다. 차에 붙은 문구로는 참 생경했다. 그것은 흔히 볼 수 있는 애교 섞인 하트의 '초보 운전'이나 '아이가 타고 있어요'도 아니었다. '어르신 운전자'라는 고딕체 여섯 글자였다.

그렇다. 이제 내 나이가 어떤 게 아니라, 매사에 조심하고 삼가야 할 나이다. 옛날 같으면 극노인 축에 들지 않는가. 감히 운전을 하다니. 어디서나 뒤로 나앉아야 할 나이다. 어쩌면 생사여탈권을 갖는다고 할 수 있는 운전하는 일은 더욱 그렇다. 지금 내 앞에 달리는 산타페를 운전하는 어르신의 지혜에 머리가 깊이 숙여진다. 어르신 대접을 받고자 해서 붙인 것은 아닐 것이다. 질주하는 차량들 사이에서 서로가 배려하며 안전 운행하자는 의미가 아닐까.

집에 도착하자마자 컴퓨터를 켰다. 고딕체로 '어르신 운전자'를 색깔을 다르게 해서 석 장을 뽑았다. 색깔이 바래면 바꿔 붙일 요량이다. 앞으로 운전을 얼마나 더 할지 모르지만, 아까 그 산타페 운전자처럼 지금부터 실천하자고 마음먹었다. 분신 같은 티볼리 뒤 유리창 왼쪽 구석에 방금 뽑은 따끈따끈한 스티커를 붙였다. 그것을 보는 순간, 철부지 할마시가 갑자기 무게감 있는 어르신이 된 기분이다. 그런데 딸들은 말렸다. 다른 운전자들이 더 무시하고 빵빵거리거나, 때로는 위험한 칼치기로 앞지를 것이란다. 하지만 의지를 굽히지 않고 산타페 어르신의 깊은 뜻에 동참하기로 했다.

운전은 초보자만이 조심할 게 아니다. 요즘 같은 고령화 사회에서 운전을 전혀 하지 않을 수도 없지 않은가. 특히나 지금처럼 용인의 산골에서 생활하니 더욱 그렇다. 간단한 병원이나 마트 한 번 가더라도 꼭 필요하다. 그때마다 바쁜 자녀들의 손을 빌릴 수가 없다. 어차피 운전을 해야 한다면, 고령자인 내가 먼저 조심하고 배려해 주어야 할 일이다. 젊은이들에게 가능한 한 걸림돌이 되지 말아야 할 일이다. 어르신 대접만 받으려 하지 말고, 젊은 세대를 먼저 대접해 주는 아량이 필요할 것이다. 웬만히 급한 일이 아니라면, 출퇴근 시간에는 주책없이 차를 끌고 나갈 일도 아니고, 대중교통도 피크 시간에는 양보하는 게 도리일 것 같다. 이제야 철이 들었는가. 스티커 한 장 붙이고 나니, 나도 모르게 마음의 옷깃을 여미게 된다.

　병원 예약으로 어쩔 수 없이 일찍 나서게 될 경우에는, 분초를 다투는 젊은이들의 아침 시간에 최대한 방해가 되지 않게 노력한다. 꽁무니를 바짝 쫓아오는 차를 위해서는 얼마나 바쁘면 그럴까 싶어서 적당한 곳에서 비상등을 켜고 살짝 비켜서준다. 그럴 때면 어떤 이는 역시 비상등을 깜박이고, 감사하다는 응답을 주며 조심스럽게 추월한다. 뉘 집 자식인지 참으로 잘 키운 '된 사람'이 아닌가. 이런 경우에 내 입가에는 엷은 미소가 흐른다. 내 자식인 것처럼. '그래, 이것이 사람 사는 사회 아닌가!' 왜 진즉에 이런 생각을 하지 못했을까. 그렇게 양보하고 비켜주고 운행해도 막상 도착해서 보면 길어야 10여 분 차이다. 장자가 역설한 '서로가 서로가 될 수 있는 세계'라는 말처럼 상호 합일하고 침투하며, 상호 연기하고 존재하는 세계가 이런 세계 아닐까.

　흔히들 어른이랍시고, 요즘 애들은 예의도 없고 버릇도 없다며 얕잡아 이른다. 오히려 노인들이 젊은이들에게 너무나 무례할 때가 많은 것 같다. 출퇴근 버스나 전철에서 자리 양보하기를 요구하는 노인들이 그렇다. 그런 사람을 보면 알밤이라도 한 대 쥐어박고 싶다. 젊은이나 학생들이 해종일 놀러 다니다가 버스나 전철을 비집고 탄 게 아니다. 모두들 직장에서 학교에서 파김치가 된 우리의 젊은이들, 장차 나라의 미래를 열어갈 세대가 아닌가.

처음에 그 스티커를 붙이고 운행할 때는 뒤꼭지가 살짝 부끄럽기도 하고, 걱정도 되었다. '저 노인은 요양원에나 갈 것이지, 왜 차를 몰고 나와서 걸리적거릴까?' 하는 비난을 받을까 싶어서 혼자서 얼굴을 붉혔다. 하지만 막상 용기 내어 실천한 지 달포가 되어가니, 이제는 익숙해지고 마음도 더 편안하다.

어르신으로서 운전도 본을 보여야 할 것 같다. 그래서 더욱 신중하게 조심하여 운행한다. 차선과 속도제한도 똑바로 지키고, 무례한 앞지르기는 처음부터 꿈도 꾸지 않는다. 나 바쁜 것만 생각하고 초보 운전자를 바짝 뒤따르지도 않는다. 오히려 간격을 더 띄워준다. 초보운전자의 핸들 잡은 손에는 땀이 배어 있을 것이다. 그뿐 아니다. 차바퀴마저 달달 떨면서 아스팔트 위를 기어가고 있다. 초보자를 불안하게 하는 일은 아무리 바빠도 절대 금한다. 그런가 하면 사업에 바쁜 대형 탑차와 화물차, 트레일러, 택시 들이 뒤를 바짝 따라 붙을 때는 양보운전을 한다. 예전 같으면 어림없는 일이다. '너희들이 덩치 크다고 뒤에서 밀어봐라. 덩치 작은 내가 밀려가나?' 하면서 끝까지 오기도 부렸다. 꼰대의 쓸데없는 옹고집이 아니고 무엇인가. 지금 생각하면 참 늙은 철부지였다.

스티커 한 장 달고 나서 실개천 같은 마음이 바다처럼 넓어진 것 같다. 때로는 양보할 수 없는 좁은 길을 만날 때가 있다. 속도가 느려서 미안하다는 의미로 먼저 비상등을 깜박인다. 그러면 아무리 성질 급한 젊은이도 빵빵거리지 않고 슬슬 따라온다. 그도 이미 '어르신 운전자'라는 스티커를 본 것 같다.

'나도 나이 들면 앞차 어르신처럼 순발력이 떨어질 것이다.' 하며 바투 따라붙지 않는 것 같다. 이제는 뒤 차 운전자의 마음을 읽어내는 독심술까지 터득하게 되었다. 입가에 미소를 지으며, 적당한 곳에서 차를 멈추고, 내 차 꽁무니를 밟으며 따라오는 차를 앞세워 준다. 역시나 조심스럽게 추월한 뒤차가 감사하다며 비상등을 별빛처럼 깜박인다. 작은 실천 하나로 마음이 낙낙한 하루다.

여름과 가을 사이

이명애
clean-22@hanmail.net

그해 9월은 여름도 가을도 아니었다. 한낮엔 후덥지근했고 밤이 이슥해지면 귀뚜라미 여치가 수런거렸다. 학교 앞 논에는 허리 숙인 벼 이삭 위로 메뚜기 떼가 포물선을 그리며 멀리뛰기를 했다. 어디론가 무작정 달아나고 싶었던 나처럼.
"명애가 서울로 전학 간대!"
반장이 말하자 교실은 술렁댔다. 아이들은 뒤를 돌아보며 눈으로 이유를 물었다. 석 달만 지나면 졸업이었다. 며칠 전 교정 뒤뜰에서 친구들과 앨범 사진을 찍으며 함께 충주여고로 진학하자고 약속했었다. 갑작스러운 소식에 친구들은 나를 이해하지 못했다. 소문은 순식간에 퍼졌다. 도시로 올라가는 나는 친구들에게 부러움의 대상이었는지도 모르겠다.
마지막 등교하던 날, 교무실에 들러 인사를 했다. 나를 많이 아겨주던 수학 선생님은 지루한 수업 시간에 누가 노래를 불러주냐며 서운해했고, 어깨에 지휘봉을 메고 다니던 한문 선생님도 서울로 가서 공부 잘하라고 토닥여주었다. 괜한 결정을 한 건 아닌지 며칠간 갈팡질팡한 탓일까. 올 것이 와서일까. 선생님들의 위로에 눈물이 하염없이 쏟아졌다.

  교무실을 빠져나왔다. 느릿느릿 계단을 내려와 운동장을 가로질러 갔다. 하늘엔 새털구름이 떠다녔고 잠자리 무리가 은빛 날개를 반짝이며 날아다녔다. 교문까지는 한참 먼 거리라서 터벅터벅 걸었다. 세상은 눈부셨고 발걸음은 무거웠다. 멍하니 고개를 떨구고는 장미 넝쿨 터널을 지날 때쯤이었다. 어디선가 나를 부르는 소리가 들려 뒤돌아보았다. 한 남자아이가 학교 건물 꼭대기층에서 종이 같은 것을 들고 손을 휘저었다. 뭔가 말하는 듯했으나 제대로 들리지 않았다. 그러다가 이내 창문에서 사라졌다.

  내가 다닌 중학교는 세 학급이었다. 1반은 남학생만, 2반은 남녀 합반, 3반은 여학생만으로 각각 60명씩이었다. 읍내의 유일한 중학교였고 여섯 개 초등학교 졸업생들이 여기로 모였다. 사춘기에 접어든 아이들이 이성에 눈을 떠가던 때, 쉬는 시간 복도에는 나비의 날갯짓 같은 설렘이 맴돌았다. 수업 시간에도 쪽지가 왔다 갔다 했고 중간에서 연애편지를 전해주는 애도 있었다. 학기 초만 되면 아이들은 2반이 되게 해달라고 기도했다. 어느 반에 누가 배정되었느냐는 것이 화젯거리였다.

  나는 2학년 때 합반이 되었는데 남자아이 하나가 남쪽 바다 섬

마을에서 전학 왔다. 섬과 육지가 어떻게 연결되어 있는지, 그가 살았다는 동백섬이 어떤 곳인지 전혀 아는 게 없었다. 키가 작고 밤톨 머리에다 코 아래 까만 점이 도드라졌다. 이름은 최승길, 경상도 사투리를 썼다. 승길이는 수업 중 딴짓을 많이 해서 선생님들께 머리와 손바닥을 자주 맞았다. 애들까지 얕잡아봤는지 남자애들은 그 애를 '저승길'이라고 놀리며 따돌렸다.

학교 독서실에서 시험공부하던 어느 날이었다. 잠깐 자리를 비운 사이 책상 위에 풋사과 하나가 놓여 있었다. 뾰족하게 깎은 연필 한 자루를 놓고 간 날도 있었다. 나중에야 학교 근처에 사는 그 애가 몰래 가져다 놓았다는 것을 알았다. 하루는 집으로 전화해서 "여보세요?" 한 마디 하고는 뚜뚜 소리만 남겼다. 3학년이 되어 우리는 반이 갈라졌다. 복도를 지나다 눈이라도 마주치면 딴청을 피우거나 멀리 떨어진 곳에서 바라보기만 했다. 한 번도 말을 걸어온 적은 없었다.

까까머리 승길이가 숨을 헐떡거리며 교문 밖까지 뛰어 내려왔다. 쑥스러운 듯 머리를 두어 번 문지르며 등 뒤에 감추고 있던 무언가를 내밀었다. 편지였다. 그러더니 눈도 마주치지 못하고 학교 뒷산 언덕으로 달아났다. 노란 병아리색 편지봉투 속이 두툼했다. 사랑, 소망, 희망 세 단어로 겉면을 꾸몄는데 글자 색도 크기도 달랐다. 색 볼펜으로 정성스럽게 눌러쓰고 모양까지 냈다. 모음자를 꺾어 빼곡히 쓴 편지에는 사춘기 남학생의 절절한 고백이 적혀있었다.

"명애야, 안 가면 안 되니. 나 이제부터 공부 열심히 할게. 정말 가야 한다면 서울에 도착해서 편지해 줘, 응?"

나도 고향을 떠나기 싫었다. 순정이와 재명이랑 여고에 함께 진학해 공부하자는 약속을 지키고 졸업 앨범에 내 얼굴이 남아있기를 바랐다. 바늘귀를 꿰어드리며 긴 겨울밤 할머니의 말동무도 되어드리고 싶었다. 엄마 무덤가에 더는 보라색 구절초를 꺾어 놓을 수 없다는 게 슬펐다.

아이들이 놀려도 그저 웃기만 하던 아이. 공부도 하지 않는 장난꾸러기였기에, 나는 별다른 관심을 두지 않았다. 그런데 전학을 앞둔 내 모습에서, 혹시 자기 자신을 본 걸까. 내가 낯선 곳에서 마주하게 될 날 선 바람과 거친 물살을 미리 짐작했는지도 모르겠다. 새 학교에서 새로운 선생님을 만나고, 처음 보는 아이들에게 나를 감추려던 얄팍한 심정을 들킨 것 같았다.

교문을 빠져나오는 내 손에 쥐어준 소년의 편지가 압화(押花)처럼 생생하다. 아직도 난 그 애에게 공부 열심히 하라는 답장을 띄우지 못했다.

오래된 여행

문 영
ansdud515@hanmail.net

집에서 나설 때부터 찬바람이 몰아쳤다. 나무가 자진모리장단에 맞춰 네 활개를 흔들며 춤을 춘다. 3월인데 너무 춥다. 공연히 나섰나 싶어진다. 열차를 타고 한 시간가량 남쪽으로 내려왔다. 어느새 바람이 잦아들었고 차창 밖 나무는 잘 다녀오라고 손가락 인사를 한다. 한 달에 한 번, 세 번째 토요일에 떠나는 여행은 나의 오래된 루틴이다.

나는 지금 문학회 월례 모임에 참가하기 위해 열차를 타고 가는 중이다. 충북 K시에서 오송, 익산을 거쳐 장항선 열차를 바꿔 타고 충남 C읍에 가는 중이다. 1년에 7, 8회는 C읍에 간다. 승용차로 간다면 두 시간가량이면 족한 거리인데 고속도로 운행이 겁나서 늘 기차를 이용한다. 기차를 타고 가면 시간은 더 걸리지만 마음에 여유가 생기고 변하는 차창 밖의 풍경과 만나는 즐거움을 덤으로 얻을 수 있어서 좋다.

언제 왔는지 모를 눈이 빈 들판에 하얗게 쌓여서 나를 반긴다. 차창 밖에는 명징한 자연이 느슨하고 질펀하게 펼쳐져 있다. 갇혀 있던 마음은 어느새 활개를 펴고 동심의 들판을 뛰놀다 비상한다. 온몸의 세포들이 숨을 쉬기 시작한다. 여기서 살 때는 늘 떠나고 싶어 했던 이곳이 나에게 해방구였으며 안식처였다는 것을 뒤늦게 깨달았다.

숨 쉬기가 편해지는 것은 인구밀도가 낮은 때문도 있지만 하늘이 청명하기 때문이고, 투명한 햇빛이 드넓은 들판의 흰 눈 위에서 찬란하게 빛나기 때문이다. 바다에서 오는 염도와 습기가 딱 맞은 해풍의 냄새가 상큼하기 때문이고 길에서 만나는 사람들의 웃음소리가 익숙하기 때문이다. 오랫동안 같은 하늘과 산을 보고 같은 음식을 먹고 살면서 체취까지 비슷해졌기 때문이다. 뭐 신토불이라던가? 그래서 생각까지 같아져서 그러리라.

내가 C읍의 문학동인회에 가입한 것은 1999년부터이니 25년이 넘었다. 중간에 사정이 생겨 몇 년 동안 쉬다가 다시 활동했지만 참 오래되었다. 먼 길을 마다하지 않고 가는 것은 오랫동안 뜻을 같이한 사람들을 만나기 위해서이고 한 달간 살아낸 이야기를 나누고 들어줄 사람이 필요해서다.

탈출구를 찾으며 살았다. 40여 년 동안 크게 변하지 않은 곳에 눌러살며 고향을 떠나면 큰일 날 것처럼 생각하는 남편 옆에서 나는 시들고 삭아갔다. 황량한 벌판에 박제가 되어갔다. 그래서 시작한 탈출이 글 쓰는 이들의 모임에 가입한 것이다. 글쓰기는 오래된 나의 해방구였고 지루한 일상의 탈출구였다. 누가 쓰라고 안 해도 한두 쪽의 글 속에 내 답답한 속내를 풀어놓으며 위안을 삼았다.

C읍을 떠나온 지 꼭 7년째다. 큰아들이 손녀를 돌봐달라고 부탁했고 늘 떠나고 싶었던 나는 그것을 기회 삼았다. 그리고 6년을 K시에 살면서 코로나 팬데믹을 거쳤고 잘 지탱하던 내 몸도 무너졌다. 아이들을 돌보는 어려움, 치매가 깊어지는 남편의 증세, 내 건강 등 시골 살 때와는 또 다른 답답함이 나를 억눌러왔다.

한 달에 한 번 C읍에 갔다. 낙서처럼 적어두었던 글을 정리하고 이름을 붙여 만든 한 꼭지의 글을 보물처럼 가방 속에 챙겨간다. 내가 써둔 글을 읽어줄 사람을 찾아서, 답답한 속내를 털어내기 위해서, 지적해 주고 위로해 줄 오래된 친구를 찾아간다. 말하지 않아도 그런 글을 쓰게 된 내 심연까지 다 알아주는 오래된 친구를 만나러 가는 것이다.

간혹 어떤 눈짓이나 몸짓을 그들끼리만 주고받을 때가 있다. 나는 전혀 모르는 이야기가 주제가 될 때도 있다. 그들을 생각하는 내 마음의 크기와 그들이 나를 생각하는 마음의 크기가 다른 것을 느낄 때 공연히 서운해진다. 다음 달에는 오지 말까? 지금 사는 곳에서도 가입한 문학 단체가 있고 거기서 위로도 받고 가르침도 받지만, 누적된 인연이 얕은 탓인지 C읍의 동인들에게서 느끼는 동지애나 유대감이 느껴지지 않는다. 그들의 일은 내 일 같지 않다. 나는 돌아오는 기차를 타면서부터 다음 여행 계획을 세운다.

그렇게 벗어나고 싶었던 C읍에 다시 가서 살려고도 해봤다. 그러나 이제 그곳은 그들의 터전이고 나에게는 허락되지 않는 땅이다. 붙잡던 손을 놓고 떠나올 때 그들 역시 나를 놓아버린 것이다. 산도 바다도 하늘까지도 모두 나를 놓아버렸다. 잠깐 만나 끊어진 이야기를 이어 붙이며 웃음을 나누는 것이 고작이다. 끝나면 그들은 머물고 나는 떠나와야 한다.

세상을 다 살아볼 수는 없고 나를 아는 모든 이들의 마음에 남을 수도 없다. 지금 사는 곳이 나의 세상이고 지금 만나는 사람이 나의 이웃이다. 그러나 그들의 마음에 다가가기에 나는 너무 서툴고 같이한 추억이 없어 외롭다. 추억을 같이 나눈 사람을 만나고 지난 삶의 터전을 그리워하는 여유까지 잃는다면 지루한 세상을 살아낼 재미가 없을 것이다.

오래된 나의 여행도 머지않아 끝날 것이고 내가 사랑했던 사람들도 나를 잊을 것이다. 기운이 있을 때까지는 그리운 사람들을 만나러 가자. 결국 내가 먼저 여행을 끝내고 긴긴 여행을 떠날 테지만 떠나기 전까지는 오래된 여행을 계속하자.

온천과 삶의 지혜

김광남
woonjae927@hanmail.net

 큰딸과 함께 일본 벳부시에 도착했다. 규슈 오이타현에 있는 벳부시는 온천이 모여 있는 곳이다. 지구의 숨결인 양 동네 곳곳의 온천에서 올라오는 하얀 증기는 셀 수가 없다. 거기에 묻어오는 코를 찌르는 유황 냄새로 온천 동네에 왔음을 실감한다.
 지구 중심 내핵의 온도는 약 4,500℃이고 지표면은 15℃ 정도라고 한다. 한창 젊었을 무렵 광산에서 일한 적이 있다. 갱 입구에 들어서기만 해도 한여름엔 시원해서 조금은 두꺼운 옷을 입어야 막장에서 일할 수 있었다. 지구 내핵까지는 6,400km이고 지표면 흙의 두께는 15~35km 정도라고 하니 지구 전체 깊이에서 보면 지표면은 불판 위에 올려진 철판 두께처럼 얇다. 벳부시의 온천은 무려 2,800여 개라고 하니 구멍들이 뿜어대는 열기를 생각하면 무섭다.

오래전에 미국 옐로스톤 국립공원에 갔었다. 하얀 증기가 피어오르는 간헐온천을 지나는, 구불구불한 널빤지 석 장 정도의 목재 다리를 걸었다. 헛디뎌 흐르는 온천에 떨어질까 노심초사했던 생각이 난다.

이곳 숙소인 山莊 神和苑칸나와엔/黃梅花 객실에 짐을 풀었다. 객실마다 온천탕이 있고 노천 온천탕은 6층에 있다. 숙소의 환경은 쾌적하고 서비스는 정중하다. 식재료는 고급인데 걸맞은 감칠맛은 없지만 비주얼은 대단하다.

언젠가《축소지향의 일본인》(이어령)이라는 책을 읽은 적이 있다. 이들이 자연물에 나타낸 축소 문화는 우리와는 대조적이다. '밧줄(綱)과 수레바퀴(車輪)' 이야기를 보면, 밧줄로 자연을 끌어오려고 한 일본인과 수레를 타고 자연으로 가려는 한국인을 묘사한다. 일본의 정원 문화는 바로 이 '축소 문화'와 연결된다. 자연을 자기 것으로 만들려는 방법을 직접적인 조원(造園) 수단으로 나타낸 것이 축경의 정원이다. 분재, 꽃꽂이, 상자 속에 들어간 작은 신(神), 무엇이든 작게 만들고 사용하는 데는 세계에서 첫손가락을 꼽는다. 길거리에 통행하는 차들을 보면 대체로 경차가 주를 이룬다. 숙소에 꾸며놓은 정원이나 작은 방들, 음식을 담은 그릇과 상자들이 하나같이 작아 소꿉장난 같아 실소를 금할 수 없다.

예약한 식사 시간이라고 한다. 아래층 식당에는 사람들이 별로 없다. 알고 보니 방마다 사람들의 머리가 보인다. 한 코너마다 네댓 식구의 가족이나 단체가 세 곳에 나누어 앉을 수 있다. 맞은

편에는 요리사가 우릴 마주 보고 옆엔 서빙할 여인이 다소곳이 서 있다. 가운데 진열대에는 지금부터 만들어질 요리의 고급진 식재료들이 줄 맞춰 놓여 있다. 즉석에서 조리하는 과정을 보면서 식사한다. 여러 차례 즉석요리가 나오고 마지막으로 넓은 사각 철판에서 소고기를 굽는다. 알코올을 뿌려 순식간에 불꽃을 일으키는 퍼포먼스로 화끈한 대미를 장식한다. 임금님 수라상이 부럽지 않다.

저녁 식사를 마치고 잠깐의 휴식 후 속옷 위에 일본 전통 의상을 걸치고 6층의 노천온천장으로 올라갔다. 한눈에 내려다보이는 동네는 수많은 하얀 온천 증기가 머리를 풀어헤치고 하늘을 오른다.

온천에 들어가기 전, 물의 온도를 확인하고 적절한 시간 동안 몸을 담근다. 온천물은 짙은 유황 냄새와 젤을 바른 것처럼 매끄럽고 뜨겁다.

수많은 잎침으로 온몸을 찌르는 것 같은 뜨거움은 오히려 통쾌하다. 물속은 온몸을 달구고 물 밖의 머리는 시원해 서로 이질적 감각은 쾌적해 날아갈 것 같다. 뜨거움에 길들어 시뻘게진 몸이 열탕에서 빠져나와 선베드에 누웠다. 겨울바람이 몸속으로 파고든다. 데워진 몸을 식히느라 냉온의 충돌로 온몸이 더욱 상쾌하다.

온천은 단순히 몸을 담그는 곳을 넘어, 삶의 지혜를 발견하고 자신을 성찰하는 특별한 공간이 될 수 있다. 우리가 일상에서 겪는 수많은 스트레스와 걱정들을 잠시 내려놓는 연습이다. 온천은 몸이 이완되면 마음도 편안해진다는 이치를 일러준다. 잠시 모든 것을 잊고 온전히 현재에 집중하는 경험을 통해, 우리는 삶에서 무엇이 중요한지, 어떻게 하면 진정한 휴식을 얻을 수 있는지 깨닫게 된다. 바로 이완과 내려놓음의 지혜이다.

예로부터 온천을 '치유의 샘'이라 불렀다. 다양한 미네랄 성분은 피부 미용, 근육통 완화, 혈액 순환 촉진 등 신체적인 효능뿐만 아니라, 지친 마음을 위로하고 회복시키는 정신적인 치유 효과도 얻을 수 있다. 몸과 마음의 상처를 보듬고 스스로를 돌보고 회복하는 것이 얼마나 중요한지 배우게 된다. 마치 온천수가 오랜 시간 지하를 흐르며 자연의 에너지를 품듯이, 우리도 삶의 고난 속에서 지혜를 얻고 더 단단해질 수 있다. 회복과 치유의 지혜를 얻는다.

노천 온천장 물속에 누워 초저녁 하늘을 본다. 별은 총총 서녘 하늘에 반짝이는 개밥바라기가 오래전에 보낸 빛으로 나와 눈이 마주쳐 안부를 묻는다. 문득 하와이의 마우나케아산 천문대 아래 관측소에서 본 별들이 생각난다. 하늘을 가득 채우고도 남아 흘러 넘쳐 곧 쏟아질 것 같았다. 별천지에서 맞는 축복이었다.

온천장에서 밤 동네를 내려다본다. 이국의 동네이기는 하지만 왠지 아늑하고 포근해 보인다. 고층건물이 없어 더 정다워 보이는지도 모르겠다. 뱀 꼬리 같은 차도의 가로등은 줄지어가는 차들을 연신 보낸다. 나지막한 동네의 수많은 불빛이 반짝이며 조곤조곤 정답게 서로의 사연을 나누고 있다.

직장에서 퇴근한 가장을 중심으로 한 상에 둘러앉은 가족이 하루 일과를 도란도란 나누는 불빛. 공장의 엔지니어들이 벨트 컨베

이어 앞에 앉아 제품을 조립하는 기다란 불빛도, 결혼식을 마치고 신혼의 단꿈을 꾸는 호텔 방 핑크빛 사랑의 불빛도, 미국에서 날아와 온천탕에 몸 담그도록 도운 딸애의 정성으로 사랑을 나누는 우리 가족의 불빛도 그중 하나일 것이다. 사람 사는 크고 작은 질박한 이야기는 어디에서나 다르지 않지 싶다. 노천온천에서 내려다본 동네의 반짝이는 불빛은 그런저런 사연을 나누고 있으리란 상상을 하다 보니 두 시간이 훌쩍 지나고 있다.

웅장한 자연 속에서 온천수에 몸을 담그는 행위는 자연의 위대함 앞에 겸손해지고, 자연의 순리에 따르는 법을 배우게 된다. 복잡한 도시를 벗어나 자연 속에서 온천을 즐기다 보면, 평온함 속에 내면의 소리에 귀 기울이게 된다.

온천은 단순히 쉬어가는 장소가 아니라, 인생의 여정 속에서 우리가 무엇을 얻고 무엇을 놓아야 하는지를 깨닫게 해주는 소중한 공간인 것 같다. 온천은 몸과 마음을 치유하고 삶의 방향을 되돌아보게 하는 깊은 삶의 지혜를 선사한다.

사물함에서 속옷을 꺼내 입고 겉옷을 걸친다. 삼박 사일 온천 여행의 마지막 저녁이다. 내일 새벽에는 이곳 노천온천장에서 바다를 차고 오르는 일출에 새해의 소망을 담아보리라.

유정한 꽃차

김영수
yyss0506@hanmail.net

 꽃차 생각에, 오래된 꽃무늬 찻잔이 불려 나오고 물이 끓는다. 꽃차 향이 그리운 날은 햇빛도 춥고 바람도 외롭다. 나를 잊고 싶을 때는 술잔이 친구요, 나를 찾고 싶을 때는 찻잔이 친구라 하던가. 술도 마실 줄 모르는 사람이 술잔과 찻잔을 들먹이며 일상에 없어서는 안 될 친구로 여기니 민망하다. 다 지난 이야기이지만, 알딸딸하다는 말을 이해할 정도로는 마셔봤고 차갑고 뜨거운 술기운도 느껴봤다. 술잔은 채워야 맛이지만 찻잔은 그득 채우는 게 아니라는 주도(酒道)와 다도(茶道)도 어깨 너머로 기웃거린 세월이었다. 이제는 이 모두가 향수로나 존재하는 옛 기억일 뿐이다.
 마른 꽃 몇 송이를 찻잔에 떨군다. 단단한 꼭지가 찻잔 테두리에 부딪히면서 들릴 듯 말 듯 탱! 소리를 낸다. 경쾌하다. 끓인 물을 잔에 반쯤 따르자, 꽃 속에 갇혀 있던 시간이 꽃잎에 얹혀 하나씩 풀려난다. 들리지는 않지만 움직임이 분명한 소리다. 옹크렸던 몸을 펴는 투둑투둑 소리가 내 심장을 건드린다. 따끈한 물이 꽃잎의 몸을 구석구석 어루만지자 발그스름해진 꽃송이가 옷고름을 풀고 가슴을 연다. 요염하게 무르익은 시간이 찻물에 우러난다. 뜨겁던 생의 내력을 속속들이 드러낸 물색답게 붉은빛이 진하다.

따뜻한 물속에 들어앉으면 뭉쳤던 하루의 피로가 풀리듯이, 흠뻑 젖은 꽃잎들이 제 혈색을 되찾는다. 꽃으로서 한 생을 살며 지우지 못한 고단함을 뒤늦게 해소하고 싶은가. 찻숟가락으로 꽃송이를 건드리니 숙였던 고개를 들고 올려다본다. 눈높이를 낮춰 서로 숨결을 느낄 만한 거리에서 처음으로 눈을 맞춰보는 순간이다. 눈빛이 순박한 듯, 어찌 보면 슬픈 듯도 하다. 꽃 중앙에 위치한 노르스름한 암술과 수술이 조화롭다. 겉 꽃잎에 덮여 잘 보이지도 않던 것들이 실은 꽃송이의 중심을 잡고 있던 거로구나.

더는 이 세상 것이 아닌 죽은 꽃잎이었는데 따스한 물에 담그니 손가락, 발가락 꼼지락거리며 살아 움직이는 생물이 된다는 경이로움에 숨이 멎는 것만 같다. 찻잔 속의 꽃은 생명을 잉태하여 이승에서의 성스러운 책무를 이미 종료한 홀가분한 과거다. 무슨 미련이 남아 다 지나간 삶의 서사를 새삼스레 다시 읊겠는가. 존재하는 것들의 마지막 소명은 풍화 아닌가. 마른 꽃이 제아무리 예쁘다 한들, 영혼과 육체가 모두 떠난 빈껍데기라는 점은 달라지지 않는다. 하지만 제 몸 깊숙이 가두었던 향을 따듯한 물에 녹이는 순간 빈껍데기가 아닌 꽃의 잎, 꽃잎으로 바뀐다. 바람과 햇볕이 꽃잎의 물기는 날려버렸다 해도 한 생의 기억마저 지우지는 못했을 터. 일생에 걸쳐 온축한 이야기를 맛과 향의 언어로 남기고 싶은지도 모른다.

찻잔 속 물이 향기롭다. 향내를 맡으려고 들이쉰 가느다란 숨결에도 나이테 모양의 물결무늬가 흔들린다. 반 모금 입에 머금고, 없는 듯 풍기는 조용한 맛을 향유하며 꽃 이야기를 듣는 시간이다. 내 마음이 평온하면 우주도 숨을 고르는지 사위가 고요하다. 어둠 속에서는 소리가 더 잘 들리듯이, 고요하면 향기가 더 멀리 더 깊은 곳까지 스며든다. 죽었던 꽃잎인데 물을 만나자 나풀거리며 살아나는 생기가 신비하면서도 낯설다. 생을 한번 닫으면 그만인 인간의 유한성을 역행하는 데서 오는 낯가림인가 보다. 삶을 접은 지 오래되었어도 의식을 놓지 못한 정신이 마른 꽃잎에 숨어 있다가 환생할 수도 있을까. 육신과 정신은 한날한시에 떠나는지, 따로따로 시차를 두고 떠나는지 문득 궁금하다. 물속에서 살아나는 꽃송이로 작은 찻잔 안에 공존하는 삶과 죽음을 본 시간이다.

죽음이란 문을 닫는 동시에 문을 여는 시작이 될 수 있다는 것을 마리골드라는 말린 꽃잎에서 본다. 우리말로는 종류에 따라 천수국, 만수국이라 부른다고 한다. 가장자리를 둥글게 에워싼 붉은 꽃잎 안쪽에 암술과 수술을 거느린 노란 별 같은 꽃잎들이 오글거리며 숨어 있다. 그래서 찻물이 불그스름한 노랑이었나 보다. 빨강과 노랑의 조화가 따스하다. 그 따스함은 생을 마감한 후 꽃잎이 펼쳐질 때야 비로소 드러나는 품성이리라.

잘 우려낸 꽃차를 앞에 두고 내가 나를 마주한다. 나는 내 안에 늘 있어 왔고 앞으로도 어디 갈 일 없으니, 나를 잊는 일도 나를 찾는 일도 더는 부질없다. 내게는 이제, 있어도 그만 없어도 그만 인 술잔과 찻잔이다. 안다. 알지만, 가끔은 나를 잊어버리고 싶을 때가 있고 문득문득 나를 찾고 싶을 때가 있을 미욱한 나를 위해, 술잔과 찻잔이 내 삶 가까이에 좀 더 머물면 좋겠다. 모금모금 꽃차를 음미하니 유정하다. 정이 있으니 유정(有情)하고, 그윽하고 조용하니 유정(幽靜)하다. 내 마음을 읽었는지 찻잔 속의 꽃들이 생긋, 웃는다.

이젠 옛말로 넘겨 보내요

김예경
agedum@hanmail.net

   사람은 나이 먹을수록 고집이 더 강해진다고 한다. 몸은 나이 먹을수록 힘이 빠지는데 고집은 어째서 더 좋아진다는 것일까? 그러잖아도 늙으면 이리저리 소외되는 세상인데 고집까지 강하다면 '불통 노인'이라는 딱지가 붙으면서 더욱 외톨이가 되지 않을까?

   그런 딱지쯤이야 붙거나 말거나 위세 좋게 잘 사는 박 사장 같은 이도 있기는 하다. 나와 동갑인 박 사장은 자그마하니 탄탄한 몸집에 성질이 불같고 고집은 항우장사다. 그를 보면 늙을수록 고집이 더 강해진다는 말이 맞는 것 같기도 하다. 당연히 가족들에게는 불통 거사이지만 그러나 누가 뭐래도 그는 제왕이다.

   요즘 세상에 그토록 팔자 좋게 사는 남자라니! 그런 이를 이렇게 말하는 것은 참 미안한 일이지만 나는 그를 정말 딱한 사람이라고 생각한다. 평생을 두고 그가 제공하는 모든 수고와 물질적 혜택에도 불구하고 온 가족의 기피인물인 왕따로 살고 있으니 말이다. 물론 독불장군 그에게는 아무려나 상관없는 일이겠지만.

곧 팔십인 나이에도 여전히 현장에서 뛰는 박 사장은 매사에 자신감이 대단해 보인다. 그만한 재력에 체력까지 탄탄하니 그 나이에도 그런 고집과 열정을 유지할 수 있나 보다. 부러운 열정이기는 하지만 재력은 고사하고 체력부터 달리는 나 같은 사람으로서는 결코 오르지 못할 나무다. 그렇다고 오르고 싶은 나무도 아니다.

고집이라면 외딸로 자란 나도 자유로울 수만은 없는 단어다. 어려서부터도 고집이 세다는 말을 자주 들었으니 말이다. 평소에야 내가 고집이 센지 아닌지 알 수가 없지만 어떤 계기가 생겼다 하면 여지없이 드러나는 것으로 보아 역시 나는 고집이 센 사람인가 보다 여긴다. 나이 먹을수록 더 강해진다면 내 고집은 얼마나 더 강해졌을까?

누구나 다 나름의 고집은 있게 마련이다. 그런데 어디서 어디까지가 고집이고 아닌지에 딱히 정해진 기준이 있는 것은 아니다. 다른 사람들이 보기에도 타당하다 싶은 의견을 고수하는 것을 두고 고집이라 할 수는 없지 않을까? 현실을 무시한 무조건인 자기 주장을 고집이라 해야 할 것 같다. 아전인수 격이지만 나는 고집도 적당히는 있어야 한다고 생각한다. 기면 기고 아니면 아니지 무슨 사람이 이래도 흥 저래도 흥이란 말인가. 자기 의견이 없이 물에 물 탄 듯 술에 술 탄 듯 흐리멍덩한 사람을 나는 좋아하지 않는다.

정말 사람은 나이 먹을수록 고집이 더 강해지는 것일까? 고집이 세다는 평을 들어온 나부터 살펴보자. 그런데 노년에 들면서 내게는 생각지 못한 변화가 하나 생겼다. 내 주장을 고집하며 아옹다옹하는 일이 힘들고 귀찮아진 것이다. 예전 같으면 분명 벅벅 고집을 썼을 일인데도 이까짓 죽고 살 일도 아닌 이 불편한 상황을 얼른 포기하고 편해지고 말자는 생각이 먼저 들곤 한다. 그래서 고집을 포기해 보니 크게 자존심 상하는 일도 아니고 고집을 주장했을 때처럼 후회가 드는 일도 아니었다. 오히려 얼른 포기할수록 더 빨리 편해진다는 사실을 너무 늦게 알게 된 것이 후회라면 후회다.

내 고집 전선에 이런 변화가 생겼다고 하면 나이와 함께 융통성이 좀 생겼나 보다고 할지도 모른다. 그러나 그보다는 기력이나 자신감이 떨어지는 데에서 오는 무력감과 포기 탓이 아닐까 싶다. 융통성이든 무력감이든 고집을 내려놓는 여유가 연륜에 있다면 나이 먹는 것이 꼭 서글픈 일만은 아니지 싶다. 그래서 나이 많아지는 것은 편안해지는 일이라 하지 않던가.

이 글을 쓰면서 마음먹고 주위의 노인 동지들을 살펴보았다. 박 사장이야 워낙 특이한 인물이니 그런 이가 또 있을 리는 만무하고, 여전히 고집이 만만하다는 노인네가 두어 명 보인다. 그러나 요즘 이 어떤 시대인가? 요즘 젊은이들은 어른의 고집이나 주장을 받아들이기는커녕 이해하려고도 않는다. 어른이라고 고집을 내세우면서 왕따로 외롭게 살기를 원하는 부모도 없다. 여전히 고집 세다는 노인네들 몇도 실상은 나처럼 고집을 포기하고 편안함을 선택하는 방향으로 바뀌어 가는 것이 눈에 보인다. 세태가 이렇게 변하는데 고집이라고 변하지 않고 견디랴? 나이 들면 고집이 더 강해진다는 말도 이젠 옛말이 아닐까?.

가만, 거울 속의 저 굳은 표정의 할머니가 누구더냐? 저 얼굴에 고집까지 덧씌운다면 그 고약한 표정이 얼마나 더 흉할까? 감각으로 치자면 고집만큼 딱딱하고 차디찬 것도 없다. 아직도 다 버리지 못한 고집의 그늘이 저리도 우중충하게 남아 있단 말인가. 너도나도 고집을 내려놓고 따뜻한 할머니 할아버지가 되겠다는 세상이다. 고집만 남은 노년이라는 말을 이젠 옛말로 넘겨 보낼 일이다.

그나저나 박 사장이 내가 자기를 두고 이렇게 고집불통이라고 흉본 사실을 알면 나를 얼마나 괘씸히 여길까? 하지만 그 친구라고 언제까지나 힘과 고집을 고수할 수야 있으랴? 머지않아 그에게도 힘 빠지고 고집도 빠지는 날이 오지 않고 어쩌랴? 그때는 그도 나이 먹음의 편안함을 느끼게 될 것이다. 여기 그에게 꼭 보여주고 싶은 시 한 구절이 있다.

'늙어서 이리 편안한 것을.'

그런데 그가 이렇게 말하면 어쩌나?

"난 항상 편안하다오."

인생 후반전
-삶이 내게 어떻게 살 거냐 묻거든

추대식
choopr412@naver.com

    퇴직하면서 인생 후반전을 설계했다. 개인 권리구제 및 이익 지킴이 역할의 '행정사'가 되기로 방향을 잡았다.
    주변에선 "고생만 하고 돈은 안 된다."라며 말렸고, "이제는 하고 싶은 일할 때도 됐다."라고 응원도 했다. 권리구제 특성상 억울함을 줄여야 하는 긴박함이 있어 탁상 위 유선전화기를 휴대폰에 연결했다. 불특정 다수 의뢰인에게 최대한 다정하게 응대하고자 노력하는 가운데, 상담은 보통 5~10분 정도 진행되지만 때에 따라 2~30분 이상도 한다.
    대화가 끝날 즈음 마무리 질문을 받게 된다.
    "상담료 얼마입니까, 입금하겠습니다."
    "상담료 없습니다. 100퍼센트 무료입니다."
    이는 오래전 고향의 작은 농장을 강제수용당해야 했던 억울함에 대한 대리만족이고, 지금까지 사회로부터 받은 크고 작은 혜택에 대한 보답일 뿐이다. 무엇보다 하고 싶어서 하는 일이다.

 토지수용은 공공의 이익을 명분으로 이루어지는 대신, 수용당하는 토지주 대부분이 피해를 본다. 수용 주체는 법이 정한 테두리 내에서 진행한다고 하지만, 전문가 입장에서 보면 법과 제도적 허점이 교묘하게 이용되고 있음을 알 수 있다. 사실 민간 기업은 기업 자체 이익 창출이 목표 아닌가. 그런 민간 기업이 공공의 이익을 위한 사업을 한다는 자체가 허울이다. 의심할 여지가 없는데도 현재의 법과 제도는 이를 할 수 있도록 보장하고 있다.

 '명동 농장'은 작은 규모지만 소중한 내 땅이었다. 십 수 년 전, 지방 토호 건설회사 '삼정기업'이 돌연 나타났다. 막무가내 지역발전 명목으로 수용이 추진되었고 농장 일대가 혼란에 빠졌다. 어느 순간 가치를 무시한 채 시세 절반의 헐값에 건설회사 이름으로 바뀌어버렸다. 부모님 손때가 묻고 피땀 흘린 땅에 토목공사 말뚝이 박혔다. 뒤질세라, 공사 차량의 매캐한 매연이 한적한 고향의 순수한 향내를 덮었다. 오랜 기간 두 발 디디면서 시간을 심고 정성을 기울였던 터전이 사라진 것이다. 무력감과 상실감, 억울함에 가슴이 무너졌다. 당시 방위산업체에 근무하면서 국산 헬리콥터 '수리온' 개발에 몰두하느라 적절하게 대응하지 못했다.

 행정을 처리하는 과정에 법과 절차는 칼이다. 그러나 농장수용에 적용된 것은 환부를 도려내는 수술 칼이 아니었고 오염된 정육점 칼일 뿐이었다. 엄연한 사유재산이라 법과 제도가 보호해 줄 거라 믿었지만 희망이 산산조각 났다. 제때 제대로 대응하지 못하면 빼앗길 수 있다는 현실, 지켜내지 못한 미안함을 털어버리고 승화(昇華)시켜야 했다. 그때의 아픈 경험이 지금의 '행정사무소'를 운영하게 된 계기다.

명분 있게 뒷받침 논리를 만들거나 증거를 찾아 이를 행정문서로 작성해서, 국가나 공공기관으로부터 인정받는 것은 보기보다 쉬운 일이 아니다. 나는 주로 행정심판, 토지보상, 국가유공자, 독립운동가 발굴 등 전문성이 요구되는 일을 한다. 국가에서 요구하는 필요한 조건을 갖추고도, 증명이 제대로 안 되어 자신의 권리 이익을 침해당하고 인정받지 못하는 경우가 있기 때문이다.

글쓰기에 몰입(沒入)하는데 갑자기 벨 소리, 도심 속 절간 오두막 분위기가 흐트러진다. 무음 처리를 깜빡한 탓이다. 지난해 봄, 블로그로 사무소를 검색한 칠십 초반의 남성이 전화를 했다.

"다정한 행정사죠. 상담하고 싶습니다."

그는 50여 년 전 육군특수전사령부 예하 여단에서 근무했었다. 당시 공중에서 지상으로 침투하는 낙하 훈련 중 돌풍에 휘말려 큰 부상을 입었다. 곧장 군병원으로 이송되어 슬관절 파열로 진단받았고 수술한 뒤 의병 전역했다. 반세기 세월 동안 통증과 후유증으로 생업전선에 많은 어려움을 겪었지만, 보훈대상자가 될 수 있다는 사실도 몰랐다. 뒤늦게 알고 과거 입원 자료를 근거로 국가유공자 신청을 했다. 그러나 국가보훈부로부터 거절당했다. 이유는 '신청인의 몸 상태가 불편한 건 인정되지만, 군 복무 당시의 부상에서 비롯된 것인지 연관성이 불분명하다.'라는 거였다.

그가 사무소를 찾아와, 신체상 괴로움과 두 번씩 거부된 사연을 어두운 표정으로 하소연했다.

"다리 근육이 당기는 후유증으로 어려움을 겪고 있고, 쪼그려 앉을 수가 없어 고통스럽다. 풀 한 포기 뽑지 못하고, 재래식 화장실 사용도 어려워 시골 고향집을 찾지도 못한다."

구체적으로 뒷받침할 행정문서를 작성하고 MRI, CT 사진과 전문의 진료 소견서, 십여 종류 이상의 증빙자료를 구비해 국가보훈부에 재심을 신청했다. 만 1년여 기간 동안 제출된 자료에 대한 사실 확인을 거치고 결국 보훈대상자로 인정받았다. 결과 통보를 받은 그의 눈에서 회한과 감격의 눈물이 흘렀다. 그는 지금 국가에서 제공되는 병원 치료는 물론 보훈대상자 예우와 매달 보훈연금을 받고 있다.

행정 서비스를 받고 싶은 사람 대부분은 궁금증 해소나 절박한 사연이 있는 사람들이다. 그 사람들의 사연을 듣고 사실 확인과 촘촘한 행정문서를 작성하지만, 원하는 결과가 나올 때가 있고 그러지 못할 경우도 있다. 다행히 토지를 강제수용 당한 토지주 여럿에게 손실보상금이 증액되도록 조치했다. 인정받지 못한 국가유공자, 보훈대상자 등록은 물론, 최근에 3·1운동에 몸과 마음을 바쳤던 독립운동가 (故)이창수 선생님을 발굴, 서훈(敍勳) 되도록 했다. 오염된 종이 한 장이 누군가의 삶을 가로막을 때, 달콤한 위로의 말보다 아픈 이야기에 귀를 기울이려고 한다. 그들의 이익이 다시 살아 숨 쉬게 행정의 폭과 깊이, 절차를 한 번 더 확인할 것이다.

어언 9년의 세월이 흘렀고 살아오면서 가슴에 품고 있었던 수필 세계도 접하게 되었다. 만약 '삶이 내게 어떻게 살 거냐?' 물어온다면, 의뢰인의 권리를 다시 일으키는 문장, 전문 문서를 작성해서, 법과 절차라는 콘크리트로 막혀 있는 벽에 작은 출입문이라도 내주고 싶다고 할 것이다.

불특정인과 행정 사이의 숨결이 되면서 인생 후반전이 헛되지 않았으면 좋겠다. 깊은 이해를 바탕으로 하고 싶은 일, 좋아하는 일 하며 살아야겠다는 생각이다.

자카란다

원정란
goldwon88@naver.com

　LA에 계신 부모님 두 분이 편찮으시다는 연락을 받았다.
　작년 1월 1일 아버지가 전립선으로 입원하셨을 때, 다음 날 새벽 퇴원서류에 사인하고 혼자 병원을 나오셨다. 쭈욱 걸어가면 집이 있을 거라 믿은 아버지. 두 시간 후 그 사실을 알게 되어 차 5대를 동원해 찾아 나섰지만…. 밤이 되고 절망에 빠졌을 때 멕시칸 가족의 전화로 14시간 만에 아버지를 찾았다. 기적이 일어난 것이다. 그때 너무 놀라 그 누구도 아버지의 치매를 알아채지 못했다. 단지 집 전화번호를 외우고 계셨다는 이유로 그 사실을 간과했다.
　얼마 전에 엄마가 척추에 금이 가 3주 입원한 사이 아버지는 음식을 안 드시고 환자들이 먹는 엔슈어란 고단백 우유만 드시더니 변비가 생겼다. 씻는 것도 잊은 채 항문은 짓물러 침대는 피고름

범벅이라 집 안에서는 노숙자 냄새가 났다. 치료는커녕 부축조차 완강하게 거부하는 아버지는 겨울잠을 자는 거대한 회색곰이었다. 퇴원한 엄마가 911을 부르라 해 건장한 대원 네 명에게 들려 응급실에 끌려가셨다. 검사 결과 아버지는 치매가 꽤 진행된 상태였다.

이튿날, 입원한 양로병원에서 아버지는 또 탈출했다. 환자들이 평상복을 입어 통제가 힘들었다고 했다. 경찰을 투입해도 5시간째 못 찾았고, 그제야 알게 된 나는 작년 초 악몽을 떠올렸다. 어둑어둑해지자 병원에서 헬리콥터를 띄웠다. 실종된 지 10시간이 넘어서야 핸드폰이 울렸고 동생이 울었다. 꽤나 멀리 떨어진 다운타운에서 경찰이 초췌해진 아버지를 발견한 것이다.

그 일이 나를 공항으로 내달리게 했다. 요양병원 소리만 들어도 가슴이 쿵 내려앉는데 타국에서 양로병원이라니. 돌아가신 다음에 가면 무슨 소용일까. 부랴부랴 짐을 챙겨 저녁 비행기를 탔다. 수필 수업을 한 주 휴강하고 단 2주라도 심청이가 되고 싶었다. 연중행사로 지독하게 앓던 끝이라 나는 링거를 맞고 비행기에 올랐다. 간절함이 통했을까. 다행히 13시간을 잘 견뎠다.

마중 나온 남동생 차를 타고 가며 창밖을 보는데 도로변 높다란 나무 위에 매달려 무리를 이루고 있는 보라색 꽃이 말할 수 없이 아름다웠다. 동생에게 꽃 이름을 물었더니 모른다고 했다. 청보라보다는 더 보라 쪽에 가깝고, 진보라보다는 더 연한, 구름처럼 하늘을 덮은 아련한 꽃들이 숨 가쁜 나를 반겨 주었다.

엄마 집 길 건너에 있는 맥아더 공원 호수 주변에도 높은 나무

마다 온통 보라 꽃이었다. "아!" 하는 탄성도 잠시, 나무 아래를 점령한 홈리스들이 눈에 들어왔다. 보라 꽃잎 카펫 위를 차지하다니. 저건 아닌데, 뭔가 억울한 느낌이 들면서 그들이 원망스러웠다. 도대체 누가 그들을 거리로 내몰았을까. 극과 극의 대비에 가슴이 시렸다.

늘 반겨주던 아버지가 안 계신 집. 늙어간다는 것이 이렇게 힘들 줄 몰랐다고 눈물짓는 엄마를 부둥켜안았다. 너무 쇠약해진 엄마. 그저 내가 온 것만으로 기뻐하시는 것을 보니 죄송했다. 물기 젖은 시야에 들어오는 창문 밖 보라색 꽃들. 길 잃은 내 눈길이 닿는 곳마다 있어 그것으로 큰 위로가 되는 걸 알았을까. '사람 사는 게 다 이렇단다.' 나도 모르게 혼잣말을 건넸다. 바람이었을까. 화답하듯 꽃잎이 미세하게 흔들리고 있었다.

다음 날, 남동생과 배링턴에 있는 양로병원에 갔다. 아이디를 제시하고 마스크를 쓰고 제일 구석진 방으로 갔다. 아버지는 화들짝 놀랐다.

"에구, 정란이 너 어쩐 일이야? 그 멀리서. 어떻게 온 거야?"

가장 존경하는 나의 아버지. 당신이 환자라는 사실을 알고 계신 걸까. 멀리서 왔다고 반가워하고 몇 번이나 고맙다고 하더니 그다음부터는 반복의 대왕님이 되셨다. 여기가 어디냐? 엄마는 어떠시냐? 너는 멀리서 어쩐 일이냐를 계속 되풀이했다. 아버지를 안아주고 머리를 쓸어주고 뺨을 만지고 어깨와 종아리를 주물러 드렸다. 기저귀를 간 지 얼마 안 된다고 하는데도 항문이 아프다 해 장갑을 끼고 닦아드리고 약을 발라 드렸다. 괄약근도 약해져서 계속 변이 묻어 나왔다.

아버지는 탈출 이력 때문에 요주의 환자였다. 지난밤에는 창문을 뜯고 나가려고 했다며 사회복지사가 미팅을 원했다. 맞은편 테이블에 앉은 그녀는 고압적으로 아버지를 다른 병원으로 전원시키겠다 했다. 저녁마다 가서 아버지를 간병하겠다고 통사정하고는 매일 저녁 출근했다. 아버지는 어떤 날은 어서 가라 하고, 어떤 날은 막무가내로 집에 가신다고 해, 아버지를 두고 병원을 나선 날은 한참을 울었다.

며칠 후 자정쯤, 엄마가 숨쉬기가 힘들다 했다. 원하시는 대로 열 손가락을 따고 청심환을 드려도 차도가 없었다. 결국 911을 불렀다. 응급실엔 보호자 한 사람만 허락이 돼 나는 대기실에 머물렀다. 공교롭게도 나 빼고는 다 흑인이었다. 반복해서 소리를 지르는 사람, 고개를 떨구고 잠에 빠진 사람, 계속 부스럼이 난 다리를 긁고 있는 사람, 하나같이 노숙자 같았다. 냉방 탓도 있었지만, 한기가 느껴져 눈을 감았다. 갑자기 높다란 나무가 줌인 되며 보라색 꽃이 눈 속에 가득 찼다. 머리부터 따뜻해지더니 온기가 온몸으로 퍼졌다. 나는 더 이상 떨지 않았다.

다음 날 아침, 부정맥 환자인 엄마는 심장에 넣은 페이스메이커를 점검하고 필요하면 스텐트 시술도 하기 위해 수술실로 이동했다. 엄마를 다독거려 들여보내고 대기실에서 기다리는데 얼마 지나지 않아 주치의가 나왔다. 그는 서툰 한국말로 페이스메이커도,

혈관도 상태가 괜찮다며 회복실로 안내했다. 엄마 침대는 창 쪽에 있었다. 마취가 덜 깨어 잠시 눈을 떠 나를 보고는 다시 눈을 감으셨다. 그때 〈달려라 하니〉 주인공 같은 한국 간호사가 하이톤으로 인사하며 손목 쪽 동맥을 통해서 봤기에 지혈하는데 2시간 정도가 걸린다고 했다. 혼자 유학 와 간호사가 되기까지 힘든 과정을 들려주는데 그녀 뒤로 긴 창문에 다시 몽환적인 보라가 가득했다.

"선생님, 저기 저 보라색 꽃나무 이름을 아세요?"

"아, 저 꽃이요. 너무 아름답죠? 저건 '자카란다'예요."

처음 듣는 이름이었다. 검색해 보니 능소화과에 속하는 남아메리카가 원산지인 나무였다. 로스앤젤레스 곳곳에 만개해 있는 자카란다. '화사한 행복', '우정과 존경', '행운과 평화', 꽃말까지 고귀한 꽃나무였다. '자·카·란·다'라는 네 음절마저 마음에 박히는 나무는 내가 자괴감으로 힘들 때마다 큰 위로가 되어주었다.

엄마는 양로병원으로 옮기셨다. '알콧재활병원.' 병원 입구부터 자꾸 눈물이 나왔다. 혹여 엄마가 양로병원에 버려졌다고 오해하는 것은 아닐지, 과연 재활을 마치고 무사히 집으로 돌아가실 수 있을지, 겁나고 무서웠다. 오직 엄마만 바라보고 산 아버지, 집에 가고 싶어 하는 아버지를 위해 엄마라도 꼭 집으로 가자고 다짐했다.

나는 일주일을 연기, 한 주를 더 머물렀다. 아침 8시 반에 엄마 병원으로 출근해 종일 있다가 저녁에 아버지 병원에서 퇴근했다. 몸이 힘든지 입안이 헐고 눈꺼풀도 떨리고 살짝 어지러웠지만, 정신은 어느 때보다 청청했다. 아버지 병원에서는 기저귀를 안 갈려고 한다는 둥, 데스크에 와서 집에 간다고 소리를 지르신다는 둥 계속 전화했고 그때마다 남동생과 달려가야 했다. 어쩌나. 양로병원에 남겨질 부모님과 고단한 동생들, 돌아가야 하는 발걸음이 쇳덩이처럼 무거웠다.

떠나는 날 아침에 늦었다며 도망치듯 엄마 병원을 나왔다. 차마 정상적인 이별을 할 수 없었다. 공항 가는 길. 하늘을 덮은 자카란다가 나를 배웅해 주었다. 보랏빛 고운 자태가 멀리 와줘서 고맙다고 안아주던, 평생을 우아하게 사셨던 엄마를 닮았다. 곧게 뻗은 나무는 가끔 멀쩡하실 때 '늦기 전에 어여 가라.'고 등 떠밀던, 평생을 가족에게 헌신하며 사셨던 아버지의 모습이었다. '고맙습니다.'

언젠가 두 분이 떠나시더라도 자카란다는 내 안에 계속 피어 있을 것이다.

전농동 605번지

송옥영
oakyoung46@hanmai.net

　서울에 올라와 이 동네 저 동네 점찍듯 이사를 다니다 묵동 어느 신축 빌라 반지하에 세를 들었다. 전기만 끄면 대낮에도 깜깜절벽이었지만 아이가 많으면 방 얻기가 쉽지 않던 시절이라 그것도 감지덕지 쫓겨나지만 않으면 다행이었다.
　그즈음 비누공장 하는 친구가 급전이 필요하다며 이자는 달러로 쳐줄 테니 돈을 좀 빌려 달라 하기에 셋방살이에 신물이 나 있던 터에 귀가 솔깃했다. 총알 한 방으로 떼 꿩을 잡고 싶었다. 달러 이자란 미끼를 덥석 물었다. 팥 방구리 쥐 드나들 듯하던 친구가 돈을 건넨 후로는 발길이 뜸해졌다. 그리고 얼마 후에 그녀의 부도 소식을 들었다.
　설상가상 사는 집마저 주인이 은행 빚을 갚지 못해 곧 경매에 넘어갈 거란 소문이 돌았다. 정신이 번쩍 들었다. 자칫하다간 이대로 거리로 나앉을지도 모른다. 은행으로 동사무소로 뛰어다니며 사실관계를 확인했다. 다행히 1981년에 제정된 임대차 보호법이 우리 가족을 지켜주었다.

그 상황에 집주인은 방세를 올리려 했다. 임대 기간은 아직도 두 달이나 남아 있었다. 그 요구를 거절하자 갑자기 여자의 태도가 돌변했다. 내 집에서 당장 나가라며 입에 담지 못할 욕설을 퍼붓기 시작했다. 급기야 창문까지 발로 걷어차는 등 난동을 부렸다. 주위의 신고로 경찰까지 다녀갔다.

당장이라도 집을 사고 싶었다. 친구한테 털리고 남은 거라곤 반지하방 전세 보증금 이백사십만 원밖에 없었다. 그 돈으로 집을 보러 다니다 터덜터덜 발길이 닿은 곳은 전에 잠깐 살았던 전농동 605번지였다. 낯설지가 않았다. 골목에 들어서니 구멍가게에 '점포 세놓음'이라는 쪽지가 먼저 눈에 들어왔다. 이 가게를 인수해 장사하는 건 어떨까. 가게를 둘러보니 공간은 좁아도 살림방이 있어 아이들 키우며 장사하기엔 안성맞춤일 것 같았다.

문제는 돈이다. 남편과 상의해 시골 땅을 담보로 빚을 내기로 했으나 가게에서 콩나물조차 외상거래를 해본 적이 없어 은근히 부담이 됐다. 마치 번지점프대에 오르긴 했으나 뛰어내리지 못하고 머뭇거리기만 하는 형국이었다. 그때 내 등을 떠밀어 낸 건 나를 벼랑으로 내몰았던 그녀, 집주인의 얼굴이었다.

장사를 시작하니 물 만난 고기는 우리 아이들이었다. 도매시장에 물건을 사러 가며 아이들한테 가게를 맡겼다. 어느 날 방 청소를 하다 옷장 밑에 삐죽이 머리를 내민 초콜릿 껍질이 보였다. 깊숙이 빗자루를 들이밀자 과자 껍질이 줄줄이 꼬리를 물고 나왔다.

가게엔 또 다른 고양이 한 마리가 있었다. 소시지 한 개 훔쳐 먹진 않았어도 물건 값을 몰라 멋대로 세일을 하는 남편이었다. 오백 원짜리 과자는 삼백 원, 이천오백 원인 식용유는 천오백 원을 받아놓고 아이들에겐 엄마한테 말하면 안 된다고 입 단도리를 시켰지만 막내딸이 미주알고주알 모두 내 귀에 고해 바쳤다.

백 원짜리 과자는 한 개를 팔아야 겨우 십오 원, 오백 원 하던 솔담배는 오십 원의 이윤이 붙던 시절이었다. 이 괭이들을 그대로 두었다간 어물전에 생선 한 마리 남겨놓지 않을 것 같았다. 세 아이에게 매일 백 원씩을 주어 우리 가게에서 사 먹게 했다. 하루는 유치원생 아들이 무슨 일로 심통이 났던지,

"나 이제 엄마네 가게에서 안 사 먹을 거야."

한껏 유세를 떨다가 쪼르르 통장네 가게로 내뺐다. 고객 관리 잘 못해 턱밑 단골 하나를 잃었다.

가게를 시작하고 무엇보다 곤혹스러웠던 건 손님이 외상 가져간 사실을 인정하지 않을 때였다. 며칠 전 기석이 엄마가 맥주와 음료를 외상으로 사간 적이 있었다. 그 사실을 까맣게 잊은 듯해 슬쩍 귀띔하자 그런 적 없다고 펄쩍 뛰었다. 난감했다. 장부엔 가져간 날짜와 품목이 또렷하게 적혀 있는데도…. 황당했지만, 그의 기억이 돌아오기를 기다릴 밖에. 문제는 다음 날 해결됐다. 그는 잠시 깜빡했다며 사과하고 우리 가게 찰단골이 되었다.

현주네는 동네에서 사는 축에 속했다. 전화기가 귀했던 시절, 백색 전화기가 있었고 담장 밖으로 피아노 소리도 흘러나오곤 했다. 현주 엄마는 콩나물을 사갈 때 항상 바구니를 가지고 왔다. 콩나물은 대가리가 맛있다며 모조리 골라 갔다.

햇볕을 독식하는 큰 나무가 없이 모든 수종의 나무가 고르게 볕을 받는 야트막한 동산 같은 동네, 골목에서 노는 아이들 웃음소리조차 물관을 타고 올라가는 나무의 수액처럼 느껴지던 전농동 605번지는 난파당한 우리가족에겐 아늑한 포구였다.

거친 바람은 때로 풍랑을 일으키지만 배를 목적한 항구에 더 빨리 도달하게도 한다. 역풍은 맞았지만 오 년 후 우리는 드디어 내 집에 문패를 달 수 있었다. 성질머리는 고약했어도 묵동 집주인은 그래도 고마운(?) 바람이었다.

제발 자르지 마세요

유점남
yjn2011@naver.com

어제 내린 비에 얼굴을 씻고 나온 푸른 잎들이 어서 오라 손짓한다. 한껏 맑아진 새소리를 들으며 계단을 오른다. 돌탑을 지나고 오솔길을 걸어 한참을 가면 잣나무 숲에 이른다. 벤치에 앉아 숨을 고르면 나도 한 그루 나무가 된 듯 고요해진다

오가는 산책길에 관심 하나가 생겼다. 그날도 숲에 갔다 내려오는 길이었다. 가느다란 나뭇가지에 손바닥만 한 메모지 하나가 파란색 끈으로 묶여 있었다.

좀작살나무입니다. 제발 자르지 마세요. 여름에 흰 꽃이 촘촘히 피어 가을엔 보라색 열매를 맺습니다. 자꾸만 잘라서 꽃과 열매를 볼 수 없습니다. 겨울에는 이 열매들이 새들의 먹이가 되죠.

비닐에 코팅되어 담긴 예쁜 손 글씨가 한 편의 시 같았다. 밑줄까지 그어진 '제발 자르지 마세요.'라는 간절한 글귀를 읽고 나면 누구라도 그 나무를 자르지 못할 것 같았다. 잊어버린 채로 지나쳤던 좀작살나무가 그제야 보였다. 이파리 가장자리가 물고기를 잡는 작살처럼 뾰족해서 붙여진 이름이지만, 거친 어감과는 달리 보드라운 이파리와 잎자루 끝에서 피어나는 꽃과 열매가 어찌나 예쁘던지 몇 번이나 걸음을 멈추었던 그 나무였다. 그런데 이제는 볼품없이 변해서 무슨 나무인지도 몰라보게 되어 있었다. 나도 그 나무를 보고 같은 생각을 한 적이 있었다.

몇 해 전부터 구청에서는 도로 정비를 위해 해마다 길옆 나뭇가지들을 사정없이 잘라버렸다. 그 바람에 좀작살나무의 새로 나온 가지도 뻗는 족족 잘려 나갔다. 매번 꽃도 열매도 없는 나무가 안타까웠다. 어느 날, 나무를 자르고 있는 아저씨들이 보여서 '꽃과 열매를 볼 수 있는 나무는 가을이 올 때까지 그대로 두었으면 좋겠다.'고 조심스럽게 말했다. 그때 한 분이 힐끗 쳐다보며 '우리는 시켜서 하는 일이니 구청에 얘기하세요.' 하며 귀찮다는 듯이 쏘아붙이고 돌아서서 나무 자르는 전정기를 돌려댔다. 겨우 용기 내었던 말도 날카로운 기계음에 함께 잘려버리고 말았었다.

이틀 후였다. 나무 앞을 지나는데 웬일인지 메모지가 보이지 않았다. 아래로 떨어졌나 줄기를 들춰보고 이파리 속을 헤쳐도 보았지만 어디에도 없었다. 몹시 서운했다. 메모를 쓴 사람도 실망이 클 것 같았다.

며칠이 지나고 난 뒤였다. 몇 명의 젊은 여인들이 나무 앞을 서성이고 있었다. 가까이 가보니 새로운 메모지가 붙어 있는 것이 아닌가.

 좀작살나무라고 해요. 여름에 흰 꽃이 촘촘히 피어 가을엔 보라색 열매를 맺습니다. 해마다 잘라서 꽃과 열매를 감상할 수 없습니다. 겨울에는 이 열매들이 새들의 먹이가 된답니다.
 이젠 제발 자르지 마세요.

이번에는 더 부드러운 문구로 바뀌어 있었다. 손 글씨가 아닌 타이핑 글씨로 코팅된 것을 단단하게 노끈으로 묶어 놓은 모양이 감동이었다. 잃어버렸던 아이를 다시 찾은 것처럼 반가웠다. 글을 읽고 난 젊은 여인들 중 누군가는 어디서 그 열매를 본 것 같다며 고개를 끄덕이고 어떤 이는 이름도 처음 들어본다며 이파리를 만져보기도 했다. 나는 그동안에 손 글씨 메모지가 사라진 거며 새로운 메모지가 붙은 내력을 이야기하며 마치 내가 메모를 붙이기라도 한 것인 양 뿌듯해하고 있었다.
 얼굴도 모른 사람이지만 두 번씩이나 달아 놓은 메모지를 보며 무슨 일이나 쉽게 포기해 버리는 나와는 다를 거라는 생각이 들었다. 자신을 위해서나 다른 어떤 일도 쉽사리 포기하지 않을 것 같았다. 그가 써 놓은 글은 지난날의 나를 돌아보게 했다.
 결혼을 하면서 교직을 내려놓았다. 시가에 들어와 신혼살림을 하기로 했던 탓에 어느 정도 적응하고 나면 금세 학교로 돌아갈 것으로 믿었기 때문이다. 그런데 시부모님 시동생들, 두 아이를 키워내는 동안 내 이름은 온데간데없이 묻혀버렸다. 맏며느리로 아내로 형수로 엄마로 살았다. 이름만 사라진 것이 아니었다. 간혹 내가 하고 싶은 일들이 꿈이 되어 싹을 내밀었지만 사정없이 싹을 잘라버렸다. 그때마다 내 안의 나무에선 한숨 소리가 들리는 듯했지만 매일 주어진 일에 매달리며 돌아보지 않았다. 가족들에겐 숨 돌릴 틈도 없이 어려움이 몰려왔고 그때마다 나를 먼저 내려놓아야 했다. 늘 남의 눈에 보이는 것에만 충실했다. 그러느라 결국 학교에도 돌아가지 못했다.

　나의 돌봄 속에서 가족들이 다 떠나가고 난 뒤에야 잊고 지내던 내 이름이 생각났다. 까마득히 잊고 있었던 화가가 되고 싶었던 어릴 적 꿈도 생각났다. 뒤늦게 그림을 시작했지만 그것마저도 손주 보기를 자처하며 쉽게 접어버렸다. 간신히 싹을 틔운 내 안의 나뭇가지를 스스로 잘라버린 것이다. 그 바람에 제때 돌보지 못한 내 나무는 무성한 잎도, 예쁜 꽃도 피지 못하고 실한 열매도 없이 빈손으로 가을을 맞았다. 그 꿈들을 자르지 않았더라면 지금쯤 예전 보았던 좀작살나무처럼 고운색의 열매를 달고 있으련만….

　허전한 마음으로 산책길에 오르면 거친 비바람에 많이 상한 내 안의 나무가 말을 걸어온다.

　'혹시 나를 잊으셨나요? 이젠 제발 자르지 마세요.'

조화옹의 실수

조병갑
kap914@naver.com

 '새는 제 이름을 부르며 운다.'는 말이 있다. 그런데 '운다'는 말이 좀 애매한 듯하다. 우리는 길짐승, 날짐승, 곤충류를 통틀어서 그들이 내는 소리를 운다고 한다. 과연 그들은 울고 있는 것일까?
 인근 야산에 올랐다. 아주 가까이 새소리가 들렸다. 한두 마리가 아니라 떼로 몰려다니며 재잘대는 소리가 마치 가방을 둘러멘 소녀들이 모여 수다 떠는 모습 같았다. 자세히 살피니 내 엄지보다 조금 더 큰 놈들이었다. 날랜 동작으로 마른 나무줄기를 쪼아대며 무언가를 찾고 있었다.
 '째잭 재잭 재잭 째재잭.'
 모양은 뱁새인데 소리는 이름과 닮지 않았다. 여럿 중 한 마리가 다른 나무로 포로로 날아갔다. 잠시 뒤 거기서 내는 소리는 더욱 높게 내지르는 듯하였다.

"이리 와라!"

친구들을 부르는 것 같았다. 그곳으로 몰려가서 또다시 재잘재잘 이야기를 나눈다. 그 소리를 들으며 나는 '새가 운다'라는 말은 옳은 표현이 아니라고 생각했다. 새들이 내는 소리는 서로 간의 대화일 수 있고 경고와 놀람의 절규일 수도 있으며, 흥취의 노래일 수도 있다. 또한 새소리는 사랑을 부르는 연가는 아니려나? 개중에는 정녕 슬픔을 쏟아내는 소리도 있을 것이다.

뻐꾹채꽃이 피어나고 아카시아꽃이 흐드러질 즈음이면 이산 저산에서 뻐꾸기 소리가 들려온다. 가까이서 울어도 고즈넉한 음향이 우리의 가슴속 깊숙이 스며든다. 눈감고 들으면 그리움을 불러오는 소리. 본향에 이른 듯 나른한 평온이 밀려들기도 하고 때로는 서글픈 심상에 젖기도 한다. 도대체 이러한 정서는 어디서 오는 것일까.

우리 민족은 오랜 떠돌이 생활을 거쳐서 한반도에 들어왔다. 현생인류의 발원지는 아프리카라고 한다. 태어난 고장을 떠나 열사의 땅 중앙아시아를 거쳤다. 또 알타이 지역과 몽골고원의 드넓은 초원도 지났다. 바이칼호수변과 만주벌판을 유랑하다가 마침내 한반도에 들어와 정착하였다. 먼 길을 돌고 돌아왔으니 그 여정이 얼마나 고달팠으랴. 온갖 역경과 시련을 겪다 보니 가슴속에는 설음이 쌓이고 한이 응어리졌지 싶다. 그래서 우리는 한 많은 종족이 되었다. 한이 가득한 마음으로 들으니 짐승들의 소리가 모두 울음으로 들리고 뻐꾸기 소리는 그렇게 슬펐나 보다.

지금도 나의 귓가에는 뻐꾸기 소리가 아련하다. 소릿결이 고와서 좋아하게 된 지 퍽 오래되었다. 그런데 수년 전 티브이에서 뻐꾸기 탁란(托卵)의 비밀을 낱낱이 밝혀주는 방송을 보았다. '어허, 거 참!' 하는 찬탄이 저절로 나왔다. 마치 인간이 달나라에 올라가 달의 실체를 밝힘으로써 이태백이 놀던 계수나무 아래에서 옥토끼가 방아 찧던 꿈이 깨지듯, 실망이 밀려들었다. 실망이 깊으니 배신감도 컸다.

어미 뻐꾸기가 주인이 자리를 비운 사이에 남의 둥지에 접근하였다. 소복이 놓인 알 중에서 하나를 슬쩍 물어 던지고 자기 알을 낳아 놓고 얼른 자리를 피했다. 거기까지는 그래도 '에이, 얌체 족속!' 하며 비웃고 넘어갈 수 있었다. 그러나 갓 깨어나 눈도 뜨지 못한 핏덩어리 새끼가 하는 짓은 차마 눈뜨고 보기 어려웠다. 힘없이 비척거리면서도 어기적어기적 꿈적거리며 등짐을 지듯 하여 다른 새끼와 남은 알들을 하나하나 둥지 밖으로 밀어냈다. 모질고 집요한 놈이다. 자기를 품어준 의붓어미의 친자식들은 다 죽이고 둥우리를 독차지하는 광경은 정말 참담하였다.

철면피, 고약한 사기꾼, 끔찍한 살생 마. 어떤 저주의 말을 가져다 붙여도 모자랄 것 같은 배신감. 그토록 정겹던 음성이 사기꾼의 속삭임이었구나! 하고 낙담하였다.

그런데 알고 보니 그에게도 그럴 만한 사정이 있었다. 여름 철새인 뻐꾸기도 서식지가 아프리카라고 한다. 기후에 민감한 동물이어서 거기서는 너무 뜨거워 새끼를 낳아 기를 수 없단다. 매해

우리나라에 와서 번식하는 이유다. 원체 이동 거리가 멀어서 여기에 지체할 여유도 별로 없다. 5월 말경에 와서 새끼를 낳아 기르고 8월 말이면 돌아가야 한다. 고작 3개월이다. 둥지를 짓고 여러 개의 알을 낳아 품을 시간 여유가 없다. 절체절명(絕體絕命)의 길. 그가 살아남을 유일한 방법이 탁란(托卵)뿐이다. 이래저래 뻐꾸기는 고달픈 새이다. 그 울음소리가 슬픈 것도 이해된다.

태초에 조화옹이 천지 만물을 지으셨다. 하늘과 땅, 산과 강, 바다 등 세상을 짓고 보니 참 아름다웠다. 헌데 덩그러니 비어 있는 창공이 공허하여 새를 만들어 날렸다. 넓은 하늘을 자유롭게 비행하는 모습이 보시기에 좋았다. 여러 종류의 새를 만들어 날리니 번식력에 균형이 맞지 않았다. 그분이 자연생태계의 균형을 유지하는 원리는 '대어 중어 식하고 중어 소어 식하라.'인데 먹이사슬 질서에서 빠지는 놈이 있었다. 아차 싶어 부랴부랴 조정자(調停者) 하나를 만들어 보냈다. 그놈이 바로 뻐꾸기다. 뻐꾸기 새끼가 모질기는 하지만 체질(體質)에 새겨진 유전인자(遺傳因子)에 따라 자신도 모르고 행하는 몸짓이다. 그러니 거기다 대고 죄를 물어 무엇 하랴. 생각해 보면 그도 희생자다. 따지려면 오히려 조화옹에게 가야 하고 탓하려면 그분을 탓해야 한다.

봄이 또 무르익고 있다. 멀지 않은 곳에서,

'뻐꾹 뻐꾹 뻐벅꾹.'

소리가 들린다. 여전히 여운이 있다. 애절한 한의 소리. 자식을 부잣집 업둥이로 들여보내고 마음을 삭이지 못하여 주위를 맴돌며 한량없이 울어대는 소리, 쓰린 가슴에서 나오는 슬픈 한숨 소리다. 어미가 불러주는 슬픈 노래를 듣고 자라는 새끼는 또 하나의 슬픈 새가 된다.

집도 절도 없이 떠돌다 가는 새. 생명 가진 것에게는 슬픔도 필연인 것을. 나는 앞으로도 계속 뻐꾸기 소리를 좋아하다가 조용히 떠나고 싶다.

주름처럼 여울진 그 맛, 돗괴기엿

오인순
ohsoon9651@daum.net

 달이 밝은 밤 창가에 서면 그리움이 목까지 차오른다. 그 그리움은 가을의 얼굴인가, 선명했던 감정들도 낙엽처럼 퇴색되며 스러진다. 별을 헤이는 시인이 부러운 계절, 마을 어귀 빈 들녘에서 본다. 아련하고 먼 길에 목말랐던 가난한 행복이 어린 시절의 단맛을 끌고 온다.
 조선시대 풍속화가 김준근의 〈당임매매〉를 들여다본다. 엿 만들어 장사하는 그림이다. 머리에 끈을 두른 남자 아이 둘이서 마주 보고 엿가락을 늘이고 있다. 한 아이는 버티고 다른 아이는 엿가락을 잡아당기려 한다. 그 밑 받침대 위에는 엿가위가 있다. 뒤쪽에는 머리를 땋아 내린 더벅머리 아이가 허리께에 돈주머니를 차고, 자판에 길게 끊은 가락엿과 둥글게 만든 엿을 진열하여 판매하고 있다.

이 그림을 보노라니 철컥, 철컥~. 엿장수의 가위질 소리가 어디선가 들리는 듯하다. 먹을 것이 그리 많지 않던 시절, 엿장수는 반가운 손님이었다. 엿타령 소리가 구성지게 들려오면 조용하던 마을이 들썩거린다. 엿장수는 엿만 파는 게 아니었다. 가위질 소리에 맞춰 부르는 익살스런 엿장수 타령은 골목골목을 흥건하게 적시며 사람들을 불러냈다.

"둘이 먹다 한 사람 죽어도 모르는 울릉도 호박엿이요."

너스레를 떠는 엿장수의 가위질 소리를 들으면 아이들이 하나둘씩 엿판으로 모여든다. 어디서 찾았는지 신문지, 소주병, 뚫어진 냄비, 고물들을 한두 개씩 손에 들고 있다. 엿을 바꿔 먹으려는 눈빛이 초롱초롱하다. 아이들은 엿판을 둘러싸고 침을 흘리며 투박한 칼과 가위로 엿을 잘게 뗀 맛배기 엿을 받아먹는다.

짧은 서리 가을, 뜨겁던 여름의 기억은 잊어버리고 조 농사가 끝나면 어머니는 돼지고기 엿을 고았다. 먹거리가 많지 않던 시절에 엿은 단맛을 내는 엄지척이었다. 어쩌면 엿은 별미를 넘어 원기와 기분을 회복시키는 주요 음식이었는지도 모르겠다.

제주의 엿은 사탕을 먹듯 씹어 먹는 엿이 아니다. 진액처럼 숟가락으로 떠먹는 건강식이자 보양식이다. 겨울철에는 해산물마저 충분치 않아 단백질 섭취가 어려웠다. 그래서 추렴한 돼지고기를 엿으로 만들어 먹었다.

엿을 만들려면 우선 단맛을 지닌 엿기름이 있어야 했다. 어머니는 가을이면 햇볕 좋은 날 갖은 채소를 말리며 난든집 나듯 엿기름을 만들곤 했다. 물에 충분히 불린 겉보리를 소쿠리에 얇은 천을 깔고 흩뿌리듯 널고서 수시로 물을 뿌려 하얀 뿌리와 파란 싹이 나오면 햇볕에 바짝 말렸다. 말린 겉보리를 손으로 비비면서 뿌리와 싹을 털어 빻아 가루로 만든다. 애면글면한 엿기름 만드는 과정을 보노라면 어머니의 깊은 마음을 보는 듯했다.

돗괴기엿(돼지고기엿)을 만드는 과정은 너무나 간단하다. 그렇지만 삶을 어루만지듯 하룻밤을 넘기는 인내의 시간을 지녀야 한다. 맨 처음 돼지고기를 삶는다. 돼지고기의 누린내를 없애기 위해 끓는 물에 마늘과 된장을 넣고 반쯤 익혀 건진다.

질게 지은 차조밥과 엿기름을 함지박에 넣고 미지근한 물을 부어 주물럭거린다. 고루 섞다 보면 엿기름물이 거친 손가락 사이사이를 다독이며 미끄러지듯 지나간다. 엿기름물을 방안 아랫목 따뜻한 곳에 이불을 덮고 대여섯 시간쯤 둔다. 그렇게 하고 나면 당화가 일어나며 뭉글어진다. 차조밥과 엿기름은 깊은 흔적 없이 삭혀져 엿물이 된다. 엿물을 바라보노라면 척박한 둥지의 힘들었던 시간도 삭으며 누그러진다.

엿물을 베주머니에 넣고 치대며 주물러 즙을 짠다. 그건 한여름 뙤약볕이 쏟아졌던 조밭 고랑의 시간이라고 할까. 시뻘겋게 달아오른 얼굴, 불로 지지듯 달군 등짝도, 쉴 새 없이 이마에 흘러내렸던 땀도 쓰라리게 녹아내린다.

불을 지펴 솥에 엿물과 돼지고기를 넣어 끓인다. 부지깽이로 타오르는 불길을 뒤적거리면 불꽃이 너울너울 춤을 추며 이글거린다. 어머니 옆에 쪼그리고 앉았던 나는 매캐한 연기로 눈을 뜰 수가 없다. 어머니는 고운 채망으로 불순물을 걷으면서 허기졌던 감정들을 잔잔하게 털어내지 않았을까. 엿물에 푹 삶아진 돼지고기는 건져서 식으면 먹기 좋은 크기로 잘게 자른다. 이때 돼지고기 한 점은 두고두고 잊을 수 없는 어머니의 숨결 맛이었다.

거품을 걷으며 국물이 끓으면 자른 돼지고기를 넣고 눌러 붙지 않게 젓는다. 불을 줄여가며 걸쭉해질 때까지 저으며 한참 고은다. 주걱에 달라붙은 국물을 손가락에 찍어 먹으면 입안에 흐르는 단맛이 호사스럽다. 떡을 찍어 먹으면 금상첨화다.

나무 주걱에서 젤 정도의 농도로 국물이 흘러내리면 불을 끄고 식혀서 엿 단지에 담는다. 더할 나위 없이 낫낫하고 단맛 나는 돗괴기엿이다. 어머니는 허리를 펴시곤 "아, 달다." 하시며 엿 단지를 궤 위에 놔두고 보물을 다루듯 하셨다. 그 엿 한 숟갈씩 떠먹으면 배가 든든하고 그 추운 겨울도 눈을 털고 일어설 수 있었다.

차가워진 바람 사이로 아련한 그리움이 노을빛으로 물들어 간다. 가을과 겨울 사이의 고혹적인 몸짓들이 속삭이며 내게로 온다. 도리깨침이 도는 단맛 나는 어머니의 돗괴기엿, 또 먹고 싶다. 그 여울진 그리움은 곰삭은 주름처럼 속수무책으로 마주할 수밖에 없다. 추억 속에 흐르는 안타까운 목마름의 불빛만 남아 스산하다.

차림새

이윤기

　차림새만 보고 과연 신분을 짐작할 수 있을까.
　재래시장에서 이웃 아주머니를 만났다. 그는 연로하신 친정 부모님을 모시고 살았는데 얼마 전에 부친상을 당했었다. 그의 부모님은 보기 드물게 60년을 해로하신 부부여서 모친 안부를 물어 보았더니 입맛을 잃은 채 계속 누워만 있는 모친을 위해 인삼을 사러 왔다고 하였다. 집으로 돌아와서 그 아주머니 모친이 입맛을 잃었다는 말이 자꾸 마음에 걸렸다. 마침 간밤에 제사 지낸 음식이 있었기 때문에 구절판에 골고루 담고 보온병에 식혜를 넣어 구절판 위에 올려 보자기로 쌌다.
　그 댁에는 뜻밖에도 여자 손님이 두 명 있었는데 안면이 있는 사람들이어서 인사를 했다. 그런데 한 사람은 그냥 멀거니 쳐다만 보고 모른 체를 하는 바람에 무안했다. 시간이 조금 지나니까, 내가 찻집에서 심부름 온 사람인 줄 알았다며 몰라봐서 미안하다고 하였다. 원래 그 댁은 단독 주택이라서 시골 동네 사랑방처럼 여러 사람들이 놀러 오기 때문에 찻집에다가 자주 차를 주문한다는 말까지 덧붙였다.

  나를 찻집에서 심부름 온 사람으로 알았다는 말을 듣고 집으로 돌아오면서 혼자 쓴웃음을 지었다. 언젠가 길에서도 차 심부름을 하는 사람으로 오해를 산 일이 떠올랐기 때문이다.

  시골에 살던 종시누이가 모처럼 아들네 집을 왔었다. 시누이의 아들네 집은 우리 집과는 그리 멀지 않은 이웃 동네였다. 나는 인사를 하러 가면서 시루떡을 사서 찬합에 담고 수정과를 만들어서 보온병에 넣어 찬합 위에 올려놓고 보자기로 싸서 들었다. 기사가 한길 건너편 주차장에 세워둔 차를 가지러 간 사이 길가에 서서 기다리고 있었다. 그때 "어이, 어이." 하고 누군가 부르는 소리가 들려서 고개를 돌려 보았더니 낯선 남자가 나를 보고 반가운 표정을 짓고 다가오고 있었다. 만약 그 남자가 내 앞에 와서 그냥 지나치지 않고 장난스레 말이라도 걸면 망신스러울 것 같아 주차장을 향해 걸음을 빨리 했다. 따라서 그 남자의 발걸음도 빨라지는 것 같은 느낌이 들어 마구 뛰다시피 하였다. 주차장에 들어가서야 뒤돌아보았더니 그 남자의 모습은 온데간데없었다. 그제야 안도의 한숨과 함께 한없이 어리석었던 자신의 행동을 스스로 비웃었다. 그래도 두근거리는 가슴은 진정되지 않아 시누이에게 인사하기가 바쁘게 집으로 돌아오게 되었다.

집으로 돌아와서도 마치 길에서 신발에 오물을 묻히고 온 것 같은 느낌이 쉽사리 지워지지 않았다. 그리고 여자를 함부로 얕보는 그 남자의 무례함에 상한 자존심을 쉽게 달랠 수 없어 일손이 제대로 잡히지 않았다. 그 남자의 눈에는 틀림없이 내가 차 심부름을 하는 여자로 보였던 것 같다.

그때의 나의 차림새를 다시 떠올려 본다. 어느 누가 보아도 쉽게 짐작이 가는 모양새가 아닌가. 하필이면 찬합과 구절판 위에 보온병을 올려 보자기로 싼 것을 들었으며, 입고 있던 원피스의 색상마저도 얼른 남의 눈에 띌 정도였으니….

차림새를 보면 그 사람의 신분을 어느 정도 짐작할 수 있다는 말을 듣고 공감이 될 때가 있었다. 그래서 외출을 하게 되면 때와 장소에 크게 빗나가지 않으려고 애를 쓴다. 그런데도 차림새로 인해 엉뚱한 오해를 두 번이나 받았으니 감각에 무딘 내 탓을 하지 않을 수 없다. 그저 나한테는 그 밥에 그 나물이라는 말이 딱 어울릴 뿐이라는 깨달음이 부끄럽게 한다.

5부 _ 파란 장갑의 역습

방 민 춘자 멸치국수
최영자 춘천의 안개
이오순 퀘렌시아(Querencia)
왕 린 파란 장갑의 역습
김경희 포레스트의 시간
함광남 품격 없는 사회
김대원 학전 어게인 콘서트
장익상 한솥밥
주영희 해밀
한승희 햇살 좋은 날
서민웅 향나무
이미경 현명한 무관심
최양자 화판에 그린 제비꽃 꽃밭

춘자 멸치국수

방 민
hongsan1305@naver.com

　출입문을 열자 멸치 냄새가 비릿하게 코로 달려든다. 기다란 나무 의자에 앉아 아내는 일반, 나는 곱빼기를 주문한다. 서귀포시 표선면사무소 근처, 춘자 멸치국수. 주인 이름을 내세우는 건 그만큼 맛에 자신이 있다는 거겠지. 많이 들어본 춘자(春子)란 이름이 칙칙하면서 정겹다. 맞은 벽 상단에 신문 기사 스크랩과 맛난 음식점 상 받은 사진이 고개 숙여 인사한다. 나름 유명 맛집인 셈.
　숙박한 제주시 삼양동에서 애조로를 선글라스까지 쓰고 제한 속도 이상으로 달린다. 평화로에 접어들어 샛별 오름을 지나 서귀포 지역으로 들어선다. 이내 하늘이 낯색을 바꾼다. 친절한 주인이 예고 없이 화를 내는 듯 당황스럽다. 초대한 적 없는 빗방울 알갱이가 차창에 달라붙는다. 선글라스를 벗어 흐릿한 시야에 적응해 본다. 제주시와 서귀포시가 고개 하나로 딴 나라처럼 다른 세상.

가파도 청보리밭에 갈 예정이었다. 기가 센 태평양 바람에 맞서 암팡지게 넘실대는 푸르른 보리밭을 보고 싶었는데. 기상은 훼방하고 바람도 소문껏 제대로 활약하니 배는 일정대로 떠서 갈지, 간다면 풍랑에 괜찮을지, 뱃멀미가 걱정스러운 아내는 그곳에 가자던 생각을 급히 바꾼다. 다음 목적지를 가시리로 변경해 차수를 서쪽에서 동향으로 돌린다. 평화로에서 왼편 중산간 도로로 핸들을 꺾는다.

가시리에는 유채꽃과 벚꽃 거리가 있다. 시기가 다소 늦기는 했으나 철모를 늦둥이가 기다려 주기를 바라고 갔다. 녹산로 사거리 좌우 길가에 유채꽃이 남은 빛깔을 아까운 목숨인 듯 간신히 버티고 있지만, 벚나무는 잘 키운 꽃송이를 모두 다 지상으로 시집보내고 나무줄기만 입을 내민 채 멀뚱멀뚱 쳐다본다. 두 번째로 작정한 곳도 기대 미달인데 이미 점심밥 때도 지났다. 모두 허탕이라 허기가 더욱 거세게 몰아온다. 제주 바람보다 더 빠른 속도로….

가시리는 표선면에 속하는 곳, 때마침 '춘자 멸치국수'가 생각났다. 이혜숙 작가가 보내온 책 《제주의 13월》에서 읽은 〈춘자 씨의 '과거를 묻지 마세요'〉란 글에서 소개한 곳. 차를 길옆에 세우고 그곳을 검색하니 유명 맛집인 양 줄줄이 정보가 딸려 나온다. 8km쯤, 차량으론 멀지 않다. 점심 식사할 때가 꽤 지난 시각. 그곳에 발을 디밀었을 때는 우리 둘뿐. 인터넷 정보가 뜨르르 해 혹시라도 줄을 서야 하나 잠시 걱정도 했건만 그건 괜한 기우. 그저 밋밋하고 한산한 음식점.

국물은 간이 짜고 미지근한데 면은 불었는지 입안에서 겉돈다. 허기에 두 손 들고 양은 냄비에 담긴 곱빼기를 다 먹었다. 인터넷 검색창에서 본 것처럼, 벽에 붙은 광고지만큼 그럴듯하지 않다. 유명세에 잠깐 속은 건 아닐까. 오늘 1차 목적지는 날씨가 바뀌는 바람에 취소했고, 2차 행선지마저 또 계절이 빗나가 방향을 돌렸다. 시중 소문에 넘어가 멸치국수 집을 찾아갔건만 입에 맞지 않는다. 되돌릴 수 없어 그대로 먹을밖에.

나이 스물에 시작한 사회 첫발은 초등교사의 길이었다. 학생 때 짐작한 교직 생활은 첫 학교에서부터 삐걱댔다. 기존 교사들과 관습화된 학교 직장문화가 남의 옷을 빌려 입은 것 같았다. 기성과 신진 세대의 마주침은 언제 어디서나 있는 것을 그때는 미처 몰랐다. 일터가 바뀌고 적응기가 지나면 달라질 수도 있었을 텐데. 그 시절에는 그곳을 벗어나고만 싶었다. 가파도에서 가시리로 바꾼 오늘 발길처럼, 다른 것은 혼자가 아니라 둘이라는 것뿐.

하지만 뛰어봐야 신참 개구리 그 짝 아닌가. 편입한 야간 대학을 마치고 대학원에 진학하면서 사립 고등학교로 옮겼다. 그곳 역시 이미 계절이 지나 벚꽃은 보이지 않고 시들어가는 유채꽃만 한들거렸다. 다시 인생 허기를 몰아내기까지는 강산이 바뀌는 세월이 서산으로 훌쩍 넘어갔다. 허위단심 붙잡은 일터, 역시 춘자 멸치국수 맛이었다. 선망하던 교수 생활은 간이 짠 데다 불어터진 국숫발과 같았다. 그래도 쪼그라든 뱃속을 채우며 삶의 궁기를 달랠 수밖에 없던 20여 년.

그럴 때 엉겁결 캐게 된 산삼이 수필 세계였다. 그것은 삶의 목적지를 수정하며 쌓이고 눌렸던 인생 허심을 채울 수 있는 정원 격. 그러나 이 마당으로 들어서기 위해서는 가시리에서 춘자 멸치 국숫집으로 8킬로미터쯤 달려가듯 얼마쯤 시간이 필요했다. 논문을 수없이 썼지만 수필 창작은 그냥 가까운 옆 동네 놀이터가 아니었다. 이 공원 놀이 방식은 꽤 달랐다. 그 게임 규칙을 익히고 새로운 놀이에 어울리는 재미에 빠져들어 부대끼며 살던 터전에서 미련 없이 떠났다.

오직 허기를 면하려고 엉겁결에 찾아간 '춘자 멸치국수'마냥, 이제는 비릿한 냄새만 풀풀 나는 글을 쓰며 살아간다. 누가 내 글을 읽고는 분명히 춘자네 멸치국수만도 못한 글이라 할지 모른다. 검은 타이츠 스타킹에 미니스커트를 차려입고 주름 가득한 얼굴로 식어버린 국수를 파는 그녀, 춘자 씨와 내 인생 말년 역시 다를 게 없다. 국숫집 문을 열고 불은 면발과 멸치 국물 맛을 글감 트렁크에 싣고 표선을 떠난다.

춘천의 안개

최영자
cyj8977@hanmail.met

　춘천의 안개는 여기 사는 사람들만 안다. 아침에 일어나면 시야를 가릴 정도로 안개가 내륙 안까지 포진해 있는 날이 많다. 춘천에 안개가 잦은 이유는 소양댐과 의암댐에서 밤새 피어오른 물안개가 분지 내 도시를 포위하기 때문이다. 국내 최대의 저수량을 보유하고 동양 최대의 사력댐이자 북한강으로 합류되는 소양댐은 1973년에 완공됐다. 당시 댐 건설로 많은 마을이 수몰됐다. 춘천시 북산면과 양구읍과 인제군 일대 사천육백여 세대가 다른 곳으로 이주했다. 그리고 수천 헥타르의 농경지가 수몰되었다. 여름철 비가 많이 오면 수문을 방류하는데 그때 생기는 물안개를 보러 관광객들이 몰려온다. 소양호 선착장에서 배를 타고 들어가면 고려시대에 지어진 오래된 절 청평사에 도착한다. 소양댐보다 일찍 건설된 의암댐 역시 상황은 비슷하다. 의암댐 건설로 육로였던 중도가 고립되어 중도라는 섬이 되었다. 댐 건설 후 이 도시에 정착한 나로서는 그저 안개의 외형에만 홀려 지인들에게 칭송을 늘어놓았다.

어느 날 친구들이 작정하고 안개를 보러 왔다. 모든 게 낭만으로 보이던 시절이었다. 술을 마시면서 문학을 논하고 전설처럼 회자되는 시들을 읊곤 했던 시절이었으니까. 그리고 새벽에 의암호 주변으로 안개를 보러 갔다. 다들 거기서 작품을 하나씩 써서 품평회를 하자고 했다. 우리는 호수 옆 공터에 차를 세우고 의기양양하게 내렸다. 그리고 안개를 직접 보기 위해 최대한 호수 옆으로 가까이 갔다. 그런데 몽환적으로 보이던 안개는 사라지고 주변 풍광만 전경화돼 있었다. 안개가 연기처럼 피어오르긴 했지만 수면 위 부유하는 잔해들만이 눈에 들어온 것이다. 뭔가 대단한 문장이라도 건질 것처럼 치기에 차있던 사람들은 왠지 다들 을씨년스런 얼굴들을 하고 있었다. 밤새 낭만은 다 어디로 갔는지. 지난 밤의 취기와 피곤이 겹친 것인지 다들 입을 꾹 다문 채 돌아오고 말았다. 안개를 하나의 구체적 대상으로 놓은 순간 그것이 사라져 버렸다.

춘천의 안개는 새벽보다 날씨가 온전한 낮에 보아야 빛을 발한다는 것을 살면서 알았다. 가을이면 노란 금잔화가 찰랑거리는 호반 옆 자전거 도로 너머로 유리알 같은 호수가 나르시시즘에 빠지게 할 만큼 몽환적이다. 더러 부유물이 떠 있긴 하지만 물속이 보일 만큼 투명하다. 자동차로 드라이브를 하다 보면 은빛 호수 밑으로 주변 풍경이 다른 먼 세상처럼 물구나무 서 있다. 그 모습이 마치 수몰된 마을이 여전히 물 아래 현존하는 듯해 신비할 때가 있다. 그 풍경에 현혹되면 차 사고의 위험이 있어서 조심해야 한다.

 오늘 아침도 일어나니 시야가 온통 짙은 수묵화 속의 정경처럼 짙고 습한 안개로 포진돼 있다. 그 속을 뚫고 차들의 행렬이 뒤척이는 고래의 등처럼 번뜩이며 지나간다. 문턱까지 포진한 안개는 이제 서서히 걷힐 것이다. 베란다 창문 너머 펜으로 그은 듯한 마르고 검은 나무들이 칙칙하게 서 있는 윤곽이 들어왔다. 멀리 산등성이가 아직 형체를 드러내지 않은 걸로 봐서 오늘은 좀 더 시간이 걸려야 걷힐 듯하다. 이런 날은 뇌를 자극하는 진한 커피를 한 잔 타들고 창문 앞으로 의자를 당겨 앉아서 몽상에 젖는다.
 오늘 안개는 한동안 쉬 사라질 기미가 없고, 창문을 아무리 꽁꽁 닫아도 그것은 이미 혈관으로까지 스며들어 나를 옥죄는 것 같아 스멀스멀해지는 것이다. 가까이 보면 옴짝달싹할 수 없을 만큼 침범해 있는 안개가 육안으로도 보인다. 자세히 들여다보면 물도 아닌 것이 공기도 아닌 것이 바람도 아닌 것이 불도 아닌 것이, 아니면 그 모두인 것처럼 보이는 무형의 물질들이 끊임없이 해체됐다 다시 합체가 되듯 뿌옇게 부유한다. 그 흐릿한 영상 속으로 수몰된 마을의 구부러진 길들과 가라앉은 집들, 그리고 오래된 우물과 키 큰 나무들과 나뭇잎새들이 동구 어귀 흩날리던 복사꽃과 살구꽃들과 함께 환영처럼 떠도는 듯하다. 아버지의 아버지의 아버지로 이어진 가문의 오래된 유물들과 문패가 수장되는 것을 지켜봤을 사람들의 심정은 어땠을까. 한 줌 움켜잡아 볼 양이면 어느새 손가락 사이로 빠져나가버리는 무형의 물질. 그것은 댐 밑바닥 어딘가에 수장된, 그래서 새벽녘이면 피어올랐다가 사라지는 떠나지 못한 누군가의 형상이자 떠도는 영혼인지도 모른다.

안개 몰이가 시작되면 사나흘 계속될 때가 많다. 어느 즈음 안개는 언제 그랬냐는 듯이 훌쩍 물러가 있고 청명해 있다. 그래서 이곳 사람들은 또 금방 안개에 대해서 잊는다. 그리고 다음 날 몰려온 안개에 또 갇히고, 물러가면 다시 잊어버리는 것이 반복된다.

춘천의 안개는 수몰(水沒)의 흔적이며 누군가의 시원(始原)이다.

퀘렌시아(Querencia)

이오순
sungdohwa@hanmail.net

김포에서 외곽인 감정동 산 아랫마을이다. 아직은 개발이 되지 않아 흡사 고향의 정취를 품고 있어 만나는 풍경이 낯설지 않다. 온 동네가 휴일인 듯 거슬리는 소리도 없어 아늑하다.

떨어져 나간 슬레이트 지붕, 기울어진 흙 담장, 낡은 풍경이 내 휴식(休息)의 들머리다.

몇 굽이 골목 끝쯤에 낯익은 기와 건물이 눈에 들어온다. 이유도 없이 반갑다. 숨겨놓은 정인(情人)이라도 만난 듯이 마음을 부린다. 그리고 습관처럼 느긋하게 표지판을 읽어 내린다.

"우저서원(牛渚書院)은 선조 초기에 통진 현감으로 유생을 훈도한 중봉 조헌 선생의 옛 집터에 그분의 학문과 덕행을 추모하기 위해 창건하여 위패를 모신 곳이다.

임진왜란 때는 옥천에서 의병(義兵)을 일으켜, 청주성 탈환에도 공을 세웠던 중봉은 금산 전투에서 왜군에 맞서다 전사하였다."

문틈으로 안쪽을 들여다보고는 잠긴 줄 알면서도 묵직한 문고리를 한번 잡아본다. 그러다 안내판에서 읽었던 내용을 한 컷 누른다. 이렇게 찍어놓고도 다시 읽어보지 않을 것을 잘 안다.

옛것의 신비스러움이나 의병 활동에 대한 이야기도 이곳을 벗어나면 살그머니 잊을 것이다. 넘치도록 한유로운 마음도 돌아서면 그만, 삶에 널뛰기를 하느라 잊어버리기 일쑤다. 벌써 여러 번 그래왔으니까.

서원 담장을 따라 할랑할랑 걸으며 무심히 담장에 기대본다. 문화재에 얽힌 이야기와 위안을 주는 고풍스러움에 사물사물 머리가 맑아진다. 이런 시간이 오래 영속되기를 바라면서 담장을 안고 오른쪽으로 돌아 오른다.

이 자리에서 몇백 년이나 서원의 내력을 지켜보았을 아름드리 은행나무 아래 퇴색한 은행이 지천이다. 어림잡아 한 가마니는 주울 것 같은데, 아무도 손을 대지 않았나 보다.

좁다란 산길로 사부작사부작 오른다. 먼 산등성이에는 아직 눈이 쌓였다. 양지 길은 적당히 물기를 머금어 발을 옮길 때마다 수액을 돋우어 온몸이 말랑해진다.

마른 가지마다 잎이 진 지 오래인데, 그 나무를 알아볼 수 있을까. '어디였지, 여기쯤이었나?'

어느 해 봄날이던가. 글 속에서 붉은 찔레꽃이 있다는 사실을 알았다. 글을 읽은 몇 사람이 붉은 찔레꽃에 호기심을 보였다. 글 쓴이는 자랑 삼아 실물을 보여주고 싶었는지 몇 사람을 이 언덕으로 초대했다.

모두 봄바람이 났던가, 찔레꽃 향에 취했던가. 세상에 화려한 꽃도 많고 많으련만, "진짜 처음 보네요, 어머 여기도 피었어요." 붉은 찔레꽃 앞에서 인증처럼 웃음꽃도 마음껏 피었다.

우리는 나이를 잊은 채 사진을 찍으며 하나같이 소녀가 되었다. 봄 햇살도 끼어들어 언덕은 더욱 따사로웠다. 일행의 낭만을 소중하게 여겼을까. 저자는 흐뭇한 표정으로 그저 웃기만 할 뿐, 잠시도 끼어들지 않아서 즐거움이 더해졌다.

오늘은 혼자 찔레나무를 찾는다. 잎이 없는 나무들 틈에서도 발그레 뻗은 대궁에 가시가 돋아 있어 붉은 찔레나무를 금방 찾을 수 있다. 그런데 찔레 가지를 눈여겨보다 그만 눈을 의심했다.

아직은 세밑 추위에다 능선엔 눈이 녹지 않았건만. 크고 작은 가지마다 가시를 받침 삼아 점을 찍어놓은 듯 꽃눈이 한창이다. 어찌나 반갑던지 마른 들깨 다발을 끌어다 놓고 앉아 더 가까이 살핀다.

꽃눈은 길손이 엿보는 순간에도 세상에 나오려고 서서히 뜸을 들이고 있다. 자연은 얼마나 똑똑하고 신기한가. 때를 잊어버리지 않고, 해를 거르지 않고 저렇게 출생의 순리를 지키다니.

깻단은 가을걷이 후로 몇 번이나 눈비를 맞았으련만, 아직도 들깨 냄새가 온몸으로 배어든다. 햇살까지 넉넉해 주변은 이미 봄이다.

아무도 없는 산길에 아직 꽃도 없는 언덕에 왜 멀뚱히 앉아 있는가. 머릿속은 가볍고, 그려지는 것은 붉은 찔레꽃과 간간이 들리는 산비둘기 소리, 이곳은 나의 퀘렌시아다.

스페인어 퀘렌시아(Querencia)는 '자아 회복의 장소'라는 뜻으로 류시화의 《새는 날아가면서 뒤돌아보지 않는다》에서 처음 알았다.

"투우사와 싸우다가 지친 소는 자신이 정한 장소로 가서 숨을 고르며 힘을 모은다. 그곳에 있으면 소는 더 이상 두렵지 않다. 소만 아는 그 자리, 피난처, 안식처라는 뜻이다."

그러니까 자신이 안전하다고 느끼는 곳, 지쳤을 때 기운을 얻는 곳이다.

나지막한 언덕에서 서원 지붕 한번 내려다보면 얽혔던 무엇이 풀린다. 담장을 따라 돌아내리니 500년 넘은 느티나무가 근엄하다. '이 느티나무가 서원을 지켜주는지, 서원이 나무를 지키는 것인지?' 만약 서원이 없었다면 긴 세월 동안 누구라도 나무를 가만두지 않았을 터. 아무래도 서원과 느티나무는 서로 의지하고 지켜주리라.

의병장이 된 그 소년은 동무들과 느티나무에 올랐던가, 목총으로 전쟁놀이를 하며 이 언덕을 뛰어다녔을까. 길 어디쯤 남았을 소년의 발자취에 힘없는 발자국을 포개며 조심조심 걷는다.

가까운 연못엔 마른 연(蓮) 대궁만 몇 개 솟아 있다. 효자였던 선생은 이 연못에 고기를 키워 부모님을 봉양했다는 유래가 나를 한없이 부끄럽게 한다.

도시화되지 않은 풍경, 굽은 골목길, 기와지붕과 고고한 담장, 보호수가 된 느티나무에서 보이지 않는 힘을 얻는 곳, 여기는 나만의 퀘렌시아다.

파란 장갑의 역습

왕 린
ramkang2@hanmail.net

 태양이 땅 위에 불을 지핀 것 같은 날, 산을 탔다. 다 내려오기 전부터 내 다리는 앉을 궁리부터 했다. 몸은 젖은 수건, 목은 소금 창고. 어디든 시원한 곳에 들어가 목부터 축이고 싶었다. 누가 시켜서 한 일도 아닌데 맛으로 보상받으려는 본능이 슬그머니 고개를 들었다. 식욕이 발보다 앞섰나. 어느새 소문난 식당 문 앞에 닿아 있었다.
 아기자기한 식당 분위기와 어울리지 않게 무표정한 얼굴의 중년 남자가 우리 테이블로 다가왔다. 그는 커다란 손에 터질 듯한 파란색 위생 장갑을 끼고 있었다. 메뉴판과 물컵을 놓고 갔지만 내 눈엔 장갑만 보였다. 파랑이 어찌나 쨍한지 메뉴를 고르면서도 자꾸만 그의 손을 흘끔거렸다.
 산등성마루가 한눈에 잡히는 창가 자리. 조금 전까지 숨을 헐떡이며 올랐던 산등성이가 창틀 속 액자가 되어 있었다. 걸으면서 보던 풍경이 사각 틀에 담기자 왠지 더 그럴싸해 보였다. 얼음 컵에 담긴 거품 맥주 한 모금 크게 들이켜자, 세상은 온통 내 것이었다. 황금빛 차가운 액체가 내 몸에 길을 냈나. 칼칼한 목구멍을 적시며 넘어가는 짜릿함에 갈증이 한꺼번에 씻겨 나갔다. 숨 막히는 바깥 날씨와 전혀 다른 세상. 땀에 전 꼬질꼬질한 기분마저 순식간에 날아갔다. 원샷으로 잔을 다 비울 듯 시원한 목 넘김 소리를 내던 친구가 눈을 게슴츠레 뜨며 말했다.

"생맥 첫 잔은… 첫 키스보다 황홀해."

몸과 마음이 풀리자, 방금 전까지 빈 테이블을 껍데기 벗기듯 닦아대던 서빙男의 행동도 거슬리기보단 개성 있어 보였다. 심지어 멋져 보이기까지 했다.

주문한 스페셜 안주도 기대 이상이었다. 입에 들인 순간 퍼지는 고급 치즈 향이 맥주와 딱 어울렸다. 우리는 다시 한번 잔을 부딪치며 이 맛에 산을 타는 거라고 외쳤다. 기분 좋게 먹고 마시며 정상에서 누렸던 벅찬 감동을 부풀려 소환했다. 그 가풀막을 단숨에 올랐다느니, 높이 올라야 허벅지가 단단해진다느니 즐거움을 한껏 과장하며 실실거렸다.

나른함에 취한 우리의 이야기가 잠시 끊긴 사이, "탁, 탁!" 벽면 두드리는 소리가 났다. 테이블을 닦고 음식 나르던 서빙男의 파란 손이 안쪽 벽에 가하는 난타였다. 누가 들을세라 조그맣게 내가 말했다.

"저 사람 뭐하는 거야?"

친구는 파리채 휘두르는 시늉을 하며 태연하게 말했다.

"파리 잡겠지."

하긴, 급하면 뭔들 못 잡겠어. 손님이 있든 없든 보이는 벌레를 그냥 놔둘 수는 없는 일이니까.

내가 고개를 돌리지 말아야 했다. 파란 장갑이 하는 일에 관심을 꺼야 했다. 서빙男은 홀에 손님이 있다는 걸 잊은 듯, 제자리에 잘 있는 의자를 들었다가 다시 놓고 멀쩡한 테이블을 닦고 또 닦더니 벌레 잡는 일에 몰두했다. 그가 황천으로 보낸 게 어떤 종자인지는 몰라도, 그 잔존물을 파란 장갑 낀 손가락으로 톡톡 털어냈다. 첼로 음악이 잔잔히 흐르는 실내 분위기와 너무 동떨어진 그의 행동은 한 편의 전위 예술 같았다.

하지만 누구도 그 남자에 주목하지 않았다. 구석자리 젊은 연인은 접시 위 음식엔 손도 안 대고 서로의 눈동자에 포크라도 꽂을 기세였고, 건너 테이블에 앉은 이들은 눈앞 접시에만 열중했으며 또 어떤 팀은 웃픈 정치 현실에 목소리를 높이며 세상을 씹어대고 있었다. 모두 제각각의 리듬으로 식당 안에 머무는 동안 나만 예민함이라는 망원경을 들고 그 공연에 몰입했다. 맥주도 음식도 훌륭했지만, 식사의 절정은 마치 영화의 한 장면 같은 그의 액션 퍼포먼스였다.

서빙男을 등지고 앉은 친구는 상황 파악을 하지 못한 채 샐러드 한 접시를 뚝딱 먹어 치웠다. 그러곤 말릴 새도 없이 리필을 청했다. 그는 이미 몸의 일부가 돼버린 것 같은 파란 장갑 낀 손으로 샐러드를 들고 성큼성큼 걸어와 탁자에 내려놓았다. 소심한 나는 속으로만 어버버할 뿐, 그나마 용기를 낸 나의 오른쪽 검지가 슬쩍 그의 파란 손을 가리켰다. 자기한테 빠지면 현실 감각도 잃는다더니 그는 장갑이 자랑스러운 듯 두 손을 펼쳐 보이며 말했다.

"아, 이거요? 깨끗해서 좋잖아요."

나는 1열 관객이 되어 그의 공연을 즐기는 중이었는데 서빙男의 손짓이 당당한 만큼 내 마음의 온도가 급격히 내려갔다.

비위가 상했다. 내가 너무 예민했나. 우리 테이블에 샐러드를 내려놓던 파란 장갑이 벽을 후려치는 소리를 내는 순간, 훅 열이 뻗쳤다. 갱년기? 지나간 줄 알았는데 갑자기 그런 식으로 되살아날 줄이야. 짜증인지 열감인지 분간도 안 됐다. 달았던 맥주가 김빠진 탄산수처럼 밍밍했고 음식은 독하게 달고 짜서 더는 손이 가지 않았다. 친구 기분을 생각해 말없이 그냥 앉아 있었지만 마음은 벌써 음식점 밖에 가 있었다. 결국 주섬주섬 배낭을 챙기기 시작했다.

"왜 그래?"

친구가 물었지만 말하고 싶지 않았다. 그냥 나가자고 했다. 내 눈치를 살피던 친구가 남은 맥주잔을 애틋하게 바라보았다. 그녀는 마지막 한 모금도 남길 수 없다는 듯 꿀꺽꿀꺽 털어 넣고 나를 따라 일어섰다.

홀을 막 빠져나와 계단을 내려왔는데 파란 장갑이 부리나케 뒤쫓아오며 날 불러 세웠다.

"손님, 모자 놓고 가셨어요!"

그가 들고 있던 건 내가 덥다고 벗어뒀던 챙 넓은 모자였다. 파란 장갑이 건넨 모자를 얼결에 받아든 나는 혼잣말이듯 중얼거렸다.

"이그, 저 파란 장갑이 내 머리까지 장악했네."

말해놓고도 나 스스로 멈칫했다. 그 손은 음식과 테이블, 벌레는 물론이고 하물며 나의 머릿속까지 침투해 있었다. 깨끗한 손끝보다 마음 한편의 찜찜함이 더 오래 남는다는 걸 새삼 느꼈다. 결국 파란 장갑은 내 모자뿐 아니라 내 머릿속 혼란까지 덤으로 챙겨왔다. 위생이라는 이름 아래 마음이 먼저 상할 수도 있다는 걸 그날 알았다. 모자는 받았다. 멘탈은 정중히 회수당한 기분이었다. 영수증도 없이.

포레스트의 시간

김경희
bomsky65@hanmail.net

 청록색 바탕에 "오늘의 나무를 심어보세요."라는 문장이 시선을 끈다. 화면 중앙 크림색 원형 프레임 속 진갈색 흙 위로, 싹을 내민 작은 나무가 한 그루 있다. 그 아래 '공부'라는 단어와 큼직한 타이머가 자리하고, 연한 민트색 '시작' 직사각형 버튼이 있다. 포레스트(Forest), 내가 애용하는 앱 중 하나다. 일정 포인트를 모으면 전 세계 파트너와 함께하는 나무 심기 프로젝트에 기부할 수 있다. 나는 스마트폰을 손에서 내려놓을 때 이 작은 디지털 정원사의 도움을 받는다.
 '포레스트'는 시간을 품으며 자라는 숲과 삼림을 떠올리게 한다. '밖에 있는 땅'이라는 뜻의 이 단어는 내면의 정원을 가꾸는 모종삽이 되어 집중의 씨앗이 뿌리를 내리게 한다. 독서를 할 때면 이 앱을 켠다. 하루 한 번 목표 시간을 정하고 고요한 시간을 갖는다.

10분도 채 지나지 않아 카카오톡 메시지가 메뚜기처럼 튀어오른다. 사진 묶음과 영상이 쏟아지고, 유튜브 쇼츠에서 웃음 빵 터지는 장면이 눈앞을 획획 스친다. 인스타그램 사진이 궁금하고, 스레드의 소식이 손끝을 간질인다. '이번만…' 옆구리를 찌르는 블로그의 유혹에 마음이 풀잎처럼 흔들린다. 조용함을 갈망하면서도 끊임없이 꼬드기는 자극에 맥없이 무너진다.

'포기' 버튼을 누르자 화면에 시든 나무가 드러난다. 파릇했던 잎이 순식간에 싯누레졌다. 픽셀 조합일 뿐인데, 내가 약속을 저버려 나무를 말라 죽게 했다는 자책이 짓누른다. 나무를 살려야 한다. 다시 도전! 30분 타이머를 걸고 스마트폰에서 떨어져 앉는다.

"나의 꿈을 꽃피울 시간."

시작 문구가 희망의 싹을 틔운다. 마음을 가지런히 모으고 집중이라는 약속을 나와 맺는다. 매달 책 한 권을 읽고 도서관에서 만나 토의하는 우리 독서회는 '벽돌책 깨기' 활동은 온라인으로 나눈다. 날짜별로 진도표에 맞춰 밴드에 느낌을 적어간다. 같은 책, 같은 부분을 읽고도 느낌이나 생각들이 깨알처럼 쏟아진다. 유발 하라리의 《사피엔스》나 톨스토이의 《전쟁과 평화》를 읽을 때 나는 포레스트 앱의 도움을 받는다.

시간이 흘러 스마트폰 화면을 흘깃했더니 화면에 뜬 문구가 목소리를 쩌렁쩌렁 내는 듯하다.

"집중! 집중!"

"힘내세요! 할 수 있어요!"

"저를 바라보지 마세요~."

감시인지 독려인지 앱 화면에는 사이사이 문장이 뜬다.

"오늘 할 일을 응원해요!"

"거의 다 왔어요."

디지털 응원이 산들바람처럼 스민다. 이쯤 시간이 무르익으면 누군가 말없이 엎어주는 돌봄을 받는 기분이 든다. 시력과 청력을 잃어 말까지 못 하는 헬렌을 이끌어 영혼의 눈을 뜨게 한 설리번 선생이 떠오른다.

"야호! 건강한 나무 한 그루가 숲에 심어졌어요!"

집중의 시간이 끝나면 화면에 우뚝 선 나무가 잎을 매단 채 가지를 뻗는다. 꽃이 진 자리에 열매가 맺히듯 나는 뿌듯한 웃음을 짓는다. 가상의 나무 한 그루가 선사하는 생생한 성취감이다. 도시에서 꽃 한 송이조차 키우기 어려운 나에게 이 디지털 숲은 푸른 선물이다. 스마트폰이 오히려 나에게 초록을 안겨주다니 참 아이러니하다.

혼자 있어도 '시끄러운 고독' 속에서 시달린다. 가십거리 만드는 걸 좋아하는 이들의 입말의 소란스러움, 마음의 쉼이 필요하다. 조용히 나의 나무를 심는다. 소란이 잦아들고 내 안에서 들려오는 물결 같은 숨소리만이 귀를 적신다. 30분, 60분… 집중의 씨앗을 심어두고 포레스트의 시간 속에서 나를 만난다. 나무는 조용히 자라고 마음속 고요도 차근차근 깊어진다.

품격 없는 사회

함광남
knhahm@cnaexpert.com

프란치스코 교황께서 88세로 선종하셨다. 그분의 생애는 가난하고 소외된 이들을 위한 섬김과 봉사로 일관되었고 인류의 정신적 지주가 되어주셨는데, 하늘나라로 떠나시면서 남긴 유산이 단 100달러(14만 원)라는 사실이 보도되어 많은 이들에게 큰 울림을 주었다. 행여라도 통장에 10만 또는 100만 달러가 남아 있었다면 남은 사람들의 인식은 어땠을까. 오래전, 미국의 루스벨트 대통령 부인 '엘리너 루스벨트' 여사가 뜨개질하는 모습이 소개된 적이 있었다. 미국의 영부인은 분, 초를 아껴 쓸 입장이었지만…. 그 소박한 모습에 많은 이들이 놀라워했다. 고등학교 교장을 역임한 후, 남이섬 청소부로 묵묵히 일하는 분의 모습도 알려졌었다. 이분들의 삶에서는 체면이나 탐욕, 사치 따위에는 아예 관심조차 없었음을 보면서 그 겸손과 품격 앞에 고개가 숙여지고 마음은 한없이 정화

되었다.

　요즘 언론에 오르내리는 영부인 이야기가 우리를 화나고 슬프게 한다. 역대 영부인 중에는 가난하고 소외된 사람들을 찾아 온정을 베풀고 격려한 국모(國母)다운 분이 계셨는가 하면, 투기와 사치, 부패에 휘말린 이들도 있었다. 영부인의 옷 치수와 신발의 치수가 수사의 쟁점이란 뉴스에 국고 유용 혐의까지도 받고 있다니, 한 나라의 얼굴이라 불릴 수 있는 자리에 있던 이들의 품격이 무너져 내리는 모습이 너무도 슬프고 허탈하다. 타고날 때부터 저속한 속물이었기 때문에 그런 짓을 저질렀을까.

　우리 사회에는 품격 없는 인간들이 너무 많다. 특히 지도층의 저질 언어와 행태가 우리를 화나게 하고 심지어 울화병까지 앓게 한다. 자신의 부귀영화를 위해 온갖 거짓과 꼼수를 일삼는 저질 정치인들, 권력의 주변을 기웃거리며 한자리 얻어보려는 부나방 같은 폴리페서들, 권력의 눈치를 보는 소신도 양심도 저버린 판사들, 가짜뉴스를 조작하여 퍼 나르며 선동하는 언론, 히포크라테스 선서를 시작으로 인술(仁術)에 몸 바치기로 해놓고 밥그릇 계산하느라 의사의 본분을 저버린 의사들, 권력 앞에 줄서기로 국가기밀을 외부에 발설하는 공직자, 저 살려고 1급 군사기밀을 까발리고 질질 짜며 우는 똥장군들, 제 자식 아빠 찬스로 불법 채용시키며 10년간이나 인사 비리를 저질러온 중앙선관위 간부들, '검수완박'이란 제도로 경찰과 검찰이 사건 수사를 두고 서로 핑퐁 치며 긴 세월을 허비하는 사례, 경찰이 자질 부족임에도 수사를 종결하여 진실이 은폐되고 피해자를 울리는 상황, 그뿐만이 아니다. 차고 넘치는 요란한 꽹과리 소리 같은 허위 과장 광고와 속임수 홍보, 심지어 은행까지도 돈벌이에 눈이 어두워 순진한 노년층 고객에게 위험천만한 불완전 상품 판매를 자행, 막대한 손실을 입히고 수수료를 챙기고 있으니…. 그야말로 총체적 저질 사회다. 인간의 도리를 저버린 이런 정신적 AIDS(후천성 불치병) 행태들에서 품격을 보기란 잔디밭에서 바늘 찾기다.

품격 없는 인간들 중에서 첫 번째로 꼽히는 자는 저질 정치인이다. 입으로는 나라와 국민을 들먹이며 요사한 말로 국민을 우롱하지만 그 속내는 뻔하다. 서울대에서 30년 치 신문 기사를 분석한 결과 '울분 유발자' 1위는 정치인이었다. 게다가 우리 국민 절반(49.2%)이 울분 상태에 놓여 있다는 조사 결과도 나왔다. 이 정도면 우리 사회가 '울분 사회'란 의미다. SNS에 투우장의 황소 영상이 나돈 적이 있다. 우람한 황소가 극도로 화가 치민 모습으로 관중과 시설을 닥치는 대로 들이받아 쑥대밭을 만드는 내용이었는데, 이를 본 사람들은 그 황소를 국회로 보내자며 열광했다. 얼마나 속이 터지면 그랬을까. 초등학교 어린이에게 담임선생님이 장래 꿈을 물었는데 답은 "국회의원이 되겠다."였다. 그 말을 들은 엄마가 기절초풍, 자식을 잘못 키웠다며 사과하는 영상도 있었다. 이것이 오늘의 정치인을 바라보는 국민인식 현주소다.

정치인의 존재 의미는 실종되고 국민 위에 군림하며 으스대고 거들먹거리는 국회의원 3명 중 1명은 전과자 출신이라니 시정잡배나 다름없는 그들의 품격이 어떤지 짐작이 간다. 선거에 당선된 이후의 행실을 보면 '10만 선량'이란 옛말이 무색할 지경이다. 선량(選良)은커녕 10만 명을 대표하는 모리배다. 나라의 현안이 산적해 있음에도 정치인들은 거짓과 꼼수와 선동과 괴담, 요설(妖說)로 날을 지새운다. 국회의원이 자신의 본분을 내팽개친 지는 이미 오래다. 입으로는 국민과 민생을 담고 있지만 자신의 입신양명과 소속 정당의 이해를 탐할 뿐이다. 그 방법을 보면 마치 조폭들의 행태를 방불케 한다. 무례하고 혐오스러운 입과 행태가 너무도 남루하여 우리 선조들이 기본으로 삼았던 인재 등용의 기본사항인 '신언서판(身言書判)'을 대입해 보기조차도 민망할 정도다. 조선시대 대제학을 지낸 신흠(申欽) 선생은 "지도자가 되려면 올바른 뜻을 가진 자, 배움을 게을리하지 않는 자, 의로움에 바탕을 두고 탐욕에 물들지 않은 자, 부끄러움을 아는 자, 의리를 붙들고 청렴을 뽐내는 자여야 한다."고 했다. 오늘의 정치인 중에 이런 기준에 부합하는 자가 과연 몇 명이나 될까.

   TV 화면에 나오는 국회의원의 질의 장면은 우리를 화나고 슬프게 한다. 제아무리 국회의원이라 할지라도 응답자를 대하는 태도가 그럴 수는 없다. 사람은 누구나 존중받을 권리가 있지 않은가. 의원이랍시고 고자세로 앉아 다짜고짜 고성을 지르며 죄인 다루듯 윽박지르고 인격적 모욕도 서슴지 않는다. 질의 도중 카메라가 다가오면 더욱 언성을 높이며 삿대질을 해대니 눈뜨고 보기조차 민망하다. 묻는 자의 품격은 사라진 지 오래다. 오만하고 파렴치한 정치인들의 행태는 차마 눈뜨고 볼 수 없는 꼴불견이다. 품격이 없으니 인격도 없다. 결국 국격도 추락 중이다.

품격이란 무엇인가. 품격의 힘은 강하고 아름답다. 누구도 함부로 대할 수 없는 강한 힘이 담겨 있다. 근접할 수 없는 권위와도 같은 것이다. 권위는 두 가지 형태로 나뉜다. 하나는 권력에서 나오는 권력형 권위이고 다른 하나는 인격, 신의, 겸손, 절제, 포용, 지혜와 경륜, 자비… 등에서 나오는 권위형이다. 권력형 권위는 풀잎에 맺힌 아침이슬같이 순간에 사라지지만, 권위형 권위는 영원하다. 인향만리(人香萬里)란 말이 만고의 진리이듯.

품격의 사전적 정의는 '품격은 사람된 바탕과 타고난 성품'이라고 되어 있다. 저질 정치인들은 태어날 때부터 저질스러웠을까. 아니면 성장 과정에서 저질화되었을까. 부모의 잘못은 없을 터이니 자라면서 후천적으로 그리되지 않았을까. 저질스러운 인간의 성품을 표현할 때 옛 어른들은 "조실부모(早失父母)하여 배운 게 없다."고 했다. 부모를 일찍 여의어 올바른 가정교육을 받지 못했다는 의미다. 경제 규모 면에서는 세계 10위권이라고 하지만 이런 자를 국회의원으로 선택한 국민의 확증 편향적 의식 수준 또한 품격 면에서 후진국임이 틀림없다.

한때, 어느 대통령이 '국격을 높이자.'고 강조하여 매스미디어에서 국격이란 주제가 홍수를 이룬 적이 있다. 그러나 국격이 높아진 적은 없어 보인다. 진정으로 국격을 높이려면 우선 정치인의 품격부터 바로 세워야 할 것이다.

우리의 현실이 이러하니 어찌하면 좋을까.

나는 대한민국이 품격 있는 나라, 국격이 살아 숨 쉬는 나라, 우리 사회가 진실, 성실, 신의와 교양이 살아 숨 쉬는 희망찬 문명국가가 되기를 간절히 소망한다. 정치인들이 스스로 깨닫고 개과천선하면 좋으련만, 그들의 행태를 보면 그럴 가능성이 희박해 보이니 방법은 단 하나, 유권자가 냉철한 판단력으로 투표권 행사를 엄중하게 행사하여야 된다고 믿는다. 지금도 걱정이지만 앞날도 몹시 두려우니까. 우선 나 자신부터 더 성찰하고 변화해야겠다고 다짐한다.

학전 어게인 콘서트

김대원
dk9595@hanmail.net

개관 33년 만에 폐관 소식을 알렸던 학전블루 소극장. 위기의 문턱에 대학로의 열기를 기억하는 사람들이 서 있다. 그들은 '학전'이 폐관되는 것을 보고만 있을 수 없었다.

지난해 11월 학전이 곧 폐관한다고 알려진 후 시작된 〈학전 어게인 콘서트〉. 그동안 학전을 이끈 김민기 대표에게 감사를 전하기 위해 예술인들이 마련한 릴레이 형식의 헌정 무대다. 학전에서 뻗어나간 한국 공연 무대의 뿌리가 어떠한 고난을 마주해도 지속되리라는 소망을 담아 이름을 지었다. 학전 출신 가수와 배우들은 적극적으로 홍보에 나섰다. 배우 이정은은 유튜브 채널 '요정재형'에 나와 릴레이 공연 중 하나인 뮤지컬 〈고추장 떡볶이〉가 매진되는 게 올해 소원이라고 말하기도 했다. 그들의 진심이 통했다. 3월 15일 폐관 예정이었던 소극장은 완전히 사라지는 운명은 피했다. 학전은 어떤 곳이기에 수많은 예술인의 마음을 하나로 모았을까.

"휴~, 나도 모르게 안도의 한숨이 나왔다. 김민기, 그대는 지금 가고 없어도 많은 이들이 그대를 기억의 공간에 여전히 함께 있고 싶어 소극장을 붙잡고 있다오."

1991년 3월 15일, 김민기가 설립한 학전은 극단이자 극장으로 출발했다. 배울 학에 밭 전. 그 이름에 걸맞게 여러 예술인을 키워냈다. 배우 설경구는 공연 포스터 붙이는 아르바이트로 학전에 발을 디뎠고, 이정은도 당시 포스터를 붙였다며 추억을 회상했다. 제8회 한국뮤지컬어워즈에서 〈오페라의 유령〉으로 남우주연상을 받은 조승우와 영화 〈서울의 봄〉으로 강렬한 연기를 보여준 황정민 또한 학전을 대표하는 록 뮤지컬 〈지하철 1호선〉 출연자였다. 학전은 1990년대 아이돌 문화 열풍으로 무대에서 밀려난 가수들에게도 공간을 내주어 안치환, 박학기, 장필순 등 개성 있는 목소리가 극장을 가득 채웠다. 그야말로 예술학교라는 수식어를 붙이기에 부족함이 없는 공간이었다.

학전은 폐관을 알린 이유로 경영난과 김민기 대표의 암 투병을 언급했지만 〈학전 어게인 콘서트〉 총감독을 맡은 가수 박학기는 "사실 학전은 애초에 유지될 수 없는 극장"이라 말했다. 소극장 규모로 이익을 얻기 위해서는 공연을 자주 올려야 하는데, 김 대표는 소위 '돈 되는 공연'을 목표하지 않았다. 자본 문제로 공연이 변질되는 걸 우려해 지원도 마다했다. 노래 〈아침 이슬〉과 〈상록수〉 저작권료로 공간을 지켰다. 공연의 의미를 중시하는 그는 어린이를 위한 작품이 필요하다고 강조했다. 계속 적자가 났음에도, 문화 혜택을 누리기 어려운 전국 여러 지역의 폐교를 돌면서 공연을 선보였다. 그의 굳은 신념 덕에 학전의 대표 어린이 뮤지컬 〈고추장 떡볶이〉는 지난 2월까지 열여덟 번째 시즌으로 관객과 만났다.

예술 공간의 폐관 소식이 놀랄 일은 아니다. 서울 창신동 백남준 기념관도 관람객 감소로 폐관 위기에 처했다가 극적으로 회생했다. 세실극장 역시 재정난으로 폐업 수순을 밟던 중 국립 정동극장이 새 운영 주체가 되면서 명맥을 이었다. 예술극장 나무와 물, 종로예술극장 등 대학로를 지키던 소극장들은 소리 없이 자취를 감췄다. 단순히 예술인들이 설 무대가 사라졌다는 뜻이 아니다. 작은 공간에서 극에 몰입한 배우의 숨소리를 듣고, 클라이맥스를 향해 고조되는 감정을 느끼고, 땀으로 흠뻑 젖은 배우의 눈앞에서 박수와 환호를 보내는 경험은 관객에게도 소중하다. 관객이 배우에게 직접 호응을 보낼 수 있는 예술 장르는 영화도, 드라마도 아닌 공연이 유일하다.

"벽체 하나는 남겼으면 좋겠다." 학전블루 소극장 입구에 세워진 고 김광석을 기리는 기념비만은 지키고 싶다고 말한 김민기 대표. 학전이 계속 운영된다고 해도 그의 뜻을 제대로 이어갈 수 있을지 확실하지 않다. 공간을 유지한다는 사실보다는 어떤 방향으로 나아갈지 논의하는 과정이 중요하다. 한 사람이 오래도록 지켜내고자 애쓴 가치를 안다면, 이제 그 책임을 나누어 질 차례. 무대에 선 예술인이 흔히 하는 말, "마지막 무대라 생각하고 임했다." 마지막 무대처럼 열심히 공연하겠지만 마지막은 아니길. 예술인의 미래는, 예술을 누릴 우리 모두의 미래이기 때문이다.

한솥밥

장익상
jinsan323@naver.com

 가을 단풍이 무르익어 갈 무렵, 인사 발령을 받고 서울로 올라왔다. 담벼락에 붙은 '하숙생 구함'이라는 스티커에 눈길이 붙잡혔다. 골목을 따라 찾아간 집은 인왕산 자락 옥인동 고지대에 있었다. 거처를 구했다는 안도감에 그날부터 바로 들어가 서울 생활이 시작되었다.
 출근하는 사무실은 아랫동네 통인동에 있었다. 서울 생활 3년째 되는 해 봄부터 야간대학에 다니게 되면서 시간을 아끼기 위해 사무실 가까운 곳으로 하숙집을 옮겼다. 그 집은 방이 여러 개 있어 하숙생이 대여섯 명이나 되었다. 2인 1실로 아침과 저녁 두 끼만 먹는 조건이었다. 주인은 연세가 드신 육십 대 아주머니였는데 오랫동안 하숙을 해온 분 같았다.
 저녁을 먹으면서 하숙생들이 주인집 방 앞 넓은 거실에 모였다.

밥솥과 반찬도 준비되어 있었다. 회사원, 공직자, 지방에서 유학 온 학생 등 다양한 직업에 종사하는 젊은 사람들이었다. 회사에서 꾸중을 들었다거나, 고향에서 부모님이 생활비를 보내주고 있다는 등의 대화를 나누면서 저마다의 사연을 들었다. 밥을 지을 때 쌀과 잡곡이 어우러져 한솥밥이 되는 것처럼 우리는 서로 얼굴을 보면서 자연스럽게 한식구 같은 분위기가 되었다. 주인아주머니는 저녁 늦게 집에 들어왔을 때 따로 밥상을 차려주지 않더라도 거실에 와서 챙겨 먹으라고 했다. 어떤 때에는 저녁을 밖에서 먹고 왔어도 배가 고파 야식으로 밥을 먹은 적이 있다. 월급날에는 2만 원 가량을 봉투에 넣어서 주인에게 드렸던 것 같다. 하숙비가 생활에 큰 부담이 되지는 않았다.

무역회사에 다닌다는 룸메이트는 협상과 계약을 수행하는 직업적 특성 때문인지 친절함이 몸에 배어 있었다. 영어를 잘 구사했고, 책 읽기를 좋아하는 듯 경제·경영 분야의 책을 자주 사 오곤 했다. 좁은 하숙방의 윗목에는 책이 빼곡하게 쌓였다. 나도 그중 몇 권은 읽고 내가 종사하는 분야에서 접할 수 없었던 다양한 지식을 얻을 수 있었다. 대화를 나눌 때 논리적으로 설명하는 모습은 나도 배워야겠다는 생각이 들었다. 휴일이면 대문 앞 골목에서 줄넘기하고 목욕도 같이 가기도 했다.

결혼할 때까지 여러 곳의 하숙집을 거쳤다. 옥인동 고지대의 하숙집에 있을 때 대구의 친구가 '중동 건설 현장에 취업이 되었다.'라며, 서울에 올라가니 출국 전날 하룻밤을 묵게 도와달라고 했다.

독방(獨房)을 쓰고 있어 주인에게 양해를 구하니 기꺼이 허락해 주었다. 겨울이 막 다가올 때라 방에 냉기가 돌아 따로 이불을 가져다주었고 아침 식사도 같이 차려주어 고마움의 온기를 느꼈다. 30대의 주인집 아들은 막 제대하고 복직한 내 심정을 이해하고 시내의 교통정보를 잘 알려주었다.

마지막 하숙집에 있을 때는 아내와 결혼을 약속하고 만나고 있을 때였다. 주인집 전화를 이용할 때라 고향에서 아내로부터 전화가 오면 주인아주머니는 미소를 지으며 잘 바꾸어주었다. 신혼생활을 그 집 부근에서 하게 되어 아내와 함께 인사를 갔다.

"아이고~ 새댁이 복스럽게 생겼네!"

"난 하숙을 치면서 한솥밥 먹던 사람이 결혼해서 떠날 때가 가장 보람을 느껴요."

축하 말씀과 함께 축의금 봉투까지 내 손에 건네주었다. 한편, 나와 다른 집에서 하숙하던 직장의 한 동료는 주인집 딸과 소통이 이루어졌는지, 어느 날 그 집의 사위가 되었다면서 '완전히 한솥밥을 먹게 되었다.'라고 했다.

흔히 가족을 포함, 직장 동료나 같은 단체에 소속된 사람들을 '한솥밥' 먹는 사람이라는 표현을 쓴다. 그 말의 의미는 '같은 솥에서 푼 밥'으로 단순하지만, 한 무리라는 동질성을 가진 구성원을 달리 표현하는 말인 것 같다. 넓게 보면 벼농사를 짓는 농부, 쌀가게 주인, 쌀을 구매하는 주부와 하숙생 모두가 한솥밥의 삶을 사는 인생이라고 할 수 있다. 그들의 정성이 깃든 쌀이 밥솥에 담겨 같은 불로 익히고 뜸이 들여진 밥을 먹고 있지 않는가. 지금도 나는 하숙생으로 살아가고 있다. '사회공동체'라는 한솥에서 나온 밥을 먹으며 일상을 이어가고 있으니 말이다.

그때 유행했던 최희준의 〈하숙생〉 노랫말에는 '강물이 흘러가듯 여울져 가는 길에 정일랑 미련일랑 두지 말자.'라고 했건만, 하숙생 시절 함께 지은 밥을 먹고 보낸 기억과 사연은 어떤 만남보다도 오랫동안 마음속에 자리 잡고 있다.

시간의 고삐는 묶여 있지 않았다. 내가 기억하는 사람은 누가 있고, 나를 알아주는 사람은 누구일까를 떠올려 본다. 주인아주머니와 룸메이트, 그 골목이 그리워진다. 다시 그곳을 찾아가 보았지만, 하숙집 주변은 개발의 붐을 타고 한옥 지붕도 모두 사라졌다. 골목길 부근에 잠시 서 있으니 미닫이문 여는 소리와 함께 주인아주머니의 목소리가 들려오는 것 같다.

해밀

주영희
youngesthern@gmail.com

그 아이의 눈에는 맑은 하늘이 있다. 그 아이의 이름은 "해밀." 비 온 뒤 맑게 갠 하늘이라는 순 한국말이라니 얼마나 아이에게 맞게 잘 지어진 이름인가. 이제 17개월로 접어든다. 해밀이는 이웃사촌이더니 이제 가족이 되어버렸다.

자기 입맛에 맞는 요구르트 사탕이나 치즈를 주면, 만면에 웃음을 담고 발을 동동 구르면서 좋아한다. 접시에다 국수를 담아서 주니 눈이 빤짝하더니 고개를 꾸뻑하며 고맙다는 인사를 한다. 그러고는 국숫발을 양손으로 집어서 정확하게 그 작은 입속으로 야무지게 집어넣어서 예쁜 입을 오므려 쪽쪽 빨아 당긴다. 뭐든지 먹다가 양에 차거나 먹기 싫으면 자기 입에 있는 것을 꺼내 내 입에 넣어준다. 아이에게 이제 내가 가족처럼 가까운 사람이라는 생각으로 그러는 것 같아서 참 기분이 좋다.

가끔 맛있는 과자를 보여주고는 빨리 주지 않고 뜸을 들이고 있으면 내 앞에 와서 간장을 녹이는 듯한 눈웃음을 치고 예쁜 짓을 하며 애교를 떤다.

"예쁘다."고 하면 고사리 같은 그 손으로 내 얼굴을 쓰다듬어 준다. 그러면 아이의 손에 음식이 묻어 찐득거리거나 깨끗하지 않더라도 그 영예스러운 순간을 놓치지 않으려고 얼른 얼굴을 바짝 갖다 댄다.

파란색 숟가락을 입에 거꾸로 집어넣길래 위험할 것 같아 빼앗았더니, 삐져서 웃지도 않고 고개를 빼딱하게 돌려서 눈을 내리깔고 있는 폼이 정말 배꼽을 잡게 만든다.

새로운 것을 보면 호기심을 가득 담은 두 눈이 동그래지면서 "오." 하는 소리가 동그랗게 벌어진 조그만 입에서 새어 나오는 모습은 정말 예쁘다. 온몸으로 새로운 것을 만나는 그 예의 바르고 신실한 태도가 정말 성스러워 보인다.

숨바꼭질하면 까르르 넘어가면서 좋아하며 웃음을 그칠 줄 모른다. 신나는 음악이 나오면 몸을 뒤뚱뒤뚱 흔들면서 한 발씩 들어 올렸다가 내렸다가 한다. 갖고 싶은 것이 있으면 그 앞에 가서 손으로 가리키면서 발을 동동 구르고 예쁘게 애교를 부린다. 어느 누가 그 청을 거절할 배짱이 있겠는가. 같은 경우에 자기 엄마에게는 약간 떼를 쓰면서 그러는 것을 보니 나는 예의를 지켜야 하는 사람으로 여겨지나 보다.

공원에서 유모차에 태워 가는데 웬일인지 삐진 듯이 가만히 누워 있길래 유모차를 잘못 태웠나? 추운가? 왜 기분이 안 좋을까 하고 한참 머리를 굴리고 있었다. 그런데 오리들이 보이기 시작하니까 벌떡 일어나 앉더니 "어?" 하면서 손짓하며 맑은 눈이 더 커져 반짝이더니 입술에는 드디어 배시시 웃음이 배기 시작한다.

혼자 걷고 있는데 옆에 가서 손을 잡으려고 하면 어떤 때는 내 손을 탁 떨치고 혼자서 부리나케 도망가버린다. 남편과 내가 양쪽에서 손을 잡고 장단 맞춰 하나, 둘, 셋 하고 발을 공중에 날려주면 자기가 먼저 발을 하늘로 쭉 뻗치고 까르르 좋아한다.

아직 어리지만, 배려심이 있는 사려 깊은 아이다. 자기 입맛에 맞는 것을 아무리 맛있게 먹고 있을지라도 좀 달라고 하면 내 입에 넣어준다. 예쁜 해밀이를 안아보고 싶어서 노력을 거듭하는 남편이 아이에게는 아직 낯설 텐데 그 마음을 헤아리기라도 한 것처럼 방긋 웃으면서 안기기도 하고 같이 손잡고 걸어주기도 한다.

엄마, 아빠란 말은 또렷하게 잘 발음한다. 의미 있는 말은 아직 많이 못하지만, 눈과 몸짓으로 하고 싶은 말은 다 하는 것 같다. 기분이 좋으면 온갖 소리를 내는 것이 꼭 말하는 것 같다. 아마 말이 입안에서 뱅뱅 돌고 있는 것 같다. 이제 곧 뱉어 낼 것 같다.

남편이 기침하면 따라서 억지로 기침한다. 남편이 하는 대로 신문을 양손에 들고 크게 소리 내 웅얼대며 읽는 시늉하는 것을 보고 뒤로 넘어가며 웃었다. 우리가 웃는 것을 보고는 신난다는 듯이 하던 짓을 더욱 계속하고 있다.

밖에서 뒷짐을 지고 뒤뚱뒤뚱 걷는 것이 우스워서 아이 엄마에게 물어보니 아빠 따라 그렇게 하는 것이라고 했다. 정말 하얀 도화지 같은 아이다. 그 하얀 도화지에 예쁜 그림으로만 채워질 수 있게 모든 것을 예쁘게만 보고 자라려무나.

낮에 한동안 뒤뜰의 잡초를 뽑던 날은 밤에 잠들기 전에 잡초가 눈앞에 오락가락한다. 그러하듯이 해밀이를 보고 온 날은 며칠 동안 잠들기 전에 해밀이 웃는 얼굴이 눈앞에 아른거려 행복하게 잠에 빠져들게 해준다. 아이들이 자라서 집을 떠나 허전하던 우리 부부에게 이런 요정 같은 아이를 때맞춰서 만나게 해주신 하나님께 참으로 감사하다. 이 예쁜 아이가 이제는 청량제가 되어 우리 부부의 많은 즐거운 대화의 꽃으로 자리하고 있다.

순백의 색깔로 태어난 아이가 자라나면서 인생의 색이 묻어나고 흠집이 생겨나면서 하얀색이 점점 변해 간다. 주위의 환경에 물들어간다. 부모들은 아이에게 좋은 색깔로 물들여주고 싶어 한다. 그러나 어찌 부모만의 노력으로 아이를 키울 수 있겠는가. 아이의 주변은 아이가 커가면서 바른길로 성장해 가는 큰 영향권 안에 있다. 아이 하나를 온 마을이 키운다고 했던가….

느슨해졌던 마음에 아이 키우기 동참 책임감에 문득 옷깃을 여미게 된다. 해밀이가 아름다운 아이로 성장하는 데 우리가 걸림돌이 돼서는 안 되겠다는 생각에 정신이 바짝 난다. 해밀이가 우리 부부를 더 선한 사람으로 길들이려고 하나 보다.

햇살 좋은 날

한승희
djswpsk1960@hanmail.net

　우리 집 베란다에서는 매일 해맞이를 할 수 있다. 날 잡아 해맞이를 가지 않아도 날마다 아침이면 홀연히 산능선 사이로 해가 올라온다. 어쩌다 일찍 일어난 날, 맞는 동틀 녘 아침의 붉은 기운은 살아 있는 날의 감사함을 저절로 느끼게 해준다. 출근 준비하는 딸들도 가끔 이 장면을 사각 앵글에 넣었다가 보내준다.
　어느 날, 마트에서 사은품으로 캠핑 의자를 받았다. 분홍색 캔버스 천으로 만든 조립식인 작고 낮은 의자였다. 접었다 펼칠 수 있는 철제 받침이 튼튼해 보였다. 베란다에 놓고 앉아 보니 생각보다 편했다. 이왕 앉았으니 캠핑 기분을 내본다. 냉장고에서 캔 맥주를 가져다가 시원한 거품을 들이켰다. 베란다 너머 보이는 북한산은 언제 봐도 잘생긴 남자여서 볼 때마다 마음이 설렜다. 이보다 더 좋은 안주가 어디 있으랴 싶었다. 의자 하나만으로 북한산을 집으로 초대해 캠핑 기분을 낼 수 있다니. 햇살이 좋으면 좋은 대로 비가 오면 오는 대로 눈이 내리는 날에도 언제라도 좋았다.

캠핑 의자가 생기고부터 베란다는 해맞이 명소가 되곤 했다. 일부러 해맞이 명소에 가도 늦잠을 자거나 날씨가 좋지 않아서 제대로 된 해맞이를 할 수 없었던 나에게 최고의 선물이다. 새벽에 잠이 깰 때면 베란다 캠핑 의자에 앉아 커피를 마시며 떠오르는 해를 맞는다.

식구들이 모두 나가고 혼자 있을 때 빈 의자가 눈에 들어온다. 해묵은 걱정거리를 껴안고 앉은 의자 위에는 위로받지 못하고 상처받은 마음만이 동그마니 놓여 있다. 봄볕이 따스한 날에는 눅눅한 속을 꺼내 말린다. 햇살에 꾸덕꾸덕해진 마음을 담으면서 다시 살아갈 힘을 내기도 한다.

비라도 추적추적 내리는 날이면 부침개 한 장과 막걸리 한 잔을 놓고 앉는다. 지나온 어느 날 내 곁을 떠나간 그리운 사람들을 막걸리 위에 그려보기도 한다. 젖은 마음이 더 젖어 들더라도 그 슬픔을 안으로 한껏 들여놓는다. 지나간 시간을 돌리진 못하더라도 가끔 꺼내 보는 외롭지 않은 슬픔. 작은 의자에 스며든다.

눈 내리는 바깥 풍경은 보는 것만으로 기분이 좋아진다. 굵은 눈송이가 흩어져 올라가기도 하고 내려오기도 하는 모습에 환호성을 지른다. 그 광경을 보며 배수아의 문장을 떠올린다. "엷은 얼음의 날개처럼 내려앉는다. 눈은 고요한 환각이다." 환각처럼 무거운 날들을 잊는다. 괜찮아, 괜찮아, 다독거리며 쌓였던 응어리를 어루만진다.

　때론 아무 생각 없이 의자에 앉는다. 그저 등 대고 앉았을 뿐인데 그럴 때면 한없이 자유로워진다. 해방감을 느낀다고 해야 할까? 마음이 스르르 풀어 헤쳐진다. 인간은 타인의 눈길에서 지옥을 경험한다고 하던데 타인의 눈길이 없는 이곳은 천국이려니 하고 마음껏 나만의 시간을 즐긴다. 살면서 자유롭다고 느낀 적이 얼마만인가.

　돌이켜보면 참 소란스러운 삶을 살아왔다. 빠듯한 살림에 하나의 문제가 해결되면 또 다른 근심거리가 생겼다. 당시에는 타당했던 여러 가지 이유로 하고 싶은 것들을 항상 뒷전으로 미루며 언제나 쫓기듯 살아왔다. 그러느라 하지 못했던, 할 수 없었던 일들에 대한 미련이 항상 내 목덜미를 잡았다.

　그래도 가슴속에 꽃씨를 품고 언젠가는 꽃피우리라는 작은 꿈을 버리지 않았다. 연꽃이 진흙 속에서 꽃이 필 수 있는 환경이 되기까지 오랜 시간을 기다렸다가 싹을 틔우듯이 나도 세월이 남긴 상처 자리에 사리 같은 꽃씨를 품고 있었기에 꽃피울 기회를 잡아 기쁨도 누릴 수 있었다. 어렵게 시작한 대학 생활은 나를 '나'로 세우는 중요한 이정표가 되었다. 좋은 직장엔 가지 못했어도 더 나은 삶의 방향으로 나아갈 수 있는 통로가 되었던 것만은 확실했다.

　하나둘 불이 들어오기 시작하는 도시의 밤은 낮보다 더 화려하다. 무수한 불빛이 쏟아내는 반짝이는 신기루. 잠을 수 없어서 더 안타까운 네온사인은 꺼졌다 켜지기를 반복한다. 매혹적인 도시의 불빛들은 끊어내지 못한 환상 덩어리가 되어 불나방으로 뛰어들던 시절도 있었지. 화려한 쇼윈도 앞에서 서성이며 떨치지 못했던 욕망으로 허우적대기도 했었다. 살다 보니 꼭 좋은 일만 있는 것도 꼭 나쁜 일만 있는 것도 아닌 걸 알게 되었다.

작은 의자에 앉아 잠시나마 세상사를 다 내려놓고 홀가분한 자유에 흠뻑 취한다. 살아 있음을 확인하는 짜릿한 전율. 달짝지근한 기쁨이 내 속에 가득 찬다.

문득 지금, 이 순간 나는 마음을 비운다. 이제 내게 있어 모든 시간이 햇살 좋은 날이다.

향나무

서민웅
miwoo127@hanmail.net

 늦은 봄 서울 선농단(先農壇)을 찾았다. 그날 친구와 약속한 장소가 제기동이었다. 농촌에서 자란 나는 왕이 농사에 관심을 가지고 찾았다는 선농단이 보고 싶었다. 친구 만나러 가는 길에 근처 선농단에 가보려고 두어 시간 일찍 집을 나섰다. 제기역 밖 인도에 선농단으로 가는 안내 표시가 잘 되어 있어 도로를 따라 들어가자 곧 선농단이 나왔다. 역사문화관은 문이 닫혀 있었다. 허망했다. 왕릉이나 각종 전시관이 대개 월요일에 문을 닫는 걸 생각지 못한 결과였다.
 사는 게 일희일비(一喜一悲)라고 했던가. 아니 일희일비하지 말라고 했던가. 전시관 앞마당 남서쪽에 자리를 차지한 큰 향나무가 나를 환영하고 있었다. 선농단에 천연기념물 향나무가 있다는 사전 지식이 없었던 터여서 역사문화관이 잠겨 있는 날에 오롯이 나무만 감상할 수 있으니, 문화관을 보는 것보다 더 잘됐다는 마음마저 들었다. 이 향나무가 서운한 마음을 충분히 달래주었다.

향나무 안내 표지판을 보면, 1972년에 천연기념물 240호로 지정한 5백 년이 넘는 나무였다. 높이가 13미터, 가슴 높이 직경이 72센티미터, 가지 밑 줄기 높이(枝下樹高)가 2.3미터에 달한다. 정확한 나이는 알 수 없으나 1476년(조선 성종 7년)에 선농단을 만들면서 중국으로부터 선물 받은 묘목을 심은 것으로 전해진다. 이 나무는 원뿔형이다. 향나무는 대개 옆으로 휘는 성질이 있는데, 이 나무는 위로 곧게 자란 게 특징이다. 사람들은 이 나무를 보고 풍모가 단아하고 '집채만큼 크다'고 감탄한다고 한다.

이 향나무는 선농단 행사 때마다 임금을 가까이했을 것이다. 창덕궁에 천연기념물로 지정한 향나무가 있긴 하나 조선 왕이 모두 창덕궁에 살았던 것이 아니고, 그 나무 앞에서 특별한 행사를 했던 것도 아니어서 선농단 나무와 비교할 수 없지 않을까. 물론 소나무지만 정이품으로 품계를 받은, 법주사 가는 길에 있는 정이품송도 있긴 하다. 하지만 정이품이 벼슬로는 높을지 모르나 여러 왕을 선농단 향나무처럼 많이 뵐 수는 없었을 것이다.

이 향나무는 양동 마을 향나무를 떠올렸다. 그때도 마을을 본 것보다 그 나무를 본 게 더 마음에 남았었다. 경주 설창산 아래 양동마을은 월성 손 씨 자손들이 대대로 살아온 곳이다. 550년을 살아낸 향나무는 손 씨 종택, 서백당(書百堂)의 사랑 마당에 서 있었다. 1456년(조선 세조 2년) 입향조 양민공(襄敏公) 손소(孫昭)가 집을 새로 짓고 그 기념으로 향나무를 심었다고 한다. 입향조가 심었으니 그 자손들 대대로 이 향나무와 함께 살아왔을 것이다.

서백당 향나무는 강인하면서도 단아한 풍모를 지녔다. 나무 높이는 9미터, 가지 펼침은 동서와 남북이 각각 12미터 정도인데 사람들은 역시 '집채만 하다'고 감탄한다. 자라면서 옆으로 뻗은 가지들이 둥그런 수관(樹冠)을 이루어 나무는 하늘로 옮겨가는 구름송이 같다. 줄기는 근육질의 몸이 온 힘을 모으는 것처럼 울퉁불퉁한 데 썩은 부분은 충전 처리했다. 꾸불꾸불 꼬이며 사방으로 널리 퍼진 가지에 버팀목을 여러 개 세웠다. 세월을 버티어낸 휘어진 나무줄기가 당당해 보였다. 여기저기 옹이가 박히고 껍질이 조각조각 갈라진, 오랜 풍상을 견뎌낸 몸. 이런 모양은 어떤 장애에도 뻗어 나갈 길을 찾아냄을 알려준다.

천연기념물로 지정된 향나무가 전국에 열한 군데 있다. 그런데 나에게 가장 기억에 남는 향나무는 이런 나무가 아니라 어릴 적 고향에 있던 향나무다. 고향 동네엔 외진 곳에 큰 돌로 네모나게 쌓은 큰 샘이 있고, 사철 수구(水口)로 물이 넘쳐흐르고, 샘 둔치에 향나무가 서 있었다. 이 향나무는 아마도 백오십 년 가까운 나이테를 가지고 있었을 것이다. 옆으로 자라 가지가 덮고 있는 둔치는 풀숲이었다. 음습해서 개구리들이 있을 터이고 개구리를 노리는 뱀이 똬리를 틀고 있을 것 같아 그 풀밭은 피해 다니곤 했다.

향나무 옆에 충주 목사(牧使)가 다녀갔다는 꽤 큰 돌비석이 서 있었다. 농촌 마을을 충주목사가 왜 순시했을까 추정해 보면 이

마을이 조세를 물납으로 받아 보관 운송하고 환곡(還穀)을 쌓아두던 사창(社倉)이 있던 사창리라는데 있을 것이다. 충주목사 순시비가 세워진 걸 보면 사창을 순시한 목사가 사철 신선한 물이 넘쳐흐르는 명소에 순시비를 세우며 향나무도 기념으로 심지 않았을까 추측할 뿐이다.

향나무의 심재(心材)는 진한 향기를 낸다. 향나무 향은 청향(淸香)이라 하여 정신을 맑게 하고 부정을 없앤다고 믿어 왔다. 향나무 붉은 심재를 조각으로 갈라 향로에 넣으면 희고 푸른 연기가 올라가며 마루까지 향기로 채운다. 옛사람들은 향나무 향기는 구천(九天)까지 올라가 그 향기를 타고 하늘에 계시던 영혼이 내려온다고 믿었다. 그래서 제례 때 향료로 널리 쓰였다. 오랫동안 향나무 심재를 향으로 써 왔기 때문에 향나무는 굵어지면 베어지게 마련이었다. 은행나무나 느티나무 같은 보호수에 비해 향나무가 드문 사유(事由)일 것이다.

초등학생 때 제삿날이면 아버지가 어디선지 향나무 조각을 구해 오셨다. 그것을 창칼로 성냥개비처럼 잘게 쪼개는 건 내 몫이었다. 쪼갠 걸 놋쇠 향합에 담아 아버지에게 드리면 그놈 대견하다는 듯 미소를 지으셨다. 그러면 제삿날 나도 한몫을 한 것 같아 마음이 뿌듯했다.

향나무 보호수가 다른 이들에게는 어떤 추억을 떠올리게 할지? 오백 년이 넘게 한 자리서 이 나라 땅을 지켜온 향나무를 바라봤던 그 많은 옛사람은 지위가 높거나 낮거나 모두 저세상으로 떠났을 터, 그 자리에서 나는 향나무의 진한 향기와 아버지가 떠올랐다.

현명한 무관심

이미경
mi8124078@naver.com

 아들이 결혼할 여자 친구를 소개하고자 식사에 초대했다. 시어머니라는 단어가 주는 무게감 때문인지 갑자기 나이가 열 살쯤 더 해진 것 같았다.
 만나면 무슨 말부터 해야 하나. 표정 관리는 어떻게 해야 하나. 친한 사이처럼 떠들 수도 없고 말 안 하고 있으면 마음에 안 들었다고 생각할 텐데. 이런저런 생각에 잠들지 못하고 뒤척였다.
 예약한 식당에 들어서자, 아들의 여자 친구가 꽃다발과 선물 상자를 나에게 주었다. 초면에 선물이라니. 당황스러웠다. 벌써 꽃을 받을 만큼 가까운 사이가 되어버린 것인가. 환영한다는 뜻으로 내가 준비해야 했는데…. 어른스럽지 못한 것 같았다. 첫 만남이 선물과 꽃으로 인해 환하게 시작되었다. 내가 꽃을 받으면 소녀 감성이 된다는 것을 아들 녀석이 언질을 준 것 같았다. 그녀도 이날을 긴장하며 기다렸으리라. 자신을 남자 친구 부모에게 선보이는 자리이니 설렘보다는 두려움이 더 컸으리라. 선물로 물꼬를 트며 긴장감을 떨어뜨리는 것을 보니 센스 있구나 싶었다.

장차 며느리가 될 그녀는 인형처럼 작은 얼굴에 키가 큰 외모였다. 평소 여자 인물을 중요시하던 아들 맘에 든 사람이구나 싶었다. 어색한 분위기에서 하는 대화에도 자주 웃는 그녀를 보았다. 눈이 반쯤 감기는 웃음에 매력이 담겨 있었다. 웃음이 많은 사람은 심성이 곱다는 할머니 말이 생각나 안심이 되었다.

첫 질문으로 남편이 취미를 물었고, 나는 무슨 음식을 좋아하냐고 했더니 뭐든 잘 먹는단다. 우리 집에 초대했을 때 어떤 음식을 할지 미리 생각해 놓고 싶었기에 그중에서 특별히 좋아하는 것을 묻고 싶었지만 삼켰다. 세심해서 혹 피곤한 시어머니로 각인될까 염려되어서였다. 그녀도 나도 서로 잘 보이고 싶은 시간이었다.

눈앞에 있는 예비 신부를 보며 내가 처음 시부모님을 뵙던 날을 떠올렸다. 그 당시 남편은 서울에 나는 광주에 있어서 주말에만 만났다. 어느 토요일 광주에 내려온 남편이 느닷없이 시골 부모님께 함께 가자고 했다. 준비는 하지 않았지만 언젠가 거쳐야 할 과정이라 여겼기에 따랐다.

남편을 따라 시댁 마당에 들어서니 시어머니와 친한 동네 할머니 두 분도 와 있었다. 잘 보여야 할 사람이 예상치 못하게 두 사람이나 늘어난 셈이었다. 마당을 지나 마루에 올라서기까지 걸음걸이마저 평가를 받는 느낌이었다. "몸이 약해서 애나 날까 모르겠다."라는 할머니들의 수군거림이 뒤통수에서 들렸다. 무례하다는 생각에 기분이 언짢았다.

이어서 시아버지에게 절을 했다. 시아버지는 이것저것 호구조사 하듯 묻더니 아버지가 돌아가셨다는 말에 "홀어머니 밑에서 자랐구나."라고 했다. 내가 자라온 환경을 달가워하지 않는다는 뜻으로 들렸다. 아버지가 일찍 돌아가신 일이 결혼할 때 약점이 된다는 말이 현실이 되었다. 시아버지 말에 잘못을 저지른 아이처럼 고개를 들지 못했다. 입술을 깨물며 그 말을 미안하게 해 주리라 다짐했다. 한마디 말이 상처가 되었는지 오래도록 지워지지 않았다. 훗날 나는 아이를 셋 낳았고, 어느 해 생일상을 받은 시아버지는 "너는 버릴 것이 똥밖에 없는 사람이다."라고 고백했다.

이런 상처 때문인지 말실수해서 나처럼 가슴에 담아두는 일은 만들고 싶지 않았다.

지금까지 내가 뱉어낸 말로 인해 상처받은 이도 있었으리라. 때로는 상처주려고 할 때도 있었으나 부지불식중에 한 말도 있겠지. 어딘가에 흔적을 남겼을지 두렵다. 성경에서 일러준 '무릇 더러운 말은 입 밖에도 내지 말고 오직 덕을 세우는 데 소용되는 말만 하라.'라는 구절을 되뇌었다.

말은 마음의 표현이다. 거친 마음에서 거친 말이, 따뜻한 마음에서 따뜻한 말이 나오기 때문이다. 말조심한다는 것은 상대방의 자리에 나를 앉혀보는 것이 아닐까? 시아버지처럼 호구조사를 하고 싶었으나 예비 며느리 입장을 생각하고 삼켰다. 나중에 아들에게 묻기로 하고 이런저런 대화로 분위기를 부드럽게 이어갔다. 의도를 눈치채지 못한 남편은 자꾸 그만하라고 옆구리를 찔러서 답답했다. 다행히 아들은 알아차린 것 같았으나 식사 도중 말이 자꾸만 끊겨서 어색했다. 며느리 될 사람도 말이 많은 사람은 아닌 듯했다.

소식을 들은 친정 언니들이 "맘에 들더냐?"라고 묻는다. 새로운 사람에 대한 궁금증을 참을 수 없었으리라. 입 밖으로 나온 말은 돌고 돌아 당사자 귀에 들어가는 것을 알기에 내 마음은 중요하지 않다고만 했다. 좋은 말이든 나쁜 말이든 뒤끝이 없으려면 함구가 현명하지 않을까. 싫다고 한들 헤어질 리도 없으니 또한 좋다고 설레발도 하지 않으련다. 아들과 며느리가 잘 살아주기만을 바랄 뿐이다.

십 년 전 며느리를 본 지인에게 좋은 시어머니가 되려면 어떻게 해야 하느냐고 묻자 "무관심"이 답이란다. 좋은 시어머니가 된다는 것은 입술에 지퍼를 채우는 것인가. 눈에는 안대를, 귀에는 마개를 하는 것인가. 타인이면 모를까 자식에게는 무관심하지 못할 것 같아 고문처럼 다가온다. 사랑의 반대는 미움이 아니고 무관심이다. 자식을 사랑하니 어찌 두렵지 않겠는가.

긴장된 시간을 마치고 집으로 돌아와서야 그녀에게 성씨도 묻지 않은 것을 알았다. 지인에게 들었던 키워드 '무관심'의 학습효과였다. 다음 만남에 이어갈 대화를 생각하며 잠을 청했다.

화판에 그린 제비꽃 꽃밭

최양자
cyja44@naver.com

 지난겨울에는 눈이 많이 내렸다. 소식통들은 몇십 년 만에 폭설이라고 했다. 아마도 보리가 풍년 들지 싶다. 따뜻한 집 안에서 창밖으로 보이는 눈 덮인 나무들은 온통 은빛으로 아름다웠다. 이제 머지않아 봄이 올 날을 기다리면 되겠지. 겨울 풍경을 간직하기로 했다.
 무슨 조화인지 봄을 시샘하듯 또다시 많은 눈이 내렸다. 눈이 그치자 조심스럽게 천변으로 나갔다. 천변 주변에 줄지어 서 있던 나무가 보이지 않았다. 눈 무게를 이기지 못하여 가지가 꺾이고 부러져 그루터기만 남긴 채 정리됐다는 걸 알았다.
 수난을 당한 나무는 한두 그루가 아니어서 천변에 나무가 있었나 싶게 주변이 온통 휑하니 빈 것이 쓸쓸하다 못해 적막했다.
 그동안 우람한 나무들이 초록 잎으로 새들을 품고 그늘을 내주었다. 둘레에 앉아 쉬어가던 까치 비둘기의 은신처가 사라져 어떻게 지낼지 걱정이 앞선다.

나무 그루터기를 바라보는데 난데없이 '윙' 하는 소리가 들리며 톱에 베어 아프다고 울부짖는 나무의 울음소리가 이명으로 들렸다. 순간 나의 팔다리가 아팠다.

황갈색 둔치엔 메마른 흙이 얼어붙어 있다. 봄이 오기나 할까. 너무 멀리 있는 것 같다. 나무가 없는 천변은 폐허가 되어 봄바람도 겨울바람 못지않게 쌀쌀했다.

이때쯤 둔치에는 풀이나 뭇 씨앗이 돋아날 때도 되었는데 너무 매서운 바람에 움틀 용기가 나지 않는지 아무 기척이 없다. 그래도 멀리 보이는 버드나무 가지에는 엷은 연두색이 안개처럼 보이는 듯하여 희망적이다.

카렐 차페크는 《정원가의 열두 달》에서 '3월에는 이엉을 벗겨내고 괭이질하기, 거름 주기, 배수로 내기, 땅파기, 흙 뒤섞고 일구기….'를 한다고 한다.

아파트에 사니 정원이란 말이 낯설지만, 몇 개의 화분을 베란다에 키우고 있는 사람들을 흔히 본다. 화분 흙도 만들어진 것이라 흙냄새는 모르지 싶다.

도시를 벗어나 단독주택에 사는 사람들은 마당 크기에 따라 꽃밭이나 정원을 가꾸며 아름다운 꽃을 피우기 위해서 흙 관리를 충실히 하는 경우도 있지 싶다. 이런 준비는 인간에게도 있다. 결혼 적령기에 건강한 2세(임신)를 위해 산전 준비하는 것과 다를 것이 없겠다. 꽃이 잘 피어나게 하고 건강한 아이를 태어나게 하는 준비와 수고는 얼마나 신선한 일인지.

　풀빛이 한 점도 보이지 않으니 아직은 풀이든 들꽃이든 이른 것 같다. 이 메마르고 척박한 천변 둔덕을 누가 일구고 물을 줄까? 대지의 여신 데메테르에게 빌 수밖에.

　사람들은 그저 하늘과 땅에게 모든 걸 맡기고 '꽃피울 때가 됐는데.'라며 수고하지도 않고 은근히 채근하니 기막힌 일이다. 새삼 자연의 힘만 바라보는 나약함이 들킨다.

　카렐차페크는 '사람들은 자신이 무엇을 딛고 서 있는지엔 별로 관심이 없다. 어딘가를 향해 미친 듯이 달려가다 보면 적어도 구름이 얼마나 아름다운지 하지만 발밑을 내려다보며 자신이 딛고 있는 땅이 지닌 아름다움을 칭송하는 사람은 없다. 인간은 손바닥만 한 정원이라도 가져야 한다.'고 말한다. 정원에서 땅 가꾸기, 씨 뿌리기, 물주기를 해야 꽃을 즐길 수 있는 기본임을 강조하는 것 같다.

　걷는 행위가 땅을 딛는 것이고 흙에 대한 감사와 신비로움을 찬양하게 된다.

　마트의 농산품과 수많은 꽃도 땅에서 일군 것들이다. 땅 위를 걷는 것 자체가 창작의 밑받침이 아닐는지. 그래서일까. 나의 스승께서는 글은 발로 쓰는 것이라 했음을 새삼 귀히 여긴다.

　아직 소식이 없는 한 줌 풀. 이른 봄에 피어나는 풀꽃들을 막연히 기다리기보다 내 마음속 꽃밭을 그리기로 한다. 화판에 꽃을 피우는 것도 쉬운 일은 아니다. 땅을 일구고 비료 주고 하는 것과 같이 화판을 꽃밭이라 생각하고 땅을 고르듯 한다.

먼저 화판에 삼합지를 붙인다. 그리고 색들이 곱게 피어나도록 적당한 아교와 조금의 명반을 더운물로 잘 혼합한다. 준비된 액체를 가로세로 평붓으로 칠한다. 이런 작업을 3회 반복하고 잘 말린다. 준비된 화판에 흙색을 연상하여 짙은 황갈색으로 바탕을 칠한다. 그 후 다시 화판이 잘 마르도록 볕이 들고 바람이 부는 곳에서 말린다. 이제 준비된 화판에 봄꽃 가운데 강남 갔던 제비가 돌아올 때쯤 핀다는 제비꽃을 그리기로 한다. 화판 가득 여러 색의 제비꽃을 그린다. 이때는 나의 몸과 마음이 고요하고 잡념이 없으며 오직 손으로 꽃을 피우기 위한 집중의 시간이 있을 뿐이다. 화판에 그려진 진한 보라색 꽃 이쪽엔 흰색의 꽃을, 저쪽에는 노랑으로 더러는 피지 않은 봉오리도 함께한다. 처음엔 꽃을 작게 그렸다. 그러다가 군데군데 꽃을 크게 넣어 변화를 주었다. 꽃 가운데 꽃술도 그린다. 이제 머지않아 나비가 왔다 갔다 하며 꽃가루 수정을 할 것이다. 아마 그림이 완성되면 참새도 오겠지. 참새 다섯 마리를 그려 넣는다. 제비꽃들도 좋아서 아우성치며 서로의 소리로 환대하며 피어난다. 화판에 가득 핀 제비꽃을 보며 둔덕에 무리 지어 피어난 제비꽃을 보듯 한다.

한 달 동안 화판꽃밭을 만들기 위해 씨름했다. 그동안 봄기운이 확연하여 꽃이 피고 흰 나비가 날고, 참새 노랫소리를 듣기 위해 느긋하게 천변으로 나갔다. 활짝 핀 개나리꽃이 노란 나팔을 불며 반긴다. 빛바랜 건초 더미에서는 초록 풀들이 싱싱하고, 둔덕에도 쑥들이 깨끗하게 얼굴을 씻고 내밀고 있다.

완연한 봄이다. 대지의 힘을 느끼며 걷는 발걸음이 절로 숙연해진다. 자연의 조화. 풀꽃을 올려 보내는 힘은 어디에서 오는가. 그 조화에 가슴이 벅차다. 힘이 솟는다. 이제 곧 벚꽃이 필 것이고 수선화가 튤립이 꽃잔디가 제비꽃이 둔덕을 덮을 것이다.

화판에 그려진 움직이지 않는 제비꽃을 데려와 둔치에 핀 제비꽃과 만나게 해주고 싶다. 아주 친한 사이가 되겠지. 이런 생각에 빠져 볕을 가리고 꽃 보기에 열심이다 보니 내 그림자 때문에 그늘이 진다. 꽃이 햇볕 샤워를 잘할 수 있게 비켜선다.

제비꽃이 감사하다며 활짝 웃는다. 사랑스럽다. 난생처음 보는 꽃 같다.

에세이문학작가회 임원 및 회원 명단

(존칭 생략)

- **고 문** : 손광성 맹난자 염정임 조한숙 강철수
  서성남 김대원 박종금 이상규 인연정
- **명예회장** : 서용순
- **회 장** : 추대식
- **부 회 장** : 김미옥
- **감 사** : 이래춘 진서우
- **총 무** : 박 현
- **간 사** : 김윤정 박효진

- **회 원**

강동우	강이정	강철수	권상연	기호민	김건수	김경애	김경희
김광남	김국자	김근희	김대원	김덕기	김덕임	김문주	김미옥
김민자	김석류	김선식	김순이	김시은	김영수	김영애	김예경
김윤정	김은중	김은희	김지윤	김창송	김천사	김해성	남정인
노기화	도복희	맹난자	문 영	민정희	박경주	박명자	박미련
박 순	박초지	박헬레나	박 현	박효진	방 민	백승남	서민웅
서성남	서용순	서장원	선 화	손광성	손명선	손재원	손창현
송마나	송성옥	송옥영	송은자	신대식	신동임	안춘윤	염정임
오설자	오인순	왕 린	원정란	유미경	유점남	유호영	윤영전
윤온강	이래춘	이명애	이미경	이미정	이복희	이상규	이숙희(雲步)
이영옥	이오순	이원영	이윤기	이정연	이종화	이지윤	이지현
이춘희	이태선	이혜연	이호철	인연정	임덕기	장영은	장익상
장현심	전현순	정해경	조병갑	조성순	조유안	조한숙	주영희
진서우	채수원	청 랑	최문정	최미옥	최민자	최봉숙	최승영
최양자	최영애	최영자	최유나	최지안	추대식	하인혜	한승희
한준수	한향순	함광남	허순애	허 영	홍경희	홍성순	홍영선

에세이문학작가회 가입 안내

　에세이문학작가회는 계간 《에세이문학》을 통해 등단한 작가들의 모임으로 1989년에 창립하여 올해 36주년을 맞습니다.
　현재 128명의 회원이 활동 중인 본회는 분기별로 정기총회, 문학기행, 출판기념회, 송년회 등 다채로운 행사를 갖고 있습니다. 동인지는 2년마다 출간하고 있으며, 이번에 《에세이산책》 제25집을 선보입니다.
　가입 시 가입비는 없으며, 연회비 5만원입니다. 《에세이문학》 등단 작가 중 함께 활동하고자 하는 분은 언제든 아래 이메일로 연락주시기 바랍니다.

◆ 카　페　http://cafe.daum.net/essaypark
◆ 이메일　essay1989@hanmail.net

◆ **연회비**
　1년 50,000원

◆ **입금 계좌**
　국민은행 592201-01-767332
　예금주 | 에세이문학작가회